KB200236

하늘의 제자도

Heavenly Discipleship
: Witnessing to the Indwelling Fullness of Christ in Every Believer
by Michael Wells
Copyright © 2006 by Abiding Life Ministries International
Originally published by Abiding Life Ministries International
P. O. Box 620998 Littleton, CO 80162 U.S.A.
Korean Translation Copyright © 2018 by Duranno Ministry
All rights reserved.

This translation published by arrangement with Abiding Life Ministries International

# 하늘의 제자도

지은이 | 마이클 웰즈
옮긴이 | 정성묵
초판 발행 | 2018. 9. 12
등록번호 | 제1988-000080호
등록된 곳 | 서울특별시 용산구 서빙고로65길 38
발행처 | 사단법인 두란노서원
영업부 | 2078-3333  FAX | 080-749-3705
출판부 | 2078-3332

책값은 뒤표지에 있습니다.
ISBN  978-89-531-3216-0 03230

독자의 의견을 기다립니다.
tpress@duranno.com   www.duranno.com

두란노서원은 바울 사도가 3차 전도 여행 때 에베소에서 성령 받은 제자들을 따로 세워 하나님의 말씀으로 양육
하던 장소입니다. 사도행전 19장 8-20절의 정신에 따라 첫째 목회자를 돕는 사역과 평신도를 훈련시키는 사역,
둘째 세계선교™와 문서선교단행본·잡지 사역, 셋째 예수문화 및 경배와 찬양 사역, 그리고 가정·상담 사역 등을 감
당하고 있습니다. 1980년 12월 22일에 창립된 두란노서원은 주님 오실 때까지 이 사역들을 계속할 것입니다.

내 안에 충만하신
그리스도를
드러내는 삶

# 하늘의
# 제자도

마이클 웰즈 지음
정성묵 옮김

두란노

하늘의 계획으로
우리를 키우시는 하나님께
이 책을 바칩니다.

CONTENTS

Part 1.

# 뒤틀린 제자도가 성행하다

## ─ 성취 지향 제자도 떠나기

Part 2.

# '하나님 나라 방식'으로 돌아가다

— 생명과 진리를 누리는 제자도

Part 3.

# 삶의 면면, 예수 생명이 흘러넘치다
## — 매일 한 걸음 더, 끝까지 가는 제자

우리 생명이신 그리스도께서 나타나실 그때에
너희도 그와 함께 영광중에 나타나리라.

골로새서 3장 4절

**예수로 시작해**

**예수로 마치는 인생**

이 아침 로키산맥의 깊은 산속에서 창밖을 바라보니 눈길 닿는 데마다 하나님이 임재하신 흔적이 서려 있다. 세차게 흐르는 급류와 지나가는 사슴을 보면서, 하나님이 손수 지으신 것들을 또한 얼마나 정성껏 돌보고 지키시는지 실감이 난다. 아울러 그분이 당신의 제자를 손수 창조하시고 어떻게 지키시는지 이 책에 풀어놓을 생각을 하니 가슴이 한껏 부풀어 오른다. 오늘, 나는 다른 모든 피조물과 함께 '받을' 준비가 되어 있다. 받는 것이야말로 열쇠요, 이를 생각하니 소망이 솟아난다. 너무 약해서 받지 못한다는 것은 있을 수 없기 때문이다. 오히려 약함이야말로 제자의 가장 중요한 자산이다.

제자도는 크게 '세상적인 제자도'와 '하늘의 제자도' 둘로 나뉜다. 세상적인 제자도는 제자가 무엇을 하고, 무엇을 만들어 내고, 무엇을 성취해야 하는지 강조한다. 세상적인 제자도는 "선악을 알게 하는 나무"(창 2:17)에서 비롯한다. 인간의 육신을 부추겨 개인의 노력과 성취에 소망을 두게 한다. 하지만 이는 예수님의 길이 아니다. 이런 제자도는 계속해서 '한 가지 더'를 요구할 뿐이며, 많은 이들이 거듭되는 요구를 달성하다 결국 지치고 만다. 그래서 정작 시험의 때에는 무기력해져서 하나님을 무서워하며, "하나님은 성과 내는 사람만 받아 주신다!"라는 율법주의에 빠진다. 참으로 안타까운 노릇이다.

호주에 있을 때 들었던 이야기다. 어느 아름다운 주일, 한 소녀가 산책을 하는데 벌들이 윙윙거리며 머리 주변을 날아다녔다. "이런 못된 벌들 같으니라고! 주일에 일하면 할아버지한테 혼나!"

얼마를 더 걷자 이번에는 새들이 지저귀는 소리가 들려왔다. "이런 못된 새들 같으니라고! 할아버지가 주일에 노래하지 말라고 했어!"

그러다 어느 목장을 지나면서 소녀는 말뚝에 묶여 뚱한 표정으로 그저 가만히 서 있는 당나귀를 만났다. "정말 불쌍한 당나귀로구나! 할아버지의 종교에 빠지다니."

세상적인 제자도를 외치는 곳에서는 평화로운 노랫소리를 들을 수 없다. 종교 경찰들이 외치는 무시무시한 경고 소리만 들릴 뿐이다. "붙잡지도 말고 맛보지도 말고 만지지도 말라"(골 2:21).

하늘의 제자도는 처음 시작한 곳에서 끝난다.

> 그러므로 너희가 그리스도 예수를 주로 받았으니 그 안에서 행하
> 되 그 안에 뿌리를 박으며 세움을 받아 교훈을 받은 대로 믿음에
> 굳게 서서 감사함을 넘치게 하라"(6-7절).

"당신이 하나님을 위해 하는 일을 다섯 가지만 말해 보세요" 하면 대부분의 그리스도인들은 다섯 가지를 얼른 나열한다. 하지만 "하나님이 당신을 위해 행하시는 일을 다섯 가지만 말해 보세요" 하면 선뜻 입을 열지 못한다. 하늘의 제자도에서는 하나님이 우리를 위해 행하시는 역사를 강조한다. 명분이든 수단이든 혹은 자기 자신이든, 사람은 보다 작은 것을 추구하면 불만족이 찾아온다. 우리는 더 크신 분 곧 창조주께 헌신해야만 만족하는 존재로 지음받았기 때문이다. 제자도 역시 예수로 잘 시작했다가 보다 작은 것들로 끝맺음 해서는 안 되리라.

제자도는 처음과 끝이 같아야 한다. (우리의 노력이 아닌) 하나님의 역사가 제자를 미래의 지옥에서 구해 준다. 이와 마찬가지로 제자를 매일의 지옥에서 구해 주는 것도 (우리의 노력이 아닌) 하나님의 역사다. 참된 제자도, 하늘의 제자도는 구원과 승리가 다 '예수님'에게서 오는 동등한 선물이라는 점을 일깨울 수 있어야 한다. 그런 연후에야 끝도 처음과 마찬가지로 찬양과 넘치는 감사로 갈무리할 수 있을 것이다.

연구실에만 틀어박혀 하나의 주제를 연구해 책을 쓰고 싶다는 생각이 불쑥불쑥 든다. 하지만 시간이 지날수록 하나님은 내가 현장 조사를 열심히 해서 책을 쓰기를 바라신다는 사실이 점점 더 분명해졌다. 이 책은 예수님의 제자가 되는 길에서 내가 겪은 수많은 실패와, 나처럼 실패해서 낙심한 사람들을 제자로 삼기 위해 쏟아 부은 수많은 시간이 밑거름이 되어 탄생했다. 제자도에 관한 중요 주제들을 빠짐없이 다루려고 노력했지만, 감히 이 책이 제자도를 이야기한 최종 단계의 책이라고 말할 생각은 추호도 없다. 시간과 지면의 한계, 무엇보다 내 경험이 한계가 있으므로 이 책은 불완전할 수밖에 없다. 따라서 읽다가 제자도의 중요한 주제가 빠졌다는 사실을 발견하더라도 너그러이 용서해 주었으면 한다. 여기에 나와 있지 않았다고 해서 중요하지 않은 주제인 것은 전혀 아니다.

아울러 내용의 잦은 반복을 발견하더라도 이해해 주길 바란다. 사방에서 잘못된 것들을 너무 자주 가르치다 보니 옳은 것들이 이상하게 보이는 지경에 이르렀다. 그래서 진리들을 반복해 선포함으로써 마음 판에 완전히 새기게 돕고 싶다. 다만 이런 반복이 귀에 거슬리는 독자들이 있을지 몰라 미리 사과한다.

피지의 한 장로는 자신이 가르치는 학생들에게 술이 얼마나 해로운지 경고하고자 그들이 보는 앞에서 벌레 한 마리를 술병에 떨어뜨렸다. 그러자 벌레가 잠시 고통스럽게 꾸물거리더니 이내 죽어 버렸다.

"이걸 보고 무엇을 배웠습니까?" 장로가 물었다.

한 학생이 재빨리 손을 들어 자신 있게 대답했다. "몸에 기생충이 있을 때는 술을 마셔야 한다는 걸 배웠습니다!"

창의적이지만 잘못된 추론이다. 이 학생은 자기 생명과 직결되는 중요한 요점을 놓쳤다. 아무쪼록 당신이 글과 개념과 개인적인 편견의 숲에서 가장 중요한 두 가지, '예수님의 영광'과 '하나님의 사랑'을 놓치지 않기를 간절히 바란다. 이 두 가지만 있어도 제자로서 잘 시작하고 잘 마무리하기에 충분하다.

# Part 1

# 뒤틀린 제자도가 성행하다

성취 지향

제자도

떠나기

HEAVENLY

DISCIPLESHIP

01

'난 예수를 가졌지만,



여전히

뭔가 부족해'



이 시대 교회는 두 가지 형태의 제자도를 행한다. 현재 주를 이루는
제자도는 노력해서 얻을 수 있는 것들을 강조하고, 고지에 도달했
다고 하는 성공한 신자들의 사례를 거듭 보여 주면서 그렇지 못한
신자들의 죄책감을 자극한다. 반면, 사람들에게 이보다 덜 선택받
는 또 다른 제자도는 신자가 이미 가진 것을 강조한다. 이 제자도는
하나님이 오늘 주시는 경험들을 중요시하며, 제자들이 하나님의 사
랑과 긍휼을 깊이 이해함으로써 자연스럽게 실천하도록 독려한다.
오늘날 기독교 세계에서는 전자의 제자도 형태가 성행하니 참으로

통탄할 일이다.

두 제자도의 차이점은 확연하다. 전자에서는 성과의 크기로 성공을 가늠한다. 교회 차원에서의 성과는 개인 회심자의 숫자, 예배당 건물의 규모와 화려함, 헌금 액수, 출석 교인 숫자 등을 지칭한다. 개인 차원에서의 성과는 성경 암송, 율법 준수, 교회에 대한 순종, 삶의 질서 등을 의미한다. 이런 제자도는 제자 훈련에서 우위에 있어 보이는 몇몇 사람을 추종하는 무리를 양산하는 틀에 불과하다.

세상적인 제자도에서는 약하고 패배하고 무너진 사람들의 삶에서 역사하시는 하나님의 사랑의 손길은 전혀 거론하지 않는다. 아무것도 받지 못할 때도 여전히 하나님을 기다리는 열심, 누군가 자신을 비방하고 오해해도 여전히 친절하게 대하는 것, 사랑스럽지 않은 사람들을 사랑하는 능력 같은 건 중요한 성품으로 강조하지 않는다. 글씨로 빼곡한 노트와 지식으로 꽉 찬 머리를, 꽉 차서 넘치는 가슴보다 중시한다. 성경 지식이 성경을 기록하신 분을 아는 것보다 더 중요하다. 이 땅의 법과 이 땅에서 살아가기 위한 법을 하늘에서 내려오는 은혜보다 더 귀중히 여긴다.

이런 가르침을 받은 제자들은 하나님을 얻기 위해 필요한 단계들만 자세히 알 뿐 하나님이 그들을 얻으려 행하시는 일에 관해서는 알지도 못하고 관심도 없다. 자신이 변화할 방법은 열심히 배우지만, 자신이 이미 가진 예수님의 생명을 확장하는 비결에는 관심조차 없다. 이런 제자들은 비교의 굴레에 갇힌 채 주님 안에서 자신들의 청춘을 누리지 못한다. 또한 혼과 영을 분리하지 않기 때문에 뛰어난 재능과 지성과 능력이 하나님을 기쁘시게 하는 영적 능력과 동일하다고 믿는다. 느리지만 꾸준하고 자연스러운 성장을 외면한 채 어느 순간 단번에 찾아온다는 완전한 환골탈태를 꿈꾼다. 스승들은 자신의 경험과 성과를 기준으로 제자들이 하나님과 잘 동행하는지를 판단한다. 이런 율법주의적이고 세상적인 제자도에 희생당하는 사람들이 너무도 많다.

### 영적인 사람이 되려거든 세상 공식을 따르라?

'세상적인 제자도'를 간단하게 정의하면, 하나님의 자녀들에게 영적인 사람이 되려거든 세상 공식을 따르라고 잘못 가르치는 것이다. 바울은 이런 제자도가 율법 아래 있다고 지적했으며, 이것을 결코 가볍게 여기지 않았다.

> 어리석도다 갈라디아 사람들아 예수 그리스도께서 십자가에 못 박히신 것이 너희 눈 앞에 밝히 보이거늘 누가 너희를 꾀더냐 내가 너희에게서 다만 이것을 알려 하노니 너희가 성령을 받은 것이 율법의 행위로냐 혹은 듣고 믿음으로냐 너희가 이같이 어리석으냐 성령으로 시작하였다가 이제는 **육체로** 마치겠느냐(갈 3:1-3).

"육체로" 산다는 것은 영과 혼(정신과 의지, 감정)과 몸이 그리스도가 아닌 다른 것의 영향을 받는 것이다. 이런 삶은 곧 교만의 상태이며, 아담과 하와가 바로 이 부분에서 매우 약했다. 교만은 의존을 지독히 싫어한다. 교만은 하나님과의 관계를 배제한 답과 독립을 원한다. 교만은 이해를 통한 안심을 원한다. 아담과 하와는 선악을 알게 하는 나무가 이런 교만의 꿈을 이루어 주리라 여겼다. 우리의 첫 조상들은 사랑 안에서 그들과 함께 걷기 원하시는 분 대신 자기 능력에서 정체성을 찾고자 했다. 그들은 감히 하나님과 동등해질 꿈을 꾸었다가 결국 이 땅에 지옥을 가져왔다.

하나님이 함께하시는 영광을 누리다 그 영광을 잃은 뒤 인간은 텅 빈 상태가 되어 버렸다. 이후 인류의 역사는 육신과 교만을 과시함으로써 그 상실의 공간을 채우려는 인간들의 온갖 시도로 얼룩져 있다. 인류는 지식과 힘, 재능을 동원해 다른 인간들을 뛰어넘고 심지어 하나님의 보좌에 이르려는 시도를 거듭했다. 상실감을 채우기 위해 아무것이나 닥치는 대로 부여잡으며 산 것이다. 그 상실감만 채우면 마침내 고지에 이를 수 있다는 믿음 때문이었다.

인류는 지금까지 계속해서 자신이 성취한 바를 세상에 선전하면서 자신을 약하고 무지한 사람들과 비교해 왔다. 다른 사람들에게서 숭배를 받고자 지식과 부, 힘을 남용해 왔다. 세상적인 제자도는 이 같은 육신의 욕망에 영합한다.

오늘날의 제자도는 다단계 판매 방식과 놀라울 정도로 닮아 있다. 심지어 소위 전문가들이 일삼는 과시 요소까지도 포함하고 있

하늘의 제자도

다. 즉 자신의 텅 빈 자루를 가득 채운 자들이 피라미드의 꼭대기에
서서 자화자찬하며 자신의 성공 비결(성경 암송, 간증, 전도, 헬라어 실력, 담
대함, 지식, 비전, 치유, 선교 여행, 투옥, 제자 훈련, 권위, 구제 사역, 상담 등)을 나열
한다. 물론 자랑은 언제나 겸손을 가장한 말로 시작한다. "하나님
이 저를 찾아오셨습니다. 저는 성공을 원하지 않았어요. 그런데 하
나님이 제게 성공하라고 말씀하셨고, 저를 이토록 놀랍게 사용하셨
습니다."

처음에는 하나님께 영광을 돌린다. 하지만 이내 그 영광을 자신
에게로 돌리고, 교만이 떡하니 자리를 잡는다. "부메랑 겸손"이라는
표현이 딱 어울린다. 미리 이런 말로 포석을 깔아 그들의 빈 자루를
꽉 채운 내용이 구체적으로 무엇인지 사람들이 의문을 가지지 못
하게 한다. 반면 피라미드의 밑바닥에서 이들을 보는 연약한 신자
들은 자신의 열등함과 흔들림, 실패가 자신의 빈 자루를 채우지 못
한 탓이라며 자책한다.

이른바 전문가들은 자신이 다른 사람들에게 없는 뭔가를 갖고
있기 때문에 기독교의 고지에 올랐다고 주장해 왔다. 별 다른 노력
을 하지 않아도 세상적인 제자 훈련 프로그램으로 사람들이 몰려
든다. 예수의 제자를 꿈꾸는 사람들이 우월해 보이고 싶은 욕망을
품고 몰려와 귀를 기울인다.

'나는 그리스도를 가졌지만 저 전문가들에 비하면 아직 뭔가 부
족해.' 이런 생각으로 고지를 향해 길고도 고된 산행을 시작한다.
언젠가 자신도 소위 전문가들의 성공을 흉내라도 낼까 하는 희망

세상적인 제자도

으로 손톱이 뽑히는 고통을 감수하며 오르고 또 오른다. 그렇게 고생한 끝에 고지에 오르지만 거기에는 그 어떤 쉼도 없다. 이집트 피라미드의 꼭대기처럼 그저 황량한 바람만 불 뿐이다. 뜨겁고 메마른 바람만 불고 물은 한 방울도 없다. 그 순간, 밀려올 환멸을 상상해 보라.

수단과 시스템에 기초한 제자도는 열왕기상 18장 26-29절에서 제단 위에 불을 내려 달라며 춤을 추고, 소리 지르고, 자신의 살을 베며 광란의 의식을 치른 바알의 선지자들을 떠올리게 한다. 그렇게 발광을 했건만 작은 불꽃 하나 튀지 않았다. 이 선지자들의 노력은 그들에게 공식만 있었을 뿐 살아 있는 그들의 신은 없었다는 것을 여실히 보여 주었다.

하지만 엘리야는 그들과 완벽하게 달랐다. 엘리야는 도저히 불이 붙을 수 없을 정도로 제단을 흠뻑 적신 뒤에 그것을 태워 버릴 불을 내려 달라고 기도했다. 그는 수단보다 살아 계신 하나님을 우선시했다. 성경은 그 결과를 다음과 같이 기록한다.

> 이에 여호와의 불이 내려서 번제물과 나무와 돌과 흙을 태우고 또 도랑의 물을 핥은지라 모든 백성이 보고 엎드려 말하되 여호와 그는 하나님이시로다 여호와 그는 하나님이시로다 하니 (왕상 18:38-39).

하늘의 제자도는 인간의 노력이 아니라 하나님의 역사를 강조

하늘의 제자도

한다. 겸손은 우리가 가지지 못한 것과 오직 하나님만 가지신 것을 인정하는 것이다. 반면에 교만은 우리가 가진 것, 아니 가졌다고 착각하는 것을 믿는 것이다.

한 부부가 부부 제자 훈련을 받고자 나를 찾아왔다. 그런데 훈련 시작 전에 그 부부는 내게 훈련 기간에 성경을 몇 구절이나 암송해야 하는지 묻더니만 갑자기 그 자리에서 지금껏 자신들이 외운 성경 구절들을 쭉 읊었다. 나는 그들이 낭송을 끝낼 때까지 기다렸다가 부부 사이에 어떤 문제가 있는지 물었다.

"저희는 걸핏하면 서로에게 폭발해요. 고함은 예사요 치고 받기까지 한다니까요."

"싸울 때 지금 두 분이 외운 성경 구절들을 서로 인용하면 좋겠군요!"

이렇듯 수단은 너무도 쉬이 율법으로 변질되며, 율법으로 사는 사람들은 언제나 자신을 율법 위에 둔다. 하지만 율법에는 능력이 없고, 생명에 능력이 있다. 이 부부는 수단(이 부부의 경우 성경 암송-편집자 주)을 믿으면 그것이 하나님 위에 놓이며 율법으로 변질되어 교만을 낳는다는 점을 똑똑히 보여 주었다. 수단 그 자체는 우리에게 필요한 불꽃을 일으킬 수 없다.


## 껍질만 맛볼 것인가

한번은 나와 절친한 한 동인도 사람을 공항에 데려다주었는데,

그때 그가 의미심장한 말을 남겼다. "마이클, 껍질 이상의 것이 있어요." 이 한마디만 남기고는 몸을 돌려 비행기에 몸을 실었다. 돌아오는 차 안에서 '항상 저렇게 수수께끼 같은 말만 한다니까'라고 생각하며 웃어넘겼다. 그런데 아홉 달쯤 뒤, 한 신학적 요점을 두고 논쟁을 벌이다 비로소 그 말의 분명한 의미를 깨달았다.

껍질도 아름답지만, 생명을 품다가 생명을 낳는 열매의 알맹이에 비할 수 없다. 열매의 알맹이야말로 불꽃을 품고 있다. 세상적인 제자도는 껍질만 맛보지만, 우리가 진정으로 주목해야 할 것은 하나님의 평강이 아니라 '평강의 하나님'이다. 하나님의 말씀을 표현하는 것이 아니라 '말씀의 하나님'을 비추어야 한다. 하나님의 거룩하심을 얻는 것이 아니라, '거룩하신 하나님'을 받아들이는 것이 중요하다. 사람들에게 말로 하나님을 전하는 것이 아니라, 사람들 앞에서 하나님을 보여 주어야 한다. 하늘의 제자도는 껍질이 아니라 열매의 알맹이다.

소위 프로 기독교인들은 영적 문제를 놓고 서로 체스를 둔다. 그들은 서로 사귀기보다는 경쟁한다. 지식과 성과, 지위의 말을 움직여 상대방의 말을 먹고 체크메이트(외통장군)를 외쳐 댄다. 솔직히 나도 그런 체스를 두어 봤다. 하지만 진정한 기독교는 힘 있고 지적인 사람들이 무시할 만큼 단순하다.

오늘날 기독교에 필요한 것은 세상 방식이 아니라 하나님 나라 방식으로 훈련받은 제자다. 안타깝게도 세상적인 시각이 제자도의 거의 모든 측면에 침투했다. 그래서 이 책에서 여러 근본적인 가르

하늘의 제자도

침들을 철저히 다시 살펴보고자 한다. 각 주제는 기본 중에 기본이다. 하지만 제자가 처음 시작했던 근본 진리, 그 기본을 견고하게 붙들지 않으면 생명을 잃는다는 사실을 반드시 기억해야 한다.

HEAVENLY

DISCIPLESHIP

02

'난 아직도

삶이

허무한 것 같아'

"돌아서서 유익하게도 못하며 구원하지도 못하는 헛된 것을 따르
지 말라 그들은 헛되니라"(삼상 12:21).

　삶이 헛되다며 스스로 목숨을 끊는 사람들이 있다. 청년 시절
내가 다니던 대학의 한 젊은 교수가 본인이 자살을 결심한 '논리'를
설명한 메모를 남겨 놓고 목숨을 끊었다. 그는 누구도 자신이 실
연이나 우울증 때문에 자살했다고 오해하지 않기를 바랐다. 그는
멀쩡한 정신으로 이성적인 결정을 내린 것이라고 주장했고, 하나
님은 존재하지 않으며, 자기가 이 땅에서 이루려던 것을 전부 이루

었다고 자신했다. 그런 상황에서 단순히 일을 하고 시급을 받기 위해 이 땅에서 머물다가 늙어 병에 걸리는 것은 시간 낭비라고 판단한 것이다. 그 교수에게 삶은 헛된 것일 뿐이었다.

세속 세상만 삶을 헛되게 보지 않는다. 신자 중에도 그런 시각을 지닌 사람이 많다. 삶은 실패와 실망, 고통으로 가득하다. 천국은 그런 헛된 삶의 탈출구가 되어 준다. 삶은 헛되니 하루라도 빨리 주님 곁으로 가라는 말은 영적으로 들리기까지 한다. 신자라도 삶에서 행하는 모든 것은 결국 어리석은 시간 낭비일 뿐이라는 시각에 빠질 수 있다. 그렇게 되면 아침에 눈을 뜰 때마다 삶이 무의미하다는 기분에 젖게 된다. 그러고 나서 하루 종일 그 기분을 증명해 줄 증거를 찾아다닌다. 부부 갈등, 일터에서의 불만, 쥐꼬리만 한 급여, 반항만 하는 사춘기 자녀는 그런 기분을 증명해 주기에 더없이 충분하다. 점점 인생이 무의미하다는 확신에 사로잡힌다. 그렇지 않고서야 삶이 이 모양일 수가 없다.

나병은 몹쓸 병 취급을 받는다. 사람으로서 할 수 있는 일상을 앗아 가기 때문이다. 그런데 꼭 나병이 아니더라도 일상의 경험을 할 수 없다면 살아서 무엇하는가? 그렇게 많은 사람이 나병 못지않게 삶을 두려워하고 삶에서 도망친다. 전쟁과 굶주림, 질병에 시달리는 사람들은 사는 데 지쳐 "이렇게 살 바에야 나를 죽여 주시오!"라고 외칠 수 있다. 고난으로 점철된 삶을 사는 사람들은 낙태를 두고 이렇게 말할 수 있다. "태어나지 못하는 게 왜 불쌍한가? 자녀의 죽음, 이혼, 가족이 암으로 고통받거나 마약에 중독되는 걸 지켜

하늘의 제자도

보는 일을 경험하지 못하는 게 불행인가? 이토록 힘겨운 삶을 피할 수 있다는 건 얼마나 행운인가!"

사실 이 같은 생각은 아주 오래됐다. "어찌하여 내가 태에서 죽어 나오지 아니하였던가 …… 있어도 없던 것같이 되어서 태에서 바로 무덤으로 옮겨졌으리이다"(욥 3:11; 10:19).

오늘날 삶을 경시하는 문학과 영화, 텔레비전 프로그램, 동영상 등의 미디어는 청소년들에게 삶을 혐오하는 태도를 심어 준다. 끝없이 불행만 안겨 주는 삶은 가치가 없다는 시각이 사회에 팽배해 있다. 이러한 탓에 십 대 자살률이 에이즈 사망률의 세 배에 이른다. 십 대들이 즐겨 듣는 음악의 노랫말에서는 마치 자살이 우리를 일상의 고통에서 구해 주는 양 이야기한다. 그로 인해 생명을 빼앗는 것이 사실상 호의를 베푸는 것처럼 여겨진다. 심지어 자살할 권리나 고통으로 신음하는 사람이 죽도록 도와줄 권리를 내세우며 싸우는 사람들이 수두룩하다.

인간이 만든 종교도 삶이 불행의 원인이라는 생각을 부추긴다. 예를 들어 불교는 인생이 곧 고통이라고 말한다. 인생과 고통이 하나다. 그래서 불교의 목표는 삶이 요구하는 모든 것에서 벗어나는 것이다. 그 이면의 논리는, 이성적인 사람이라면 누구나 삶이 헛되다는 사실을 안다는 것이다. 틀렸다. 삶 자체는 헛되지 않다. 물론 사는 모습은 헛될 수 있다. 이 둘의 미묘한 차이를 놓치는 것이 문제다.

너희가 알거니와 너희 조상이 물려준 헛된 행실에서 대속함을 받은 것은 은이나 금같이 없어질 것으로 된 것이 아니요 오직 흠 없고 점 없는 어린 양 같은 그리스도의 보배로운 피로 된 것이니라 그는 창세전부터 미리 알린 바 되신 이나 이 말세에 너희를 위하여 나타내신 바 되었으니 너희는 그를 죽은 자 가운데서 살리시고 영광을 주신 하나님을 그리스도로 말미암아 믿는 자니 너희 믿음과 소망이 하나님께 있게 하셨느니라(벧전 1:18-21).

만약 삶이 죽음으로 끝난다면 우리가 하는 모든 것이 헛되다. 하지만 삶은 끝나지 않는다. 이것은 믿을 수 있는 분명한 사실이다. 물론 영원한 삶이 요구하는 많은 조건이 있다. 하지만 그 조건을 충족시키기만 하면 삶은 확장되어 영원까지 뻗어 나간다. 부를 쌓고, 다른 사람들을 돕고, 꿈에 그리던 집을 짓고, 교육을 받는 등 우리가 하는 모든 것 자체가 영원한 가치가 있다는 뜻이 아니다. 이런 것은 결국 다 사라지기 때문이다. 우리가 하는 모든 것은 '영원한 삶에 미치는 영향'의 측면에서만 가치가 있다. 우리가 하는 것들은 삶을 더할 수도, 혹은 삶을 고갈시킬 수도 있다. 우리가 하는 것들을 이외에 다른 식으로 생각하면 결국 실망할 수밖에 없다.

오래전 타국에 있을 때 일이다. 오랫동안 함께 살던 남편이 갑자기 동성애에 빠져 고통을 겪는 가족이 있었다. 부부가 다니던 교회는 충격에 빠졌고, 부부의 장성한 자녀는 하나님을 원망했다. 나는 이 안타까운 소식을 곱씹으면서 그 아내를 위로하려고 그녀의

하늘의 제자도

집으로 향했다. 초인종을 눌러도 아무런 응답이 없어 집을 돌아 뒤로 갔더니 안타까운 광경이 펼쳐져 있었다. 하반신 마비로 휠체어를 탄 여성이 세탁 바구니를 무릎에 놓고는, 휠체어 바퀴가 문지방에 걸려 뒷문을 빠져나가지 못해 애를 쓰고 있었다. 도우려고 다가가자 그녀가 고개를 들어 나를 쳐다봤다.

그 순간, 나는 충격에 휩싸였다. 그녀는 내가 본 그 누구보다도 아름다웠다. 그 깊은 표정에는 평안과 염려, 상처, 기쁨, 믿음, 기대감이 한데 어우러져 있었다. 도대체 왜? 도대체 어떻게? 그냥 종일 집에 틀어박혀서 주님께 '어서 재림하셔서 이 고통의 삶에서 구해 달라'고 외쳐야 하지 않는가? 욥의 고난을 누구보다도 깊이 이해할 여인이 어찌된 일인지 '내 안에서 삶이 확장되고 있어'라는 표정을 짓고 있었다.

주님은 가르치기 위해서가 아니라 배우라고 나를 보내신 것이었다. 나는 인생의 모든 사건과 행동, 반응이 어떻게 삶을 더해 주고 확장시키는지 그날 그녀를 보고 제대로 배웠다. 참된 만족은 주변 상황이나 사건에서 오지 않는다. 그런 상황이나 사건이 자신의 내적 삶에 미치는 영향에서 비롯한다.


## 그리스도의 생명이 이제 내 안에 있다

"내가 네게 거듭나야 하겠다 하는 말을 놀랍게 여기지 말라"(요 3:7).

나는 제자 훈련 첫 시간을 보통 "생명을 얻으십시오!"라는 말로 마친다. 우리는 진정한 생명을 얻어야 한다. 우리가 가진 생명은 계속해서 쇠퇴하기 때문이다. 새 생명의 필요성을 이해하려면 태어나면서 얻는 생명을 분석해 봐야 한다.

데살로니가전서 5장 23절에서 바울은 우리가 이해하기 쉽도록 인간을 영, 혼, 몸의 세 부분으로 나눈다. 인간은 영(하나님 의식; God-consciousness), 혼(정신, 의지, 감정), 몸으로 창조되었다. 창조된 순간, 인간은 생명(혼을 통해 표현된 하나님 의식)을 가졌다. 이 생명은 몸을 통제하고 말과 행동으로 표현되어야 했다. 그런데 심각한 문제가 발생했다. 육신과 세상, 원수의 공세에 이 생명이 무너져 내렸다. 결국 이 생명은 정복하지 못하고 정복당했다. 하나님의 최고의 피조물로서 세상을 사는 데 매번 패하다가 결국 소멸되는 것이 얼마나 안타까운가. 이제 인간에게는 다른 생명이 필요했다.

오랜 세월 사탄은 다음과 같이 인류를 공략했다. '인간의 생명은 **예외 없이 항상** 패할 것이다. **항상** 너를 실망시킬 것이다.' 정말인 듯 보였다. 예외는 없었다. 인간의 생명이 창조주를 거부할 지경까지 계속해서 빈곤해졌다. 영으로 하나님에 대해 죽었고, 혼에 혼란이 찾아왔으며, 몸과 함께 피조 세계는 파괴되었다. 이에 하나님은 오직 무한한 지혜로만 행할 수 있는 일, 최고의 지성, 심지어 원수조차 이해할 수 없는 일을 행하셨다. 바로, 인간을 다시 창조하신 것이다.

예수님은 하나님 의식을 품고 이 땅에서 사셨고, 그 영에는 하나님의 생명이 있었다. 예수님은 인간의 혼과 몸을 갖고, 온갖 문제

하늘의 제자도

로 가득한 인간 세상에서 사셨다. 죄, 사탄, 육신의 자연스러운 욕구, 거짓된 감정과 생각과 의지가 예수님(인간의 혼과 몸을 가지시면서 동시에 하나님 그 자체이신 분)을 공격했다. 예수님은 부도덕, 거짓말, 두려움, 걱정, 의심, 불신, 사랑하는 사람들의 거부, 심지어 죽음까지 모든 면에서 시험을 받으셨다.

여기서 바로 예외가 등장했다! '그때까지 모든 사람을 패배시킨 모든 것'을 이긴 생명. 사탄은 번개처럼 하늘에서 떨어졌다. 예외는 없다는 거짓말로 세상 위에 군림하던 사탄의 시대는 끝났다. 예수님이 흘리신 피에는 생명이 있다. 십자가 위에서 하나님의 예외인 그리스도의 생명이 쏟아져 우리가 새 생명, 그분의 생명을 받았다. 인간을 직접 체험함으로써 더 강해진 생명. 이 생명의 능력이 드러나기 위해서 정부나 환경, 다른 사람들의 행동, 경기 변화 같은 건 필요하지 않았다. 예수님께 닥친 최악의 상황은 오히려 참된 생명을 드러내는 촉매제가 됐을 뿐이다.

에스겔 36장 26-27절은 이렇게 약속한다. "또 새 영을 너희 속에 두고 새 마음을 너희에게 주되 너희 육신에서 굳은 마음을 제거하고 부드러운 마음을 줄 것이며 또 내 영을 너희 속에 두어 너희로 내 율례를 행하게 하리니 너희가 내 규례를 지켜 행할지라." 그리스도를 영접하면 하나님에 대해 죽었던 영이 그분의 영이 깃든 새 영으로 대체된다. 두 영이 섞여서 하나가 된다.

이 하나 됨은 두 개인이 함께 살려고 애쓰는 것을 말하지 않는다. 그보다는 밀가루와 우유를 섞어 믹서에 넣고 돌리는 것과 비슷하다. 이렇게 섞인 것은 원래대로 되돌릴 수 없다. 둘이 완전히 새로운 하나가 되었기 때문이다. 그리스도를 구주로 영접한 사람은 그분의 생명, 모든 것을 이긴 생명과 하나다. "내게 주신 영광을 내가 그들에게 주었사오니 이는 우리가 하나가 된 것같이 그들도 하나가 되게 하려 함이니이다 곧 내가 그들 안에 있고 아버지께서 내 안에 계시어 그들로 온전함을 이루어 하나가 되게 하려 함은 아버지께서 나를 보내신 것과 또 나를 사랑하심같이 그들도 사랑하신 것을 세상으로 알게 하려 함이로소이다"(요 17:22-23).

그리스도의 생명과 신자의 생명은 서로 떨어질 수 없다. 신자는 더 이상 첫 아담을 닮아 있지 않다. 이제 하나님의 자녀라는 새 혈통, 더 나은 혈통이 된 것이다.

우리가 꽃병 속에 담긴 채 죽어 가면서 사는 법을 배우는 가지라고 해 보자. 그러던 어느 날 포도나무에 접붙여져 갑자기 포도나무의 생명을 받는다. 그렇게 우리는 그리스도의 생명을 가진 것이다(골 3:4 참조). 그리스도의 생명은 하나님 가까이 있고, 하나님이 받으실 만하며, 거룩하고, 승리를 거두었으며, 인간의 경험을 통해 계속해서 확장된다. 그리스도가 당신의 생명인가? 그렇다면 방금 전 당신이 읽은 모든 내용이 이제 당신에게도 그대로 적용된다.

우리가 진정 누구인지는 우리의 승리가 아니라 우리의 괴로움을 통해 드러난다. 불경건한 자신을 돌아보며 괴로워할 때 우리의 참된 본성이 드러난다. 왜 신자는 원망이나 정욕, 험담, 분노, 죄, 원수의 목소리, 거짓말 등을 괴로워하는가? 예전의 우리는 그런 것

하늘의 제자도

을 괴로워하기는커녕 오히려 그런 것에 빠질 기회를 적극적으로 찾았다. 그런데 왜 이제는 그런 것과 싸우느라 힘들어하는가? 뭔가가 변했기 때문이다. 그리스도의 생명, 새 생명이 우리 안에 있기 때문이다. 그래서 우리는 더 이상 그런 것들에 맞지 않는다. 깊은 곳에서 우리는 그런 것들에 완강하게 저항한다. 우리가 더 이상 패배와 세상에 어울리지 않는다는 사실을, 경험이 우리에게 증명해 주기 때문이다. 이외에 달리 어떻게 우리가 이토록 깊은 영적 사실을 배울 수 있겠는가. 신자는 자연적인 경험을 통해 자신이 초자연적인 존재라는 사실을 깨닫는다.

어느 날 당신은 정신이 번쩍 들 것이다. 아침에 자리에서 일어나 방 안에서 교만과 낙심, 걱정, 불신, 절망, 정욕, 죄, 분노, 원망의 짐들을 보며 이렇게 말할 것이다. "저런 것을 짊어지고도 천국에 갈 수 있지만 그러기엔 너무 힘들어. 도무지 나한테 맞질 않아." 그 순간 당신은 모든 육신적인 것들을 치워 버릴 것이다. 단지 거룩해지고 싶어서가 아니라, 당신이 거룩한 삶을 받을 자로 지음받았음을 깨달았기 때문이다. 그리스도의 삶은 거룩하며, 그 삶이 곧 당신의 삶이다. 믿든 믿지 못하든 엄연한 사실이다.

나는 내 안에 살아 있는 생명을 알고, 무엇이 그 생명을 만족시키는지도 안다. 악을 경고하는 신명기 4장 26절의 말씀을 기억하라. "오늘 내가 하늘과 땅을 증인으로 세울 것이니"(새번역).

대학 입학을 준비하던 아들에게 나는 이런 조언을 해 주었다. "대학에 들어가면 온갖 죄가 네게 다가올 거야. 그런 죄를 짓지 말라고 말할 생각은 없다. 죄를 짓지 않았으면 좋겠지만 내가 네게 성령님의 역할을 할 생각은 없다. 다만 죄를 짓거든 네 영이 살아 숨쉬고 있는지 가만히 살펴봐. 네 영이 살아 숨 쉬지 않는다면 그 일을 그만둬야 해. 나는 평생 네게 그리스도를 가르쳤다. 이제 생명 자체가 너를 가르치실 거야."

그리스도의 길이 아니면 자연스럽지 않다. 성경이 우리에게 권위로 말씀한다고 밝히는데, 이는 하나님이 성경을 창조하셨기 때문이다. 그렇다면 생명이야 더 말해 무엇하랴. 사실, 나는 생명이야말로 우리가 가진 가장 큰 증거의 도구라고 믿는다. 기독교는 피조 세계가 지지하는 유일한 종교다. 우리의 신앙과 생명, 세상이 다 하나님이 창조하신 것이기 때문이다.

당신의 신학 지식을 잠시 내려놓고 이 질문에 답해 보라. 육신의 욕심을 채우고, 원망하고, 원수를 미워하고, 자신만 생각하고, 사랑하기를 거부하고, 무례한 언행을 저지르고는 변명하기 바쁘고, 하나님을 피하는 것과 같은 행동에 관해 생명이 당신에게 무엇을 가르쳐 주었는가? 그런 것을 할 때 생명이 당신의 영을 살아 숨 쉬게 했는가? 그런 행동들이 당신의 영을 살찌웠는가, 아니면 고갈시켰는가? 잠시 이 질문에 답해 보라. 생명이 당신에게 뭐라고 말하는가? 생명의 말은 성경과 일치한다.

삶은 헛된가? 그렇다고 말하는 것은 곧 그리스도의 생명이 헛되다고 말하는 것이다. 그리스도는 우리의 생명이시다. 따라서 부정적인 경험과 긍정적인 경험, 활동과 활동하지 않음, 실패와 성공,

하늘의 제자도

눈물과 웃음까지 모든 것이 우리가 그리스도를 받는 순간 다른 존재가 되었음을 드러낸다. 우리 안에서 확장되는 생명은 우리가 이 땅에 남겨 둘 생명이 아니라 이미 천국에 있는 생명이다. 이것은 영원토록 뻗어나갈 생명이며 살 가치가 있는 생명이다.

앞서 내가 내놓은 질문으로 돌아가 보자. 하반신 마비뿐 아니라 동성애에 빠진 남편이라는 무거운 문제를 안고 있던 그 여성은 어떻게 해서 그토록 빛나는 표정을 지을 수 있었을까? 답은 간단하다. 그녀 안에 있는 생명이, 2천 년 전에 이 땅을 살아 내고 지금 그녀가 겪는 모든 것을 이미 이긴 생명이기 때문이다. 그녀는 승리한 삶 곧 그리스도의 삶을 살고 있었다. 그녀의 삶이야말로 살아 있는 설교다!

사막에서 물을 원하는 사람이 사탕을 먹는다고 해 보자. 잠시 갈증이 가시기는 하겠지만 결국 더 심한 갈증이 찾아온다. 이것은 마케팅 영역에서도 똑같이 적용된다. 때로 사람들은 자신이 진정으로 무엇을 갈망하는지를 모른다. 그들에게 바로 그 갈망을 채워 줄 제품을 제공해야 한다. 이 책의 주제는, 예수님을 우리의 초점으로 삼고 그분의 임재 안에서 살며 그분께 가까이 감으로써 치유할 수 없는 것은 없음을 발견하는 것이다. 예수님이 삶의 중심에 계시지 않으면 불완전함을 느낄 수밖에 없는데, 어떤 이들은 인간의 이런 허전함을 채워 준다는 거짓 약속으로 상품을 판매한다. 특히 결혼과 관련해 지킬 수 없는 약속들을 남발한다. 하지만 예수님이 계시지 않은 결혼은 완벽할 수 없다. 그리스도인의 삶에 꼭 필요한 것들이 많지만 가장 필요한 것은 따로 있다.

자신에게서는 온전한 만족을 얻을 수 없다는 사실을 다들 경험해서 안다. 하물며 다른 사람에게서 온전한 만족을 얻을 수 있겠는가? 좋은 짝을 만나 올바른 가르침을 따르면 온전한 만족을 얻을 수 있다고들 한다. 전혀 그렇지 않다. 아무리 화목한 가족도 하나님 모양의 공백을 채워 줄 수는 없다. 제자 훈련을 받고, 하나님의 거룩하심을 이해하고, 성경을 알며, 인생과 세상의 끝을 생각하면서 살아가야 한다. 하지만 그런 것이 우리에게 약간의 만족이라도 주려면 가장 먼저 그리스도와의 관계가 필요하다.

## '옛 사람이 남긴 짐'을 '옛 사람'과 혼동하지 말라

"우리 생명이신 그리스도께서 나타나실 그때에 너희도 그와 함께 영광중에 나타나리라"(골 3:4).

예수님께 당신의 생명이 되어 달라고 구했는가? 그렇다면 확실히 예수님은 당신의 생명이시다. 그리스도께서 당신의 삶으로 들어오셨는지 확실하게 알 수 있는 방법이 두 가지 있다.

첫 번째 증거는 당신이 진정으로 구원을 받았는지 긴가민가하고 있다는 사실이다. 오직 구원받은 사람만이 자신이 구원받지 못했을지도 모른다는 고민을 한다. 우리 사무실에 있는 사람 중 절반은 신자가 아닌데, 그들 중 한 사람이라도 자신이 거듭났는지 확신이 서질 않는다고 말하는 것을 들어 본 적이 없다.

하늘의 제자도

당신의 경험을 다른 사람들과 비교하면서 자신의 구원을 의심하는가? 우리가 믿음의 결단을 통해 하나님을 기쁘시게 하고 그리스도를 영접하게 된다는 사실을 기억하라. 믿음은 느낌이 결여된 경우가 많다. 그것은 믿음의 크기가, 얼마나 많이 받고 경험하는지가 아니라 아무것도 받거나 경험하지 않고도 얼마나 오래 기다릴 수 있는지에 따라 결정되기 때문이다.

어떤 이들은 우리가 잘못된 음악을 듣거나 잘못된 영화를 보거나 마약을 입에 대거나 장난으로 점을 보면 곧바로 사탄이 삶으로 들어온다고 가르친다. 그런 일을 통해 어둠이 삶으로 그토록 쉽게 들어올 수 있다면, 어둠보다 무한히 더 강력한 빛은 말로 초대하기만 해도 얼마나 더 쉽게 우리 삶으로 들어올 수 있겠는가. 그리스도의 생명을 달라고 구했는데 그분이 오시지 않을 수도 있을까? 원수의 말을 하늘 아버지보다 더 굳게 신뢰하는 신자들이 생각보다 너무 많다는 것이 놀라울 뿐이다. 그리스도를 초대하기만 하면 원수는 당장 물러간다. 불을 켜면 어둠이 달아나듯이!

그리스도가 자신의 생명인지 알 수 있는 두 번째 방법은 육신으로 살 때 느끼는 좌절감을 통해서다. 당신이 그리스도를 영접하는 순간, 그분은 당신의 생명이 되셨고 당신의 옛 삶은 십자가에 못 박혔다(갈 2:20; 롬 6장 참조). 여태껏 죽은 삶을 개선하려고 노력해 왔는가? 죽은 당신은 개선되지도 않고 인간 경험에 도움이 되지도 않기 때문에 당신이 근심과 걱정으로 가득한 것은 너무도 당연하다. 무덤을 파서 죽은 사람의 마른 뼈를 꺼내 개선해 보려는 짓을 그만

두라. 당신은 그리스도와 함께 십자가에 못 박혔다. 장사를 기억하라. 옛 자신을 고쳐 보려고 하지 말고 자신의 죽음과 장사를 인정하라. 그리고 나서 오직 자기 안에 있는 생명 곧 그리스도의 생명, 이 땅에서 살되 이 땅을 이기신 유일한 생명을 의지하라.

"내가 그리스도와 함께 십자가에 못 박혔다면 왜 아직도 옛 삶의 문제들에 시달리는가?" 이 말에서 두 가지 문제점을 발견할 수 있다. 첫 번째는, 성경 가르침보다 자기 경험에 집중한다는 것이다. 로마서 3장 4절은 그런 시각을 경고한다. "그럴 수 없느니라 사람은 다 거짓되되 오직 하나님은 참되시다 할지어다."

얼마 전, 수년 동안 선교 현장에서 일하다 선교를 그만둔 사람과 이야기를 나누었다. 선교 현장에서 은퇴한 이유를 묻자 그는 하나님이 자신을 떠나셨다고 대답했다. 하나님이 더 이상 자신의 말을 듣지도 응답하시지도 않으며, 심지어 자신의 약혼녀에게 자신이 그분께 버림을 받았으니 자신과 결혼하지 말라는 말씀까지 하셨다고 말했다. 그는 하나님을 되찾기 위해 간증에서 기도, 성경 읽기까지 별별 노력을 다했는데, 그럼에도 불구하고 하나님은 끝까지 침묵하셨다며 푸념했다.

잠자코 이야기를 듣던 나는 그의 두 눈을 똑바로 쳐다보며 말했다. "당신은 거짓말쟁이입니다!"

그는 어리둥절한 표정이었다. 내가 재차 "당신은 거짓말쟁이입니다!"라고 말하자 이번에는 크게 놀란 표정을 지었다. 그가 하나님에 관해 한 말은 전부 거짓이었다. 하나님은 우리를 버리시지

하늘의 제자도

도, 떠나시지도, 우리 말을 무시하시지도, 우리를 거부하시지도 않는다. "높음이나 깊음이나 다른 어떤 피조물이라도 우리를 우리 주 그리스도 예수 안에 있는 하나님의 사랑에서 끊을 수 없으리라"(롬 8:39).

앞서 이야기한 전직 선교사는 하나님의 임재와 은혜 안으로 돌아가기 위해 모든 것을 시도했지만 딱 하나, 하나님이 사람에게 진정으로 원하시는 것을 시도하지 않았다. 바로 믿음이다. 우리가 하나님께 드릴 수 있는 것 중에 믿음만 한 것이 없다. 하나님의 눈에 믿음은 그 무엇과도 비교할 수 없는 값진 보석이다. "믿음은 바라는 것들의 실상이요 보이지 않는 것들의 증거니"(히 11:1). 우리는 이 귀한 선물을 하나님께 드려야 한다. 하나님의 임재가 느껴지지 않아도 그분이 가까이 계신다고 인정하고 감사를 드려야 한다. 거짓을 말하는 행동을 멈춰야 한다.

물론 하나님이 우리에게 해 주신다고 약속하신 일을 아직 다 해 주신 것은 아니다. 나도 패배를 경험해서 잘 안다. 하지만 그보다 더 참되고 더 좋은 것도 안다. 그것은 바로 하나님이 나를 떠나지도 버리지도 않으신다는 진실이다(히 13:5 참조). 상황에 상관없이 이 진리를 믿는 것이 하나님이 진정으로 원하시는 것, 곧 믿음을 드리는 것이다.

하나님의 진리는, 우리의 옛 삶이 십자가에 못 박혔고 이제 그분 안에서 우리가 새 삶을 시작했다는 것이다. 더는 우리 안에서 옛 사람과 새 사람이 싸우지 않는다. 그리스도를 받아들인 뒤에도 여전히 우리 안에서 어둠과 빛이 싸우고, 둘 중 우리가 더 힘을 실어 주는 쪽이 이기는 것이 아니다. 우리의 옛 사람은 이미 죽었다!

단, 죽은 옛 사람은 짐을 남긴다. 두 번째 문제점은 '옛 사람이 남긴 짐'을 '옛 사람'으로 혼동하는 것이다. 죽은 사람의 짐을 뒤지면 갖가지 감정이 튀어나와 그가 살아 있을 때 느꼈던 감정이 다시 살아난다. 옛 짐(옛 상처나 옛 사랑, 거부, 실패, 습관, 성공의 기억)에 손을 대면 그 짐에서 과거의 불행이 튀어나온다. 문제는 우리 안에서 옛 삶과 새 삶이 싸우는 것이 아니라, 우리 마음을 어디에 두느냐. 빌립보서 4장 8절은 이렇게 권고한다. "끝으로 형제들아 무엇에든지 참되며 무엇에든지 경건하며 무엇에든지 옳으며 무엇에든지 정결하며 무엇에든지 사랑받을 만하며 무엇에든지 칭찬받을 만하며 무슨 덕이 있든지 무슨 기림이 있든지 이것들을 생각하라."

옛 사람이 살아 있다고 믿는다면, 마음을 진리에 두지 않은 것이다. 마음을 거짓말에 두면 영이 추락한다. 그것이 우리 안에 있는 새 생명에 맞지 않기 때문이다. 옛 사람(아담의 생명/옛 본성)의 짐은 사탄의 견고한 진으로써 우리 마음에 남아 있는 것이 아니다. 사탄이 우리 삶을 계속해서 불행하게 하려고 남아 있는 것이 아니다. 그 짐은 우리가 하나님께 가까이 다가가 그분을 의지하는 데 필요한 하나님의 견고한 진이다. 그 짐은 우리의 시선이 하나님에게서 멀어졌을 때 경고해 주는 빨간불이다.

짐에 손을 댔다가 불행을 당하면 결국 하나님께로 돌아간다. 하지만 로마서 8장 6절에 따라 우리의 마음을 미리 지키는 편이 현명

하늘의 제자도

하다. "육신의 생각은 사망이요 영의 생각은 생명과 평안이니라." 육신의 상태는 혼(정신, 의지, 감정)과 몸과 세상이 영을 다스리는 상태다. 반대로 영으로 사는 상태는 그리스도의 생명이 다스리는 상태다. 인간은 자유의지를 가진 존재로서 둘 중 어떤 상태로 살지 스스로 결정할 수 있다. 따라서 세상과 몸, 감정이 우리 마음을 옛 짐으로 끌어당긴다 해도 굴복하지 않는 훈련을 함으로써 우리 마음을 지켜야 한다.

그런데 이 훈련이 너무 단순해서 오히려 시도하는 사람이 별로 없다. 어떤 사람은 원치 않는 것이 머리에 떠오르면 재빨리 눈을 반복해서 깜박인다고 한다. 그렇게 하면 집중력이 흐려져 마음의 방향을 바꾸기가 쉬워지기 때문이다. 집중력을 흩뜨려서 마음을 향해 "그곳으로 가지 마!" 하고 명령하는 것이다. 다시 말하지만, 육신에서 만족을 얻으려고 하면 힘들어질 수밖에 없다. 그리스도가 우리의 참된 본성이 되었기 때문이다. 거듭난 사람에게는 그리스도만이 유일한 길이다.

나는 그리스도와 함께 십자가에 못 박혔으며, 내 모든 경험이 그것을 증명해 준다. 그런데 옛 삶에 사로잡혀 있을 때는 자신이 그리스도와 함께 못 박혔다는 사실을 확신할 수 없다. 옛 사람, 아담의 생명, 타락한 본성을 믿을 때 우리의 좌절감은 옛 사람과 그리스도 사이의 싸움에서 비롯하는 것이 아니라 죽은 것을 믿는 데서 비롯하는 것이다. 옛 사람을 묻어 버리라!

## 예수님이 길이시다

"예수께서 이르시되 내가 곧 길이요 진리요 생명이니 나로 말미암지 않고는 아버지께로 올 자가 없느니라"(요 14:6).

제1차 세계대전 당시 한 영국인 조종사가 비행기 시험 조종 중이었다. 그런데 몇 천 피트 상공에서 심상치 않은 소리가 들렸다. 비행기에 몰래 탄 쥐 한 마리가 중요한 선을 갉아먹고 있던 것이다. 조종사는 생각했다. '내가 몸을 돌리든, 저 쥐가 선을 다 갉아먹게 놔두든 둘 다 내가 비행기를 제어할 수 없게 되는 건 마찬가지겠군.' 고민 끝에 그는 묘안을 생각해 냈다. 쥐가 너무 추워서 선을 더 갉아먹지 못할 때까지 고도를 높이는 방법이었다.

그리스도의 제자 앞에는 수만 가지 접근법이 있다. 저마다 장밋빛 약속을 던지며 관심을 달라고 아우성을 친다. 우리에게 이 모든 접근법을 따를 시간과 에너지가 있을까? 아이들이 즐기는 게임 중에 사방치기 놀이가 있다. 땅에 사각형 여러 개를 그리고서 사각형 안으로 한 발이나 두 발을 놓아 가며 뛰어다니는 게임이다. 언제부터인가 기독교는 각각 적잖은 시간이 들어가는 수만 가지 성공 공식들의 사각형으로 이루어진 거대한 사방치기 놀이로 변질되었다.

사각형에는 성경 암송, 간증, 이웃과의 나눔, 교도소 사역, 심방, 결혼, 자녀, 교회, 선교, 거룩함, 종말에 대한 이해, 올바른 신학, 기독교 상담 등이 있다. 이런 사각형들을 중요도에 따라 차등을 두어 강조하지 않고, 모두 최우선 사항이라고 강조한다. 그런데 시간은 한정되어 있는데 하나같이 성장에 반드시 필요한 것이라 제시하기

하늘의 제자도

때문에 하나를 선택하면 다른 것들은 뒷전으로 밀려날 수밖에 없다. 로마서 1장 말씀을 보자. "이는 그들이 하나님의 진리를 거짓 것으로 바꾸어 피조물을 조물주보다 더 경배하고 섬김이라 주는 곧 영원히 찬송할 이시로다 아멘"(25절).

우리 '어바이딩 라이프 미니스트리즈 인터내셔널'(Abiding Life Ministries International, ALMI) 세미나에서는 많은 시간을 들여 자신을 부인해야 한다는 점을 탐구하고 이해하려 노력한다. 물론 자기 부인이 사역과 각 신자의 삶에 중요하기 때문이다. 그러나 자아를 추구하거나 반대로 부인하는 것이 우리의 '궁극적인 길'은 아니다. 작은 진리보다 언제나 큰 진리가 먼저다. 자기 부인, 우리 삶을 그리스도의 생명과 바꾸는 것 등은 모두 중요한 진리지만 가장 큰 진리는 아니다. 작은 진리에 모든 시간과 노력을 쏟지 않도록 조심해야 한다. 작은 진리는 더 큰 진리로 가기 위한 발판일 뿐이다. 창조물을 창조주보다 더 경배하고 섬겨서야 되겠는가!

최근에 자기 부인의 삶이 무엇을 의미하는지 나열한 목록을 본 적이 있다. 그 목록의 문제점은 자기 부인을 더 큰 진리로 그렸다는 것이다. 이 목록을 소개한 글은 우리가 무시와 경멸, 불쾌함을 감내하고 비천한 환경에 만족하고 자신을 높이지 말고 징계와 꾸지람을 찾고 마음속에서 반항심을 모두 찾아 제거하라고 역설했다. 모두 맞는 말이지만 작은 진리일 뿐이다. 이 글에 예수님은 어디에도 없다. 예수님과 교제하면 앞서 말한 일들은 자연스럽게 이루어지게 마련이다.

나는 자기 부인에 집중하지 않는다. 앞서 말했듯이 자아는 두 가지 방식으로 우리를 통제할 수 있다. 첫째, 우리가 자아를 만족시키는 데 모든 노력을 집중시킬 때 그렇게 된다. 둘째, 우리가 자아를 피하는 데 모든 노력을 집중시킬 때 그렇게 된다. 둘 다 우리의 관심으로 자아를 숭배하는 꼴이다. 관심의 초점은 언제나 하나님이셔야 한다. 그리고 뜻밖이라고 말할지 모르겠지만, 하나님은 자아의 요소들을 다루는 데 별 관심이 없으시다.

먼저 더 큰 진리에 관심을 집중해야 한다. 그러면 모든 작은 진리에도 세심하게 반응할 수 있다. 우리는 그저 예수님께 초점을 맞추기만 하면 된다. 히브리서는 다양한 문제를 제시하되 답은 오직 하나만 제시한다. 예수님을 생각하라!

> 그러므로 함께 하늘의 부르심을 받은 거룩한 형제들아 우리가 믿는 도리의 사도이시며 대제사장이신 예수를 깊이 생각하라(히 3:1).

여기서 "생각하라"라는 단어는 단순히 뭔가에 시선을 고정하고 뭔가를 골똘히 생각하라는 뜻이다.

한 여자 교도소에서 강연을 하면서 가장 큰 진리인 예수님 외에는 아무것도 전하지 않기로 결심한 적이 있다. 우리는 예수님을 위해 지음을 받았다. 우리는 창조주를 갈망하는 피조물이기 때문에 우리 몸의 분자 하나하나가 그분을 달라고 아우성친다. 90분간 예수님만 이야기했더니 신자나 비신자나 할 것 없이 모든 재소자의

하늘의 제자도

얼굴이 환하게 빛났다. "행복하신 분은 손을 들어 보십시오."

내 말이 끝나기가 무섭게 모두 손을 번쩍 들었다.

"어째서 행복하십니까? 여러분은 오늘 밤 여러분의 자녀가 어디에 있는지 모르지 않습니까? 남편이나 남자 친구도 곁에 있지 않습니다. 편찮은 노부모님이 눈에 밟히지 않습니까? 그래도 행복하시다면 손을 올린 채로 계십시오." 단 하나의 손도 내려가지 않았다.

"하와이 해변에서 파인애플 주스를 드시면 더 행복하지 않겠습니까?" 그렇게 묻자 모두 이구동성으로 "아뇨"라고 대답했다. 그제야 나는 설명했다. "여러분은 평생 자신을 생각하며 살아오셨습니다. 그런데 지난 90분간은 오로지 예수님만을 생각했습니다. 여러분은 예수님을 위해 지음을 받았습니다. 이것이 감옥 안에서도 자유롭게 사는 비결입니다."

이 진리는 너무 단순해서 놓치기 쉽다.

종종 만나는 외국인 무신론자들이 있는데, 하루는 함께 모여 정치 이야기를 나누다가 그들에게 해 주고 싶은 말이 있다고 했다. 이야기를 마친 나는 모두의 얼굴에 미소가 걸린 것을 보고 소리 내어 웃고 나서 물었다. "여러분, 왜 웃는지 이유를 물어도 될까요?"

그들은 이유를 모르겠다고 했고, 나는 이렇게 답했다. "여러분이 머리로는 하나님을 믿지 않는다고 생각하지만, 여러분의 존재 자체가 그분을 긍정하기 때문입니다. 보세요. 예수님에 관해 들으니까 여러분도 모르게 기쁨이 솟아나잖아요."

나는 제자 훈련을 할 때 처음에는 주로 상대방에게 상처와 죄,

좌절, 상실, 실패, 핍박, 감정까지 자신에 관해 이야기할 시간을 준다. 그리고 난 뒤에는 오로지 예수님께만 초점을 맞춘다. 첫 번째 시간에서 두 번째 시간으로 넘어가면서 나타나는 변화는 마치 《지킬 박사와 하이드》에서 펼쳐지는 변화처럼 극적이고 놀랍다. 최악의 문제를 지닌 사람들도 두 번째 시간이 끝날 즈음에는 환히 웃으며 방을 나선다. 예수님이 길이시다!

지금까지 기독교는 알지도 못했던 주제와 용어를 다룬 책을 수없이 쏟아 냈다. 요즘 기독교 심리학자들은 메커니즘과 파괴적인 행동, 관계 문제를 가장 중요한 듯 다룬다. 그런데 성경에서는 그런 주제 대부분을 언급조차 하지 않는다. 왜일까? 사람의 사고가 진화했다고 말하는 이들도 있고, 바울은 성추행, 공동의존(co-dependency), 중독 같은 문제를 다룰 필요가 없었기 때문이라고 말하는 이들도 있다. 많은 사람이 성경에서 특별히 언급하지도 않은 인간 행동에 관한 정보를 과도하게 중시하여 기독교화 하려 한다.

한번은 기독교 심리학을 배우는 한 학생에게 유명한 기독교 심리학자가 우울증 증상과 치료법에 관해 설명하는 기독교 세미나를 상상해 보라고 말했다. 그리고 나서 세미나가 끝날 무렵에 내가 자리에서 일어나 우울증 환자들은 예수님께 가까이 다가가야 한다고 말하면 어떤 상황이 벌어질지 물었다. 참석자들이 내 말에 어떻게 반응할까? 그 즉시 그 학생은 사람들이 나를 무지하고 몰상식하며 비현실적이고 세상 물정을 모르고 생각이 짧은 사람으로 여길 것이라 대답했다. 내 생각도 같았다. 하지만 왜 그럴까?

하늘의 제자도

길이요 진리요 생명이신 예수님을 답으로 생각하지 않으면 즉시 별별 질문이 떠오른다. 하나님은 우리에게 그리스도를 주시며 그분께 집중하라고 말씀하셨다. 하나님이 예수님을 모든 질문의 답으로 주신 덕분에 우리 삶이 지극히 단순해졌다. 반면, 예수님을 배제시키고 더 이상 그분을 답으로 여기지 않으면 삶은 혼란스러워진다.

나는 수만 가지 질문과 수만 가지 답으로 혼란에 빠져 사는 사람들을 자주 본다. 그들은 예수님을 바라보지 않는 까닭에 정작 참된 답을 알지 못한다. 그들은 대부분 적대감과 좌절감으로 똘똘 뭉쳐 있다. 평생 수없이 찾아 헤매도 계속해서 가짜 답만 마주치기 때문이다. 그들은 하나의 구두 상자 위에 서서 수만 개의 구두 상자를 바라보는 사람과도 같다. 그 수만 개의 상자 중 하나에는 반드시 답이 들어 있을 것만 같다. 하지만 아무리 열어 봐도 그 안에는 아무것도 없다. 답이 든 상자 위에 서 있으면서도 발밑을 내려다보지 않는 탓에 평생 엉뚱한 상자만 뒤진다.

그리스도는 모든 인생의 기초이자 답이시다. 그분만 발견하면 모든 혼란은 감쪽같이 사라지고 눈앞이 훤해지며 평안을 누리면서 살 수 있다. 그러나 그분을 배제시키면 혼란에 사로잡혀 답을 찾기가 극도로 어려워진다. 혹독하게 인내하면서 끝도 없이 자기 힘으로 노력하는 인생을 살 뿐이다. 그러나 참된 답인 '그리스도'를 생명으로 얻은 사람은 혼란 속을 헤매지 않아도 된다.

빛이 없는 동굴 속에 서 있어 본 적이 있는가? 칠흑 같은 어둠 속에서는 눈앞에 있는 자신의 손조차 볼 수 없다. 그런 동굴에서 태어난다고 상상해 보라. 벽이 어떻고 자신의 신발이 어떤 모양인지 다른 사람들에게 어떻게 설명할 수 있겠는가. 불이 켜지면 자신의 시각이 얼마나 잘못되었는지 똑똑히 보게 될 것이다. 당장이라도 불을 들고 들어가 동굴을 탐험할 수 있는데, 왜 평생 빛을 찾아 동굴 속을 더듬고 다니려는가? 평생 답을 찾아 수만 가지 질문의 미로를 헤맬 수도 있고, 먼저 답을 들고 질문을 마주할 수도 있다. 신자는 '예수님'이라는 답을 들고 모든 질문을 다룰 수 있다.

자녀를 키우고 행복한 가정을 꾸리고 주변 사람들과 좋은 관계를 맺는 법에 관한 성경 구절이 얼마 되지 않는 이유는 무엇일까? 그것은 신약 기자가 우리가 그리스도를 삶의 중심에 놓고 그분을 답으로 삼고 그분 안에 거하는 것, 곧 기본에 충실하리라 가정하고 성경을 썼기 때문이다. 많은 사람이 하나님의 단순한 답을 외면하는 것은 그리스도를 개인적으로 영접하지 않아 엉뚱한 곳을 기웃거리기 때문이다. 우울증의 해결책으로 그리스도를 받아들인 사람들은 "가까이 오라"라는 말에 열렬한 "아멘"으로 화답한다. 그리스도를 자신의 전부로 받아들이지 않은 사람들은 자신에게 '통하지' 않았으니 아무에게도 통하지 않을 거라고 생각한다.

우리는 빛을 손에 들고 모든 문제와 질문을 다루어야 한다. 우리를 인도해 줄 참된 답을 들고 질문과 씨름해야 한다. 그런데 일각에서는 그런 우리를 진짜 문제와 질문, 현실, 지난 상처를 직시하지 않고 외면한다고 질타가 쏟아진다. 그럴 때는 "자신을 부인하든지

하늘의 제자도

주님을 부인하라"라고 대답하면 된다. 자신을 위한 삶, 스스로 신이요 기쁨의 근원이 되려는 욕구, 스스로 통제하고 자기가 살아 있으려는 욕구에서 비롯하지 않은 문제와 질문은 거의 없다.

나를 위한 삶은 모든 상황과 질문을 나를 위해 사용하는 삶이다. 몇 주, 몇 달, 아니 몇 년 동안 과거와 현재의 문제에 대한 답을 찾았지만 예수님이 자녀에게 주시는 평안에 단 한 발자국도 더 가까워지지 못했다고 고백하는 신자들이 수없이 많다. 이유가 무엇일까? 어떻게 그럴 수 있을까? 그리스도 '밖'에서 답을 찾았기 때문이다. 평안은 오직 그리스도 '안'에만 있다. 그분만이 참된 답이다. 그분께로 가까이 가라! 우리는 죽은 하나님이 아니라 살아 계신 하나님을 섬긴다. 우리는 그분의 빛에서 참빛을 본다.

한번은 환생을 믿는 사람과 이야기를 나눈 적이 있는데, 그는 모든 종교에 어느 정도의 진리가 있다는 주장을 펼쳤다. 물론 맞는 말이다. 모든 주요 종교에 십계명의 요소들이 어느 정도 있기 때문이다. 그는 그 주장을 기초로 다음 주장을 펼쳤다. "모든 사람이 어느 정도의 진리를 갖고는 있지만 누구도 완전한 진리를 갖고 있지는 못해요. 그러니 각자 자신에게 맞는 진리를 선택해야 하지요."

각자 자신에게 맞는 진리를 취사선택해야 한다? 이런 논리로 흐르면 성경에서 경고한 혼란에 빠진다. 인간이 자기 눈에 옳은 대로 행동하면 실패할 수밖에 없다(잠 12:15; 16:25; 사 53:6 참조). 모든 사람이 각자 자신의 진리를 갖고 있다고 생각하면 궁극적으로는 진리가 없다는 결론에 이르게 된다.

옛 자아와 새 생명

이 점을 설명하자 이 사람은 또 다른 흔한 주장을 꺼냈다. "그리스도인만이 절대 진리를 갖고 있다고 믿는 게 너무 짜증나요!"

나는 맞다고 응수했다. "맞아요! 우리는 절대 진리를 갖고 있습니다!"

당황한 그는 기독교에 여러 교파가 있다는 점을 꼬집었다. 그는 모두 같은 성경을 읽는데 저마다 진리를 다르게 해석하고, 진리를 자신과 다르게 해석하는 사람들을 비난하는 그리스도인들의 행태가 각자 자신의 진리를 찾아야 한다는 사실을 방증해 준다고 했다.

많은 사람들이 같은 문제로 혼란스러워한다. 최근 구소련에서 기독교 분열 사태가 벌어졌다. 핍박을 받던 수십 년 동안에는 소련의 기독교가 연합하다가 이제는 서구에서 여러 상충하는 교리들이 유입되면서 분열을 일으킨 것이다. 비신자들은 이런 현상을 지적하면서 사람마다 진리를 다르게 본다고 주장한다. 아울러 예수님은 예수님 당시에 알맞는 좋은 선생이었고, 다른 시대에는 다른 좋은 선생들이 있기 때문에 각자 자신에게 가장 맞는 선생을 고르면 된다고 주장한다.

하지만 문제는 진리의 정의(definition)다. 세상은 진리를 '옳은 생각과 행동, 믿음의 체계(system)'로 정의한다. 그래서 각자 자기 체계를 옹호하면서 진리에 대한 논쟁을 벌인다. 아까 말했던 환생주의자는 자신이 내게 자신의 체계를 선전하듯이 나도 자신에게 내 체계를 선전한다고 오해했다. 하지만 우리의 목적은 다른 사람들을 '우리 교단의 진리'로 인도하는 것이 아니다. 우리는 사람들을 진정한 진리, 하나님의 진리, 절대 진리의 정확한 정의(definition)이신 예수님께로 인도해야 한다.

예수님은 길이요, 진리요, 생명이시다. 오직 그분을 가져야 진리를 가지는 것이다. 앞서 말했던 환생주의자는 평생 공부를 해 왔지만 그리스도를 영접하지 않았기 때문에 진리에 조금도 가까워지지 못했다. 우리 '어바이딩 라이프 미니스트리즈 인터내셔널'의 목표는, 사람들을 우리 체계에 맞추는 것이 아니라 그들에게 절대 진리이신 예수님을 소개하는 것이다. 진리 안에 거하면 혼란이 정리되고 일관성을 가질 수 있다. 국적이나 교단에 상관없이 그리스도 안에 거하는 신자들은 모두 똑같이 행동한다. 진리 안에 거하면 일치가 나타난다. 반대로 조직 안에 거하면서 저마다 자신의 조직 체계를 "진리"라고 부르면 분열하고 만다.

따라서 진리를 제대로 정의할 때 우리가 진리를 알 수 있고 그 진리가 우리를 자유하게 하는지를 이해할 수 있다. 진리를 하나의 체계로 보면, 그 진리는 우리를 분노하게 하고 분열만 가져올 뿐이다. 체계는 자기주장의 연장선이어서 다른 사람들이 내 체계를 공격하는 것은 곧 나를 공격하는 것이다. 그러나 진리는 우리를 자아로부터 해방시키며 우리를 통해 그분의 사랑을 풀어놓는다. 그분 안에서 양육받으면 진리를 사랑하고, 감사가 절로 나온다. 아울러 작은 진실들도 잘 받아들이게 된다.

내가 기분 나쁜 진실들을 기꺼이 받아들이게 되기까지는 많은 시간이 걸렸다. 일단 진리(예수님)를 받아들이고 나니 작은 진실들을 기꺼이 받아들일 수 있었고, 그것이 내게 말할 수 없는 자유를 주었다. 알코올 의존증을 치료하는 모임에서 첫 번째 단계는 자신이 알코올에 중독돼 있다는 사실을 인정하는 것이다. 일단 인정하고 나면 마음이 편해진다. 하지만 여기서 끝나서는 안 된다. 진리(예수님)를 받아들일 때 비로소 참자유가 찾아온다.

진실을 존중하지 않는 사람들은 그리스도를 사랑하지 않고 오직 자신과 자신의 욕심만 사랑한다. 반면에 그리스도를 사랑하는 사람들은 거짓과 자기주장을 미워한다. 비신자들은 진리를 찾고 사랑한다고 말하지만 그리스도를 거부하기 때문에 거짓말을 하는 것이다. 그들 속에는 진리가 없다. 육신의 길을 추구하기 위해 자신이 만든 질서에 거슬리지 않는 진실만을 찾을 뿐이다.

예수님과의 친밀함이 치유하지 못할 것은 없다.


## 믿는데도 삶에 기쁨이 없다면

"너도 기뻐하고 즐거워할 것이요 많은 사람도 그의 태어남을 기뻐하리니"(눅 1:14).

기쁨을 잃어버린 그리스도인이 너무도 많다. 그들 안에 생명이 살아 계시긴 하지만 그들은 그 생명에 따라 살지 못하거나 생명의 열매를 맺지 못하고 있다. 그들 가운데 많은 이들이 이미 그 문제를 인식하고 있다. 그들은 자신이나 가족, 자녀들, 교회, 사회에 뭔가 문제가 있어서 깊은 만족을 누리지 못한다는 것을 잘 안다.

하늘의 제자도

그들은 연약하고 낙심한 사람들도 갈 수 있는 단순한 삶의 길, 내적 갈등을 없애 줄 수 있는 길을 원한다. 올바른 교리와 교회법, 감정적 경험, 지적 추구, 방법론, 프로그램, 자기성찰, 자기중심주의, 분노, 비방을 통해 평안이나 기쁨, 쉼, 완벽한 삶을 얻을 수 있을까? 그럴 수 없다. 마태복음 5장은 온전한 삶을 묘사한다. 심령이 가난하고, 애통하고, 온유하며, 의에 주리고, 목마르며, 긍휼히 여기고, 마음이 청결하고, 화평하게 하고, 기꺼이 박해를 받고, 일치를 추구하고, 말과 태도에서 진리를 드러내며, 경멸의 말을 하지 않고, 누구도 미워하지 않고, 한쪽 뺨을 맞을 때 다른 쪽 뺨도 돌려 대며, 원수를 사랑하고, 자신을 핍박하는 자들을 위해 기도하는 삶이 바로 온전한 삶이다.

예수님은 그런 삶을 사셨다. 인류 역사상 누구보다도 그분만큼 온전한 삶을 살지 못했다. 그분은 그런 삶의 길을 비밀에 붙이지 않고 정확히 알려 주셨다.

당신의 우선순위를 따라 살아서 예수님이 묘사하신 온전한 삶을 이루었는가? "그렇다"고 답한다면, 다시 묻겠다. 당신의 배우자나 가족, 이웃, 주변 세상도 그렇다고 말하는가? 인류 역사를 보면 우리의 이해와 방법론, 교리, 교회는 생명을 낳지 못했다. 기독교 사에는 산상수훈의 내용을 포함시키지 않아서 약속한 대로 결과를 만들어 내지 못한 뛰어난 신조들이 수두룩하다. 교리를 머리로만 수긍할 뿐 내주하시는 그리스도의 생명을 인정하고 표현하지는 못했다.

믿음 좋다는 신앙의 거인들조차 조금만 힘들어져도 본색을 여실히 드러냈다. 영성을 자랑하던 한 여인은 내 사무실에 앉아 한 시간이 넘도록 남편을 비난했다. 부인이 남편이 이것저것을 바꾸어야 자신이 행복할 거라며 남편의 온갖 잘못을 지적하는 동안 남편은 말없이 조용히 앉아 있었다. 한참 만에 결국 나는 손바닥을 쾅 내리치며 말했다. "더 이상 참을 수 없네요!" 그러고는 자리에서 일어나 칼을 집어 들고는 남편에게로 다가갔다.

부인은 깜짝 놀라며 말했다. "뭐하시는 거예요?"

"남편 분은 도무지 무가치한 인간이라서 아무래도 죽여야겠습니다. 도저히 숨을 쉬며 살 자격이 없습니다."

내 말에 남편은 사색이 되었다. 하지만 나는 아랑곳없이 그는 변화될 가망이 없으니 이 자리에서 죽이는 편이 최선이라고 말했다. 마침내 부인은 정신이 들었다. 그제야 나는 인상을 풀고 설명을 시작했다. "부인의 기독교는 말들의 종교일 뿐입니다. 그 안에 생명이 없어요. 설령 남편 분에 관한 부인의 말이 사실이라 해도, 부인 안에 사랑할 힘이 있습니까?"

그 부인이 슈퍼 그리스도인이 되기 위해 스스로 정한 기준들은 정작 그녀의 삶에 아무런 도움이 되지 못했다. 과연 인간이 만든 목록에 생명으로 가는 길이 있을까? 세상은 마음대로 생명을 정의하고 나서 그 생명을 찾는 길을 자신 있게 제시한다. 하지만 하나님이 창조하고 유지하시는 세상은 하나님께 반(反)하는 그 어떤 것도 지지하지 않는다. 세상은 죄와 자기중심주의를 만족의 수단으로 제

하늘의 제자도

시하지만 그것들은 결코 만족으로 이어지지 않는다. 죄는 행복이 아닌 더 많은 죄만 낳을 뿐이다.

죄를 범하는 사람들은 내적 갈등, 질병, 죄책감, 근심, 열등감, 정신 이상, 두려움, 스트레스에 시달린다. 자신을 만족시키기 위해 다른 사람에게 해를 끼치면 결국 자신이 해를 입는다. 세상을 따르면 결국 자신이 무너져 내린다. 그러고 나면 세상이 이번에는 그 고통을 마비시켜 줄 술이나 마약, 섹스를 제시한다. 죄와 자기중심주의가 풍성한 삶을 낳을 수 있다면, 온 피조 세계가 그것들을 지지하고 죄를 짓는 사람들이 행복해졌을 것이다.

하지만 우리는 살면서 죄와 형벌이 하나라는 사실을 배웠다. 그래서 나는 비신자나 타락한 신자를 비난하지 않는다. 그들이 자신이 저지른 행동 때문에 이미 충분한 벌을 받고 있기 때문이다. 예수님도 간음 현장에서 붙잡힌 여인에게 "나도 너를 정죄하지 아니하노니"라고 말씀하셨다. 정죄할 이유가 없었기 때문이다. 그 여인은 자신의 죄로 이미 망해 가고 있었다. 죄와 형벌은 함께 간다(벧후 2:1, 9; 유 12, 15절 참조).

세상은 죄에서 생명을 찾으려고 하지만 이는 헛된 짓이다. 하나님이 창조하신 생명은 죄를 위해 지어진 것이 아니다. 빛이 어둠을 낳지 않는 것처럼 죄는 생명을 낳을 수 없다. 둘은 극단이다. 죄는 이질적인 것이며, 모든 인간의 가치를 떨어뜨리고 고갈시키고 굶주리게 하고 망가뜨린다. 하나님이 지으신 인간은 본성적으로 죄에 부정적으로 반응한다. 만약 무신론자들의 주장처럼 성경이 외부에서 사람에게 억지로 강요하는 원칙들의 집합이라면 얼마든지 성경을 피할 수 있다. 하지만 성경이 모든 피조물의 뗄 수 없는 일부라면 사방 어디로 가도 성경을 피할 수는 없다.

그리스도는 모든 피조물의 존재 자체에 쓰인 진리다. 그래서 모든 피조 세계가 그분을 선포한다. 예수님에게서 도망치려고 해 봐야 오히려 그분께로 달려갈 뿐이다.

아마존 국경지대는 기생생물이 득실거리는 무시무시한 땅이다. 기생생물은 다른 생물을 의지해서 살아간다. 세상은 죄를 위해 창조되지 않았다. 죄는 기생생물로 세상에 들어온 것이다. 죄는 기생하기 좋은 뭔가를 찾아야 한다. 자기중심적인 사람이 성공하려면 자신을 도와줄 이타적인 사람을 찾아야 한다. 사기꾼이 성공하는 것은 순진한 누군가가 속기 때문이다. 육적인 사람이 흥하는 것은 영적인 사람이 기꺼이 망해 주기 때문이다.

우리 몸은 죄나 사탄, 세상의 통제하에서 잘 쓰이도록 만들어지지 않았다. 죄와 사탄, 세상은 모두 우리를 희생시켜 번영하려는 기생생물들이다. 인간의 몸은 그리스도가 거하셔야 할 곳이다. 따라서 그리스도가 들어오실 때 우리 몸이 마치 그분의 집처럼 완벽히 들어맞는다. 죄를 지을 때 기분이 나쁜 것은 몸이 원하지 않는 것을 하기 때문이다. 육의 상태(그리스도가 아닌 다른 것의 통제를 받는 상태)는 부자연스럽다. 비성경적인 것은 다 부자연스럽다.

어느 날 세상 모든 사업가와 사회사업가, 심리학자, 정치학자들이 어떻게 살아야 하는지 연구한 책자가 우리 집 우편함에 도착한다고 상상해 보라. 그 책자를 열어 보면 그들이 제안하는 삶이 곧 예수님의 삶이라는 것을 보고 입이 떡 벌어질 것이다. 그들이 연구한 끝에 결론 내린 삶이 예수님의 삶과 똑같다고 말하면 그들은 분명 이렇게 반응할 것이다. "그런 건 모르고요. 다만 이런 삶이 행복과 만족으로 가는 삶이라는 것만 압니다."

예수님은 참된 삶의 현현(顯現)이시다. 안타깝게도 세상에 철저히 세뇌를 당해 죄와 자기중심주의가 행복과 만족으로 가는 길이라고 믿는 그리스도의 제자들을 적잖이 만났다. 죄를 거부하는 것이 곧 평안을 거부하는 것이라고 착각한 탓에 그들의 삶은 매일이 지옥이다. 풍성한 삶을 찾는 올바른 공식은 무엇인가? 신자들이 제시하는 공식도 세상이 제시하는 공식만큼이나 실망스러울 때가 많다. 비결은 말과 행동에 있지 않다. 생명은 공식이 아니라 인격적 존재, 그리고 그분과의 관계에 있다.

아마존의 깊은 정글에는 길도, 그 길을 보여 주는 지도도 없다. 그래서 반드시 인도자가 필요하다. 인도자가 곧 길이 된다. 제자들은 가르침을 잊어버리거나 모임에 빠지거나 충분히 노력하지 않아서 넘어지는 것이 아니다. 그리스도에게서 시선을 떼기 때문에 넘어진다. 그리스도께 시선을 고정하면 그분의 생명이 우리의 생명이 된다. 산상수훈은 가르침이라기보다는 우리 생명의 근원을 묘사한 것이다. 가르침은 경계가 있어서 그 경계 너머의 영역에는 가르침의 효력이 못 미칠 수 있다. 하지만 자기 안에 계신 그리스도를 인식하는 사람은 한계를 모른다. 그리스도는 이 땅에서 사셨고 일곱 번씩 일흔 번을 용서하셨다. 그리고 그분은 우리의 생명이시다. 그래서 우리도 끝없이 용서해야 한다.

기독교를 단순하게 유지하는 사람들이 기독교를 복잡하게 만드는 사람들보다 유리한 점은, 교리를 실천하려고 굳이 노력하지 않아도 된다는 것이다. 내 친구 하나는 자신이 예전에는 사람들에게 교리를 가르치고 나서 그 가르침과 상관없이 얼마든지 자기 마음대로 행동할 수 있었다고 했다. 하지만 '생명'을 만나고부터는 자신의 새 삶에 맞지 않는 어떤 행동도 할 수 없게 되었다고 했다. 생명은 단순하고도 자연스럽다. 우리 사역단체의 호주 지부장이 매우 천재적인 자녀 교육법을 실천하는 모습을 본 적이 있다. 대체 그런 방법을 어떤 책에서 배웠는지 묻자 그는 이렇게 대답했다. "그냥 기도했을 뿐입니다!"

내가 수년 동안 연구해서 이해한 것을 그는 그리스도와의 관계에서 자연스럽게 터득했다. 세계에서 가장 큰 도서관을 뒤지는 것보다 그리스도와 관계를 맺는 것이 훨씬 더 낫고 훨씬 더 단순하다!

세상 사람들은 옳은 답과 옳은 능력, 사람들에 대한 통찰로 자신의 텅 빈 자루를 채우기 위해 평생 애를 쓴다. 그들은 자신의 상실감에 기술을 가득 채워 자아를 강하게 만들려고 한다. 그들의 목표는 살면서 어떤 상황에 처하더라도 준비를 완벽하게 갖추는 것이다. 하지만 그들의 삶은 끝없는 혼란일 뿐이다.

세상적인 제자도는 제자에게 모든 상황에서 어떻게 해야 하는지 알려 주려 한다. 사이비 종교인들, 역사적 예수님을 믿지 않는

하늘의 제자도

사람들, 잘못된 교리, 교회 안 여성 리더십에 관한 이슈 등 언제 어떤 문제를 다루게 될지 모르기 때문이다. 그런데 내가 내 빈 자루를 채우려고 애쓰면서 깨달은 사실은, 채워도 채워도 끝이 없다는 것이었다. 혹시 모르몬교도가 찾아올지도 몰라 한 달 내내 방언의 은사를 연구했다. 신자가 하나님의 뜻을 아는 법에 관해 물어 올지 몰라 그리스도의 재림에 관해 토론 준비를 했다. 교회의 목회자 세미나에 강사로 초빙될지 몰라 바울의 선교 여행을 공부했다.

그러다가 비결을 발견했다. 하나님은 내가 빈 자루를 갖고 오직 믿음만으로 겸손히 그분을 믿기를 바라셨다. 그분과의 친밀한 관계 속에서 나는 정확히 필요한 것을 정확히 필요한 순간에 받을 수 있었다. 마가복음 13장 11절은 이렇게 말한다. "사람들이 너희를 끌어다가 넘겨줄 때에 무슨 말을 할까 미리 염려하지 말고 무엇이든지 그때에 너희에게 주시는 그 말을 하라 말하는 이는 너희가 아니요 성령이시니라."

내 삶의 초점이 빈 자루를 채우는 데서 '하나님과의 관계'로 이동했다. 하나님은 현재의 하나님이시다. 우리는 각자의 빈 자루를 들고 모든 상황 속으로 들어가야 한다. 그러면 현재의 하나님이 그분과 관계맺은 사람들에게 그 순간에 필요한 모든 것을 주신다. 우리는 그분만 의지하고 있으면 된다. 안타깝게도 우리는 모든 것을 달라고 아우성치면서, 정작 꼭 필요하면서도 이미 거저 받은 것은 보지 못한다. 그것은 바로 우리가 지금 누리는 하나님과의 깨지지 않는 관계다.

빈 자루로 살고, 나아가 하나님을 위한 그릇이 되라. 이것이 참된 겸손의 영이다. 계속해서 환기시키겠지만, 겸손한 신자는 "나는 아무것도 아니다"라고 말하기보다는 "내게는 아무것도 없다"라고 말하는 사람이다. 그리스도는 절대적 겸손이시다. 그분은 자신을 비우셨고(빌 2:7 참조), 모든 지혜와 영광으로 충만하셨다. 우리도 자신을 비우면 세상의 지식과 방법들보다 더 좋은 것으로 충만해진다. 지식을 초월하는 그리스도의 사랑을 알게 되어 하나님의 온갖 충만하심으로 충만하게 될 것이다(엡 3:19 참조, 새번역).

하늘의 제자도는 빈 자루로 살아가는 법을 강조한다. "자기를 비워"(빌 2:7). 발명자가 발명품의 올바른 작동법을 알려 주는 이 구절이 넘치도록 좋다! 사람은 빈 채로 돌아갈 때 가장 잘 작동한다. 놀랍지 않은가! "지혜 있는 자가 어디 있느냐 선비가 어디 있느냐 이 세대에 변론가가 어디 있느냐 하나님께서 이 세상의 지혜를 미련하게 하신 것이 아니냐"(고전 1:20).

제자에게 기쁨을 주는 것은 모두 관계에서 나오며, 그리스도와의 관계야말로 가장 자연스러운 삶의 방식이다. 우리는 바로 이 관계를 위해 지음을 받았다. 예수님은 인간이 살아야 할 완벽한 삶을 사셨다. 그분을 보면 우리도 어떻게 살아야 하는지를 알 수 있다. 그분 뜻과 우리 뜻은 상충하지 않는다. 그분의 뜻 안에서 우리의 진정한 소원을 온전하게 발견한다. 그분을 삶의 중심에 놓을 때 모든 것이 제대로 돌아간다.

반대로 그분이 삶의 중심에 계시지 않으면 아무것도 되는 것이

하늘의 제자도

없다. 그리스도의 절대성은 삶에서 직접 확인할 수 있다. 살아 계신 예수님과 관계를 맺은 결과와, 그분과 관계를 맺지 않은 삶의 결과를 관찰해 보라. 인간이 진리라고 부르는 것에 거역해도 아무런 결과가 따르지 않는다면 그것은 진리가 아니다. 무엇이 진리인지는 삶이 증명해 준다.

술 냄새와 마약 냄새로 진동하는 캄캄한 방에 갇힌 한 수형자의 자녀를 본 적이 있다. 범죄와 거짓말, 술, 마약이 좋지 않다고 말해 주는 성경 구절을 굳이 찾지 않아도 무엇이 진리인지 알 수 있었다. 임신이 되지 않아 낙심한 삼십 대 여성을 상담한 적이 있다. 그녀에게 낙태를 경고하는 성경 구절이 필요할까? 그녀는 삶을 통해 생명의 가치를 똑똑히 배웠다. 오지에서 자연주의 신봉자를 만난 적이 있다. 그의 아들은 마리화나를 피웠고 그의 아내는 치아를 잃는 등 온 가족이 혼란에 빠져 있었다. 자연 숭배가 좋지 않다는 것을 알기 위해 내게 성경의 증거가 필요할까? 에이즈로 죽어 가는 환자나 환각제를 너무 많이 복용해서 몸 한쪽이 마비된 청년을 만나 보라.

예수님 밖에 있는 것이 곧 지옥이라는 것을 증명하기 위해 굳이 연구 자료와 사진이 필요할까? 잘못을 아는 것만으로 속박된 사람이 자유를 얻을 수 없다. 새 삶과 그리스도와의 관계만이 우리가 찾는 모든 것을 자연스럽게 가져다준다.

단, 관계는 우리가 만드는 것이 아니다. 우리가 하나님과의 관계를 만들 수 있다는 생각은 착각이다. 관계는 하나님이 시작하시고 유지하신다.

상대방을 느끼거나 들을 수 없다고 해서 관계가 없다고 생각하지 말라. 우리는 더 높은 무언가로 부름을 받았다. 바로 믿음이다. 그리스도가 우리의 생명이라고 말씀하시니 그대로 믿으라.

지난 2천 년간 교회는 예수님의 발치에 다양한 것들을 쌓고서 그것들을 강조해 왔다. 하지만 예수님을 바라볼 수 있는데 왜 예수님 발치에 쌓인 다른 것들을 바라보는가? 다른 사람들이 예수님과 누리는 관계와 동일한 형태의 경험만을 구하며 집착하지 말고, 오직 예수님 그분 자체를 추구하라.

03

'제자'에
걸맞지 않은 것들을

## 끊어 내다

"하나님을 사랑하는 것은 이것이니 우리가 그의 계명들을 지키는 것이라 그의 계명들은 무거운 것이 아니로다"(요일 5:3).

신자가 순종해야 하는 것은 다른 사람이 아닌 자신을 위해서다. 아내가 불륜을 저지른 뒤에 회개했음에도 아내 사랑하기를 거부한 남편에게 쓴소리를 해 주었던 기억이 난다. 남편은 이렇게 변명했다. "아내를 용서하고 사랑하면 또다시 그럴 거 아닙니까? 그러면 저 여자는 내가 얼마나 힘든지 이해하지 못할 겁니다."

이런 논리가 그리스도인들 사이에도 팽배해 있다. 과연 옳은 걸까? 이렇게 말하는 남편의 얼굴은 공허해 보였다. 아무런 기대도 소망도 믿음도 찾아볼 수 없는 표정이었다. 그는 내내 쩨쩨하고 비인간적인 태도로 일관했다.

그는 하루 종일 아내의 묵은 실수를 곱씹고 있었다. 아내의 실수를 대하는 그의 방식은 아내에게 유익을 끼치기는커녕 자신에게 해를 입힐 뿐이었다. 나는 그를 꾸짖었다. "정신 차리세요! 아내 분을 위해서가 아니라 형제님 자신을 위해서 사랑해야 합니다. 형제님의 죄가 아내 분의 죄보다 더 크고, 그 죄가 형제님을 파멸시키고 있어요. 아내를 사랑해야 하는 것은 아내의 자격이나 아내가 보이는 반응과는 상관이 없습니다. 그렇게 하는 것이 형제님에게 맞고, 또 이롭기 때문입니다."

다른 사람들의 의지까지 자신이 통제하려 들기 때문에 순종하길 거부하는 사람이 많다. 그러나 나는 남이 순종할 때까지 기다리지 않는다. 내가 행복하기 위해서다. 내 행복과 평안은 다른 사람들에게 달려 있지 않다. 청소년 시절, 나는 주변 모든 사람에게 분노를 품었다. 어느 아침엔가 면도하시는 아버지에게 내가 사는 곳이 지긋지긋하다고 불평했다. 그때 아버지는 간단하게 답하셨다. "아무도 너를 불행하게 만들 수 없어. 네가 불행한 건 네가 불행을 선택했기 때문이야. 아버지는 행복하기로 선택했단다." 정말 우리 아버지는 밤마다 환하게 웃으며 집에 들어오셨다.

우리의 머리카락 중 한 올도 검은색을 희게 바꿀 수 없는데(마 5:36 참조) 남의 머리카락 색깔인들 바꿀 수 있겠는가. 사랑하고 용서

하늘의 제자도

하고 돕고 주되, 원망은 하지 말라. 당신의 순종에 다른 사람들이 어떤 반응을 보일지는 그냥 그들에게 맡기라.

예를 들어 보겠다. 우리에게 악을 행한 사람을 상관없이 사랑해 주면 그 악이 그에게 머문다. 하지만 우리가 사랑하기를 거부하면 그 사람의 문제가 우리에게서 세 가지 문제로 발전한다. 첫째, 육신으로 반응하면 우리가 당한 일을 하루 종일 곱씹게 되고, 잠깐 동안 일어난 일로 몇 주를 빼앗긴다. 둘째, 그렇게 육신으로 반응한 자신이 미워진다. 셋째, 육신으로 반응하여 자신을 미워하게 만든 상대방이 미워진다. 원수를 사랑해야 하는 것은 우리 자신을 위해서다. 그리스도는 우리의 생명이시며, 그 생명에는 사랑이 어울린다.

한번은 여자 원피스를 입은 남자에게 복음을 전한 적이 있다. 그가 그리스도를 영접하는 기도를 드린 뒤 나는 그에게 화장을 지우고 가발과 원피스를 벗고 남자 옷으로 갈아입으라고 명령했다. 내가 그의 본모습을 바꾸기 위해 그런 명령을 한 것인가, 아니면 그의 본모습을 드러내기 위해 그런 명령을 한 것인가? 물론 나는 그가 남자라는 사실을 드러내기 위해 그런 명령을 내린 것이며, 그의 본모습에는 남자 옷이 맞다.

그리스도의 제자는 거룩한 자, 선택받은 자, 구별된 자, 새로운 피조물, 의로운 자, 하나님의 자녀다. 그래서 하나님의 명령들은 우리에게 맞고 자연스러우며 만족을 준다. 죄를 짓고 나면 왜 마음이 편치 않은 걸까? 우리가 죄에 맞지 않기 때문이다. 그런데 많은 그리스도인이 죄책감에 빠져서는 자신이 천국을 기다리는 죄인에 불과하다는 착각에 빠지곤 한다. 그런데 정작 우리가 죄인에 불과하다고 가르치는 선생들은 우리가 죄를 지으면 무척 충격을 받는다. 죄인이면 죄를 짓는 것이 당연한데 왜 충격을 받는가. 이와 달리 성경은 신자를 죄인으로 일컫지 않는다. 신자는 '성도'(saint)이며, 죄인의 삶은 성도에게 맞지 않다.

한 코카인 중독자가 아내의 성화에 못 이겨 내게 전화를 걸었다. 그는 전 재산으로 코카인을 샀고 곧 마약 파티를 열 것이라고 말했다. 나는 단호한 음성으로 이렇게 말했다. "안 됩니다. 당신은 코카인 중독자가 아닙니다."

"아니에요. 저는 코카인 중독자예요. 벌써 코카인을 샀습니다."

"당신은 코카인을 하지 않을 거예요."

"어째서요?"

"그건 당신이 거룩하신 하나님의 자녀이기 때문입니다. 하나님의 자녀에게는 코카인이 맞지 않아요. 코카인을 하면 마음이 편하지 않을 겁니다."

그는 전화를 홱 끊어 버렸다. 그런데 이튿날 그에게서 다시 전연락이 왔다. "코카인을 전부 변기통에 넣고 물을 내려 버렸습니다!"

그는 자신이 내면의 새 생명에 맞는 행동을 했다는 사실에 매우 기뻐했다. 예수님의 명령은 강요해서 성취되는 것이 아니라 삶에 꼭 필요해서 그렇게 행해지는 것이다!

하늘의 제자도

## 냉담함

많은 사람이 삶은 다람쥐 쳇바퀴 돌 듯 무의미하다고 생각하며 냉담함에 빠져 있다. 겨우 몇 번 노력하고는 삶을 포기한다. 존재 자체의 피곤은 어떻게 쉰다 해도 해결되지 않는다. 삶에 냉담한 사람들은 세상에 환멸을 느낀다고 말하지만 실상 그들은 자신에게 지친 자기중심적인 사람들이다. 인간이 하나님을 떠나 자기 혼자서 이룰 수 있는 것에는 큰 한계가 있다.

한 이웃이 우리 할아버지에게 자동차와 원자력, 텔레비전을 만든 인간이 정말 똑똑하다는 말을 했던 기억이 난다. 그때 우리 할아버지는 이렇게 말씀하셨다. "그런 기술에 관한 지식은 원래부터 존재했소. 똑똑하다는 인간이 그걸 발견하는 데 왜 그토록 오래 걸렸을까? 멍청해서가 아닐까?"

자기를 바라보며 자기 능력에 주목하면 낙담할 수밖에 없다. 욥기 7장 17절은 이렇게 말한다. "사람이 무엇이기에 주께서 그를 크게 만드사 그에게 마음을 두시고." 오히려 주변을 보고 자연이 무엇을 이룰 수 있는지를 보면 힘이 솟는다. 무엇보다도 하늘로 가는 길을 보고 하나님이 예수님을 통해 이루신 일을 생각할 때 진정한 힘이 솟는다.

자신이 어리석은 직장 동료들과 일하거나, 싫어하는 일을 하거나, 집안에 문제가 많거나, 더 좋은 곳으로 이사할 여력이 되지 않아서 삶에 냉담하다고 생각하는 사람이 많다. 하지만 냉담함에 대한 답을 밖에서 찾으면 번지수를 잘못 짚은 것이다. 삶의 의욕은 우리 안에 있는 그리스도의 생명에서 비롯한다. 오직 그리스도만이 삶을 즐겁게 해 주신다. 그리스도는 지극히 평범한 일상에도 벅찬 기대감을 불어넣으실 수 있다. 나는 한때 건물 화장실 청소부 일을 했었다. 그 일을 하는 동안 나는 건물 사람들에게 전도를 하고, 상담을 해 주고, 심지어 두 번의 결혼식 주례도 봤다. 나중에는 그 일을 그만두기 싫을 정도로 정이 들었다. 예수님은 평범한 일로도 큰 변화를 일으키셨다.

인도의 모든 음식에는 카레가 들어가는데, 카레 맛이 다른 모든 맛을 압도해 원래 맛을 가늠하기가 어렵다. 하지만 카레를 무척 좋아하는 나는 그래서 인도의 모든 음식이 너무 맛있다. 예수님은 삶의 카레와도 같다. 예수님은 불쾌한 모든 것을 압도하여 삶에 행복한 맛을 가득 입히신다. 삶이 맛이 없다면 그것은 자기 힘으로 행복해지려고 애를 쓰기 때문이다.

냉담함은 장소나 사람, 연봉에서 나오는 게 아니라, 옛 사람에서 나온다. 삶의 잠재력을 보지 못하고 삶을 피하려는 습관에서 비롯한다. 냉담한 사람들은 늘 피곤해한다. 그들이 진정한 쉼을 얻으려면 자신보다 더 귀하고 큰 뭔가에 자신을 쏟아 내야 한다.

아일랜드에서 있었던 일이다. 하루 종일 강연을 하고 나니 오후 5시 즈음에는 완전히 녹초가 되었다. 하지만 내 친구 짐은 하루 종일 사역하고 저녁 이후에 몇 번의 제자 훈련 시간이 더 남아 있었는데도 여전이 쌩쌩했다. 그뿐만 아니라 그날 일정을 다 마치고도 새벽 2시까지 나를 태우고 이 집 저 집을 돌아다녔다. 덕분에 나도 힘

하늘의 제자도

이 충만해져서 집에 도착했는데도 눈이 말똥말똥했다. 하늘의 제자에게는 매일같이 24시간 소파에 누워 팝콘을 끼고 텔레비전을 보면서 무의미하게 흘려보내는 삶이 안 어울린다.

### 두려움

"시온 딸아 두려워하지 말라 보라 너의 왕이 나귀 새끼를 타고 오신다 함과 같더라"(요 12:15).

두려움은, 옛날 에덴동산에서 인간이 하나님의 임재에서 떨어져 나가면서 시작되었다. 그전까지만 해도 인간의 미래는 확신으로 가득 차 있었다. 하나님을 철저히 의지했기 때문에 가능했다. 하나님에게서 분리된 결과 두려움이 나타났으며, 이렇게 생긴 두려움은 죄, 사탄, 세상의 친구다. 두려움 때문에 보험에 가입하고, 새 차를 사고, 갖가지 응급 장비를 구입한다. 두려움은 돈만 바라보고 위험을 거부하며 싫어하는 일을 계속해서 하게 만든다.

몇 가지 경우를 제외하고 다른 모든 두려움은 살면서 학습한 것이다. 자칫 평생 두려움과 싸우며 살 수도 있으며, 정신과 의지, 감정의 두려움은 몸을 병들게 한다. 하나님은 우리를 믿음과 평온 가운데 살도록 창조하셨다. 그런데 두려움은 믿음의 가장 큰 적 가운데 하나다. 그래서 복음서는 "두려워하지 말라"라는 천사의 말로 시작한다. 부활 후에 천사와 예수님은 둘 다 "두려워하지 말라"라고 말했다.

남편이 떠날지 모른다는 두려움에 남편에게 집착하는 여인, 자녀가 학교에서 오는 길에 무슨 일을 당할까 봐 전전긍긍하는 엄마, 학교에서 상처를 입을까 봐 출근하지 못하는 교사, 세속에 물들까 봐 두려워 적극적으로 목회하지 못하는 목사, 이외에도 앞으로 닥칠 미래가 두려워 소소한 즐거움을 누리지 못하는 사람이 수두룩하다. 두려움은 우리의 천적이다!

한번은 인도 뭄바이에서 강연한 적이 있는데 개인적인 만남까지 마치고 나자 거의 새벽 2시가 되었다. 숙소로 가기 위해 집주인인 인도 형제와 함께 칠흑 같은 어둠 속에서 다리 밑과 으슥한 골목, 들판을 3킬로미터나 걸어가야 했다. 걸어가다가 노상에서 자는 사람들을 밟기도 했다. 우리가 지나갈 때마다 사람들의 투덜거리는 소리가 들렸다. 내 평생에 손에 꼽을 만큼 위험한 순간이었다. 하지만 나는 전혀 두렵지 않았다. 왜일까? 내게 신앙생활에 관해 많은 것을 가르쳐 준 그 집주인이 아무런 두려움 없이 걸었기 때문이다. 나는 그를 철석같이 믿었다. 만일 그 안내자가 없었다면 두려움이 싹텄을 것이다.

우리 모두는 안내자를 모른 채 인생길을 시작했다. 우리는 홀로 걸었고, 그래서 두려움에 시달렸다. 많은 사람이 자신의 약점을 인정하길 두려워한다. 그것은 자신과, 자신의 독립성, 스스로 통제하고 보호하고 돌볼 능력을 믿기 때문이다. 열등감이 클수록 자신을 보호하려고 더 애를 쓰고, 그만큼 두려움이 커진다. 재정적 안정, 현명한 투자, 주택담보대출 상환, 현명한 저축을 강조하는 말이 왜 그렇게 자주 들리는가? 하나님과의 관계가 없다면 그런 것이 더없

하늘의 제자도

이 중요하다. 그런 사람은 하나님이 아닌 자신의 힘으로 안정을 이루려고 한다. 하지만 사람은 자신보다 훨씬 더 큰 것을 믿도록 창조되었다. 따라서 자신을 믿으면 두려움에 빠질 수밖에 없다.

결혼을 하지도, 집을 사지도 않으려는 사람을 상대로 제자 훈련을 한 적이 있다. 그는 자신이 감당할 능력이 없을까 봐 두려워 아무 모험도 하지 않으려고 했다. 나는 나도 나를 믿어야 한다면 결혼을 하지 않을 거라고 설명했다. 하지만 나는 오직 하나님을 믿는다. 그래서 자신 있게 결혼도 하고 집도 샀다. 우리에게는 하나님이 계시다.

참새처럼 단순하고 자유롭고 기쁘게 살라. 사실 우리는 그런 삶에 맞는 존재다. 그 외에 다른 삶은 우리를 고갈시킨다. 참새처럼 사는 비결은 아주 간단하다. 참새는 뿌리지 않고 거두기만 한다. 참새가 스스로를 돌봐야 한다면 비가 오나 눈이 오나 즐겁게 노래하며 하늘 아버지의 공급하심과 돌보심, 사랑을 보여 주는 단순한 새는 볼 수 없을 것이다. 대신 늘 안절부절못하며 두려움에 떠는 새만 있을 것이다. 우리도 참새 못지않게 하나님을 갖고 있다. 아니, 하나님은 우리의 생득권이다! 두려움은 하나님을 갖지 못한 데서 비롯하며, 하나님을 인식하고 그분 안에서 쉬며 그분을 의지할 때 물러간다.

우리는 자꾸만 자기 자신과 두려움을 일으키는 대상을 바라본다. 삶을 통제하려고 애쓸수록 더 많은 두려움을 배우며, 그러면서 자신의 두려움을 다른 사람들에게도 전염시키기 시작한다. 많은 부모가 사탄의 파괴력, 인간의 악, 전쟁이 일어날 가능성을 강조하며 자녀에게 두려움을 가르친다. 그런 부모 밑에서 자란 아이는 두려움의 노예로 전락하기 쉽다. 조사에 따르면, 대다수 신자들이 하나님의 보호하시는 능력보다 사탄과 세상의 파괴력에 관한 말을 더 많이 한다. 두려움은 베드로를 물속으로 빠지게 만들었다(마 14:30 참조). 두려움은 신자들을 삶에서 도망치게 만든다(요 19:38; 20:19 참조). 두려움은 병으로까지 이어진다(마 9:2 참조). 두려움은 우리와 안 어울린다. 우리에게는 하나님을 믿는 믿음이 더 걸맞다.

외로움, 안정적이지 못한 생활, 거부, 절망, 안위, 굴욕 등 두려움의 근원이 무엇인지 점검하라. 거울 앞으로 가서 두려움 때문에 주름이 얼마나 늘었는지 확인하고 나서 "내게는 하나님이 있다!"라는 선포로 두려움을 쫓아버리라. 두려움을 거부하라. 혼자 힘으로 살려고 할수록 두려움이 견고한 진을 형성한다. 이제 하늘 아버지께 전적으로 의지하기로 결심하라. 이제부터 두려움이 회전문을 통과해서 도로 나가게 만들라. 두려움과 동행하기를 거부하라.

많은 종교가 두려움에 맞서 극복하라고 가르친다. 그런데 두려움에 맞서려면 두려움에 시선을 고정해야 한다. 계속 그것만 바라보게 된다. 그러나 그리스도인은 하나님의 임재만 바라봄으로써 두려움을 다룬다. 두려운 공격의 한복판에서 무릎을 꿇고 하나님의 위대하심을 선포하는 성경 말씀으로 기도하라. 하나님의 위대하심에 시선을 고정하면, 우리의 영은 즉시 살아날 것이다. 하나님과 친밀하면 치유하지 못할 것이 없다. 두려움은 우리와 어울리지 않는다.

"아버지, 두려움에 눈길을 빼앗겨 죄송합니다. 저를 돌보고 제 세상을 통제하고 안정을 찾기 위해 저 자신을 바라보았습니다. 그

하늘의 제자도

래서 안 좋은 열매들을 거두었습니다. 지금 저는 두려움으로 가득 차 있습니다. 이제 두려움을 쫓아내겠습니다. 오직 주님만을 바라보겠습니다. 주님의 임재로 저를 치유해 주십시오. 아멘."

두려움은 사람과 하나님 사이의 거리를 보여 주는 척도다. 한 해군 기지에서 배가 몇 달간 바다로 나가기 이틀 전에 강연을 한 적이 있다. 분위기는 침통했다. 나도 자주 출장을 떠나기 때문에 그 가족들의 걱정을 충분히 이해할 수 있었다. 하지만 나는 그들에게 두려움에 굴복하지 말라고 조언했다. 오랫동안 타지로 나가야 하는 남편들은 원수의 목소리를 듣기 쉽다. '집에 강도라도 들면 어쩌지? 우리 아이가 아파서 죽기라도 하면 어쩌지? 우리 가족이 자동차 사고라도 당하면 어쩌지?' 집에 남아야 하는 아내들도 온갖 최악의 상황을 상상하기 쉽다. 그렇게 두려움이 극에 달했을 때 불안한 편지가 우편함에 도착하기라도 하면 그야말로 정신이 아득해진다.

설상가상으로 아버지의 부재가 자녀에게 끼치는 악영향을 지적하는 자칭 '가정 전문가들'이 항상 있기 마련이다. 그들이 던지는 한두 마디로, 두려움에 이어 걱정과 죄책감까지 몰려온다. 하나님이 이 '전문가들'의 소리에 귀를 기울이시지 않아서 얼마나 다행인지 모른다. 우리에게는 하나님이 있으며, 가족과 떨어져 있는 시간은 오히려 그분에 관해 많은 것을 배우는 기회가 될 수 있다. 그 시간에 하나님의 사랑과 자비, 보호하심을 구하라. 두려움을 몰아내라.

## 결정 미루기

유대인들은 꼭 해야 할 일이 있을 때마다 "추수 때까지 넉 달이나 남았다"라고 말했다. 그들은 항상 넉 달이 남았으니 서두를 필요가 없다고 말했다. 이런 문화에서 예수님은 "밭을 보라 희어져 추수하게 되었도다"(요 4:35)라고 말씀하셨다. 또한 히브리서 기자는 이렇게 말했다. "성경에 일렀으되 오늘 너희가 그의 음성을 듣거든 격노하시게 하던 것같이 너희 마음을 완고하게 하지 말라 하였으니"(3:15).

경험상 제때에 결정을 내리지 않는 것이 잘못된 결정을 내리는 것보다 더 큰 피해로 이어지는 경우가 많다. 잘못된 결정은 대개 인생의 한 영역에만 영향을 미치지만, 결정을 미루면 인생의 전 영역이 영향을 받는다.

왜 많은 신자들이 결정을 미룰까? 큰 이유는, 시도했다가 실패할까 두려워서다. 모든 것을 완벽하게 할 자신이 없어서 아무것도 하지 않는 사람이 너무도 많다. 하지만 제자는 모든 것을 완벽하게 하도록 부름받은 것이 아니라 성숙하도록 부름받았고, 성숙은 상대적이다. 복숭아는 씨앗에서 싹을 틔우고 나무로 자라 꽃을 거쳐 열매가 된다. 각 단계가 성숙해지면 다음 단계가 시작된다. 신자가 이런 성숙의 시각에서 생각하지 않으면 매우 낙심할 수밖에 없다. 예를 들어, 간증 집회에서 듣도 보도 못한 지혜를 접하고도 자신은 절대 그렇게 할 수 없다는 좌절감에 빠져 강당을 나올 수 있다. 그때부터 자신의 지혜는 하찮게 보일까 봐 절대 간증을 하지 않는다. 아

하늘의 제자도

직 열매가 아닌 싹인 신자는 싹으로서 살아가야 한다. 성숙한 싹은 언제나 앞으로 떨어져서 다음 단계에 더 가까워진다. 미루는 것은 뒤로 떨어지는 것이다.

두 번째는 미래를 확실히 분간할 때까지 기다리느라 결정을 미룬다. 상대방이 승낙할지 확실히 안 다음에야 데이트 신청을 하고, 합격할지 확실히 안 다음에야 회사에 지원서를 내고, 의사가 고칠 수 있을지 확실히 안 다음에야 내원 약속을 잡고, 전도 대상자가 그리스도를 영접할지 확실히 안 다음에야 복음을 전하려고 하는 것과 같다. 하지만 처음 상황을 보고 마지막 상황까지 가늠하려는 것은 잘못이다. 기독교는 하나님이 완벽히 인도해 주실 것을 믿고서 따라가는 종교다. 기독교는 현재에서 사는 종교다. 미래를 알 수 없다고 행동을 미루면 혼란만 빚을 뿐이다. 미래는 오직 하나님만 아신다.

로마서 1장 17절은 "오직 의인은 믿음으로 말미암아 살리라"라고 말한다. 모든 사람은 어느 정도 믿음으로 살아가야 한다. 우리 차와 반대편 차선을 분리해 주는 황색 중앙선을 믿어야 한다. 식당 주인이 음식에 독을 타지 않을 거라 믿어야 하고, 시 당국에서 생활에 필요한 기본적인 설비를 제공해 주리라 믿어야 한다. 믿음 없이는 세상을 살 수 없다.

결정을 미루는 것을 믿음의 관점에서 좀 더 살펴볼 필요성이 있다. 의사 결정과 관련해서 발생하는 혼란은 사실상 믿음의 문제이기 때문이다. 그것은 이해만 추구하고 믿음을 버린 결과다. 에덴동산에서 추방당한 뒤로 인간은 모든 것을 알고자 했다. 행동도 하지 않고는 먼저 결과를 알고 싶어 하고, 잘못된 결정이 어떤 불편한 결과를 가져올까 두려워한다. 그래서 선택의 고통을 최대한 미룬다. 빠른 결정이나 늦은 결정이나 결과가 좋을 확률은 비슷하지만 빨리 결정을 내려야 끝없는 분석의 고통에서 더 빨리 벗어날 수 있다.

삶은 우리에게 믿음을 가르친다. 그래서 삶은 행동하기 전에 모든 답을 알려 주지 않는다. 일주일이나 한 달, 혹은 1년간 분석을 해도 여전히 모든 것을 알 수는 없다. 따라서 때가 되면 하나님을 믿고 결정을 내려야 한다. 옳은 결정을 내리기 위해 답해야 할 질문이 백 가지라면, 하나님은 한 가지 질문에만 답해 주시고 나서 믿음의 길을 가리키실 때가 많다. 왜 그러실까? 결정의 순간에 하나님 아닌 다른 대상을 곁눈질하기가 너무도 쉽기 때문이다. 그래서 하나님은 언제나 믿음을 따라 살아야 하는 상황을 만드신다.

결정을 내리면 현실로, 그리고 하나님을 의지하는 삶으로 돌아간다. 하나님이 창조주시고 우리는 피조물임을 인정하는 삶으로 돌아간다. 야고보는 너무 복잡하게 생각하지 말고, 우리를 위해 하나님이 세우신 계획을 믿고서 일단 결정을 내리고 행동하라고 말한다. "주의 뜻이면 우리가 살기도 하고 이것이나 저것을 하리라"(약 4:15). 바울도 같은 원칙을 이야기한다. "주께서 허락하시면 내가 너희에게 속히 나아가서"(고전 4:19).

당신을 돌보시는 하나님을 믿고서 과감히 결정을 내리라. 믿음은 분명한 것이 하나도 없는 안개 속에서 행하는 것이 아니다. 오히려 더없이 분명한 가운데 행하는 것이다. 오히려 결정하지 않을 때 삶이 안개 속에 갇힌다. "아버지, 저는 이런 결정을 내렸습니다. 제 뜻이 아니라 아버지 뜻이 이루어지길 원합니다." 이렇게 기도하고 나서 과감히 행동하라.

또 다른 문제는 자신이 내린 결정이 무조건 잘못되었다고 여기는 신자들이 많다는 것이다. 그들은 자기가 내린 결정은 무조건 사탄에 현혹된 결정이라고 오해한다. 그래서 아무런 결정도 내리지 않고 무조건 하나님께만 떠맡긴다. 그러다가 원하던 결과가 나오지 않으면 하나님께 화를 낸다. "모든 걸 맡겼지만 하나님이 도와주시지 않았어! 더 이상 하나님께 아무런 기대도 하지 않겠어!"

스스로 선택할 능력이 없다는 생각은 착각이다. 침대에서 언제 일어날지, 무엇을 먹을지, 무엇을 입을지, 누구와 사귈지를 선택할 수 있다면, 신자에게 맞지 않는 죄와 나쁜 행동들을 떠나기로 충분히 선택할 수 있다. 단, 출발점이 있다. 가장 먼저 해야 할 선택이 있다. 그 방법은 간단하다. 이렇게 말하기만 하면 된다. "아버지, 아버지의 뜻을 선택하겠습니다. 그 뜻을 알거나 그 뜻대로 살기에는 제가 너무 연약하지만 아버지께서 그 뜻으로 이끌어 주실 줄 믿습니다!"

믿음 따라 과감히 결정을 내릴 수 있어야 한다. 나는 하나님 안에 거하고, 그분이 내 발걸음을 인도하신다. 그분은 내게 걱정하지 말라고 명령하신다. 그분이 나와 함께 계시니 나는 악이나 앞날이 두렵지 않다. 그분은 내가 입을 열기도 전에 무슨 말을 할지 아신다. 그분은 열린 문이든 닫힌 문이든 상관없이 모든 상황에서 나를 온전히 인도해 주신다. 이것을 알기에 내게 믿음은 전혀 어렵지 않다. 그래서 나는 결정을 미루지 않는다. 옳다 여기는 것을 과감히 선택하고 "주님 뜻이 이루어지길 원합니다"라고 기도한다. 그러고 나서 그냥 믿는다. 상대방이 내 데이트 신청을 받아 주지 않아도, 간절히 원했던 일자리가 다른 누군가에게 돌아가도, 몸이 아파서 병원 신세를 진다 해도 믿음 안에서 나는 쉴 수 있다.

내 형제와 함께 아마존의 국경 지대로 가기로 했을 때 사람들은 "그게 하나님의 뜻인지 어떻게 압니까?"라고 물었다. 그때 나는 "내가 원해서 가는 겁니다"라고 대답했다. 안타깝게도 우리가 좋아하는 일은 하나님의 뜻일 수가 없다고 생각하는 사람들이 많다. 아버지로서 나는 우리 아이가 좋아하는 뭔가를 하는 모습을 보면 그렇게 기쁠 수가 없다. 하물며 하나님은 얼마나 더하시겠는가. 누가복음 11장 13절은 이렇게 말한다. "너희가 악할지라도 좋은 것을 자식에게 줄 줄 알거든 하물며 너희 하늘 아버지께서 구하는 자에게 성령을 주시지 않겠느냐."

나는 늘 하나님이 인도해 주실 것을 믿는다. 생각해 보라. '한 해 동안에 밟아야 할 모든 발걸음에 관해 자세히 듣고서 나아가는 것'과 '하나님이 모든 발걸음을 인도해 주실 줄 믿고 나아가는 것' 가운데 무엇이 더 큰 믿음인가?

기독교의 특징을 잘 담은 단어 가운데 하나는 바로 자유다. 기독교 외에 자유를 말하는 종교는 어디에도 없다. 그런데 안타깝게도 다른 신자들에게 '옳은 결정'에 대한 부담감을 주어 그들의 자유를 빼앗는 신자들이 너무도 많다. 우리의 결정은 생각만큼 중요하

하늘의 제자도

지 않다. 많은 이들이 하나님의 완벽한 뜻을 아는 것을 목표로 삼는다. 그들은 돋보기를 들고 하나님의 구체적인 뜻을 찾느라 삶 도처에 가득한 하나님의 임재를 놓치고 있다. 하지만 우리의 유한한 머리로 그 뜻을 완벽히 이해하려다 보면 많은 불행을 낳고 만다.

하나님의 역사는 보지 못하고, 일이 벌어지고 난 뒤 자신의 행동을 돌아보며 자책하는 삶은 얼마나 피곤한지 모른다. 이 사람과 결혼하지 말았어야 한다는 생각, 이 도시로 이사한 것이 대실수였다는 생각, 세속적인 회사에 들어가 문제를 자초했다는 생각에 피가 마른다. 신자가 누릴 수 있는 복은 우리의 결정이 우리를 파괴할 만큼 중요하지 않다는 것이다. 우리는 하나님 없는 사람들처럼 모든 행동의 결과를 예측해서 백 퍼센트 완벽한 결정을 찾아야 한다는 강박관념에 시달리지 않는다. "우리가 알거니와 하나님을 사랑하는 자 곧 그의 뜻대로 부르심을 입은 자들에게는 모든 것이 합력하여 선을 이루느니라"(롬 8:28)라는 약속 안에서 우리는 언제나 평안히 쉴 수 있다.

나는 하나님이 내 결정을 통해 어떤 역사를 펼치시고 어떻게 내 안에서 그분의 생명을 드러내실지 늘 기대하며 결정을 내렸다. 나는 결정을 두려워하지 않는다. 신약의 주된 강조점은 내 결정이 아니기 때문이다. 제자의 삶에서는 결국 하나님의 뜻이 이루어진다는 사실을 늘 기억하라. 우리에게는 믿음 없음에 발목 잡힌 머뭇거림이 아닌 자유로운 행동이 어울린다.

## 원한

원한은 절대 약속한 것을 이루어 주지 않는다. 당한 일을 곱씹으며 가해자를 벌주는 상상을 하면 잠시 기분이 풀릴지는 모르지만, 결국 자신의 삶은 망가지고, 몸이 아프며, 심지어 자살로 이어질 수도 있다. 원한을 품은 사람은 스스로도 힘들고 다른 사람도 힘들게 만든다. 그들은 매사에 공격적으로 군다. 그들은 사람들을 미워하고 사람들에게 미움을 산다. 원한을 품고 살면 마치 수류탄을 삼킨 것처럼 속이 문드러진다. 원한을 품으면 다른 사람들과 어울릴 수 없다. 원한을 품은 사람들은 악을 악으로 갚고, 그로 인해 오히려 자신이 힘들어진다. 신자는 악을 선으로 갚는다.

예전에 내가 일하던 소매상점에 강도가 들었다. 공교롭게도 내 근무 시간에 그 일이 일어났고, 이튿날 지점장은 나를 해고했다. 해고 사유를 묻자 그는 큰 손실액이 발생했으니 누군가에게 책임을 물어야 하고, 내 해고가 바로 그 조치라고 설명했다. 그때 나는 이렇게 대답했다. "좋습니다. 단, 뒤이어 일할 사람이 새로 올 때까지는 일하겠습니다." 내가 화를 내지 않고 침착하게 반응하자 지점장은 어리둥절해서 어떻게 그럴 수 있냐고 물었다. 나는 무장 강도 사건으로 해고를 당하는 것은 인간적으로 말이 되지 않기 때문에 이 일을 하나님의 뜻으로 받아들일 것이라고 말했다.

나는 하나님이 더 좋은 것을 예비하셨고 불의에 대한 원한은 내게 안 어울린다고 생각했다. 며칠 뒤 지점장은 나를 다시 불러 해고 대신 2주간 정직 처분을 내리겠다고 통보했다. 당시 일하랴 대학원

하늘의 제자도

공부하랴 휴가를 간 지 꽤 되었던 나는 쾌재를 부르며 당장 아내와 아이들을 데리고 산으로 향했다. 하나님은 정말로 더 좋은 것을 예비해 놓으셨다. 덕분에 절실했던 휴식을 취할 수 있었다.

원한의 두 가지 흔한 원인은 '모함을 받는 것'과 '이용을 당하는 것'이다. 다른 사람들이 잘못되지도 않은 것을 잘못되었다고 비난해도 어찌할 방법이 없을 때는 그냥 시간이 해결하게 놔두라. 결국은 진실이 이긴다. 그래서 믿음은 언제나 기다릴 줄 안다. 이용을 당해도 원한이 뿌리를 내리게 놔두지 말라. 그냥 이용당했다는 사실을 받아들이고 나서 꿋꿋이 자신의 길을 가라!

우리 아버지는 비열한 사업가 때문에 막대한 돈을 손해 봤다. 그 소식을 듣자마자 나는 길길이 날뛰었다. "아버지, 어서 변호사를 구해서 소송을 걸어요!" 하지만 아버지는 조용히 고개를 저었다. "원한을 품고 복수하느라 낭비할 시간에 훨씬 더 많은 돈을 벌 수 있다." 아버지는 이용을 당했지만 그냥 털어 버리고 자신의 길을 갔다.

원한에 사로잡혀 있을 때는 우리가 세상에서 당한 그 어떤 억울한 일보다도 훨씬 더 심한 일을 겪으신 분을 떠올리라. 억울한 일을 그분께 아뢰라. 그분이 원한의 사슬을 끊어 주실 것이다. 우리 밖을 보면 견디기 힘들다. 그래서 예수님이 우리 안에 거하시는 것이다. 안을 보며 그분, 그리고 다른 사람들을 향한 그분의 사랑을 발견하라. 우리에게는 사랑이 어울린다.

## 비관주의

비관적인 삶은 너무도 쉽다. 비관적인 사람이 되는 데는 아무런 노력도 필요 없다. 실제로 비관주의자들은 게으르다. 삶을 불행하다고 결론 내린 그들은, 정신이나 의지나 감정을 쏟아서 살아갈 필요성을 느끼지 못한다. 애써 봐야 결국 실망할 게 뻔하다고 지레짐작한다. 그들은 자기 팀을 응원했다가 지면 실망감을 견딜 수 없어서 아예 상대 팀을 응원하는 사람들이다.

또한 그들은 다른 사람들과의 교류를 최소화한다. 교류해 봐야 실망만 할 테니까 말이다. 그들은 언제나 성과로 사람의 가치를 평가한다. 또 마치 '그들에게 우리 자신의 가치를 증명하기 위해' 우리 모두가 존재한다는 듯이 군다. 그렇다면 우리가 어떻게 해야 그들에게 우리 자신의 가치를 증명할 수 있을까? 성과로는 어림도 없고, 오직 그들 앞에서 최대한 굽실거리는 방법밖에 없다. 비관주의자들은 세상에서 가장 자기중심적인 사람들이다. 모든 것이 자신의 만족을 위해 존재한다고 믿는다. 그들은 다른 사람들의 말이나 행동 하나하나를 자신의 입장에서 분석해서 자신에게 어떤 영향을 미치는지만 따진다.

비관주의자들은 최고의 철학자들이다. 모든 철학의 뿌리에는, 자신이 왜 고통을 당하는지를 나름대로 설명해서 개인적인 위로를 얻는 것을 목표로 삼은 비관주의자들이 있다. 그러면서 그런 설명을 마치 특별한 통찰이라도 되는 양 내세운다. 하지만 가만히 살펴보면 그들은 사실상 자신의 이기주의 때문에 고통을 겪는다. 그래

하늘의 제자도

서 그들의 말은 공허한 메아리일 뿐이다.

한번은 한 비신자에게 더 이상 우리 모임에 나오지 말아 달라고 요청했다. 당연히 그는 충격을 받았다. 그는 다른 사람들이 자신을 전도하려고 관심을 쏟아 주는 것이 좋아서 지난 십 년간 모든 교회 모임에 참석했다. 그리스도를 영접할 생각은 전혀 없고, 그저 사람들의 관심을 받는 데만 마음이 있었다. 나는 그에게 다른 신자들은 그 사람의 즐거움이 아닌, 하나님의 즐거움을 위해 존재한다는 점을 분명히 지적했다.

수천 년간 인간은 자신만 바라보았으며 자신을 만족시키기 위해 수단과 방법을 가리지 않았다. 하지만 우리를 진정으로 만족시킬 수 있는 것은 오직 이타적인 삶뿐이다. 하나님은 인간의 자아가 이타적인 삶으로만 만족할 수 있도록 설계하셨다. 우리에게는 다른 사람들을 생각하는 이타적인 삶이 맞다.

가끔 내가 강연을 마치면, 자기중심적인 사람들이 자신들을 공격하는 이야기를 전했다며 화를 내곤 한다. 내가 밤늦게까지 머리를 싸매고 그들을 공격하는 내용을 준비해서는 그 먼 시골까지 일부러 찾아가기라도 했단 말인가! 더 가관인 것은 이런 사람들을 자극하지 않는 것이 영적인 것이라고 착각하는 신자가 적지 않다는 것이다. 하지만 진정 영적인 사람이라면 사랑으로 진리를 말할 수 있어야 한다.

진리는 자유하게 할 뿐 아니라 극심한 분열을 낳기도 한다. 강압적인 시어머니나 인격이 형편없는 장로, 험담을 일삼는 형제에게 어떻게 해야 하는지 많은 사람들이 묻는다. 답은 아주 간단하다. 사랑 안에서 진실을 말해 주라. 그래도 그들이 계속해서 육신으로 행하면 그들을 멀리하라.

다른 사람들을 위한 삶에서 생명을 찾아야 한다. 우리는 창조주의 형상을 따라 창조되었다. 그래서 다른 사람들을 위한 창조에서 즐거움을 느낀다. 자신을 위한 삶에서는 참된 행복을 찾을 수 없다. 참된 행복은 다른 사람들을 위한 삶에서만 가능하다.

어느 날, 평소 매우 아끼던 한 부부와 밤늦게까지 이야기를 나누는데 대화 중에 남편이 자신도 모르게 아내에게 상처가 되는 말을 하고 말았다. 아내의 안색이 급격히 어두워지는 것을 보며 안타까움을 금할 수 없었다. 밤이 깊어 아내가 먼저 잠자리에 들고 난 뒤 나는 그 사실을 남편에게 전했다.

이튿날 아침, 나는 그 부부가 떠나기 전에 부인에게 이렇게 말했다. "남편 분이 전날 밤 한 말을 사과하기 전에는 길을 떠나지 않겠다고 합니다. 상처를 줄 생각은 없었다고 하네요."

그 남편은 나를 보고 나서 자기 아내를 껴안고 말했다. "여보, 미안해요! 사랑해!"

그 순간, 내가 그 부부보다 조금 더 행복하지 않았을까 싶다. 하늘의 제자는 그리스도로 말미암아 다른 사람들을 행복하게 해 줄 능력을 품고 있다.

하늘의 제자도

## 무능력

죽는 것보다 사는 데 더 많은 용기가 필요하다. 이 시대 많은 사람들이 조금만 힘들면 자살을 떠올리는데 이는 자신감이 부족해서다. 자신이 너무도 나약하고 부족해 보여서 삶을 포기하고 싶은 것이다. 자신감이 넘치는 사람은 인생의 난관들에 용감하게 맞설 수 있다. 그리스도의 제자는 누구보다도 자신감이 넘쳐야 한다. 단, 자신을 믿는 것이 아니라 내주하시는 온 세상의 승리자를 믿는 데서 우러나오는 자신감이다. 한 노예가 자신의 열등함을 받아들이라는 말에 이렇게 대답했다고 한다. "그럴 수 없습니다. 나는 하나님의 자녀이기 때문입니다."

그리스도 안에서는 부족한 사람이 없다. 하지만 안타깝게도 자꾸만 자기 약점에만 집중하는 사람들이 있다. 세상은 보잘것없는 성과를 내세우며 우월함을 운운한다. 그러나 실상 우리가 스스로 변화되지 못할 만큼 약하다고 하나님 앞에서 인정할 때 비로소 우리는 약한 가운데 강해진다. 우리의 약점을 자랑하면 하나님이 기꺼이 개입하셔서 진정한 변화를 이끌어 주신다. 신자들은 약한 영역에서 실패하지 않는다. 언제나 스스로 강점이라고 생각하는 영역에서 넘어진다. 하늘의 제자는 인간의 한계에서 하나님의 강하심을 발견할 수 있으며, 이런 현실을 받아들일 때 자신의 부족함이 사라진다는 점을 분명히 알아야 한다.

거만함으로 부족함을 포장하면서까지 약점을 숨길 것 전혀 없다. 오히려 약점을 강점으로 승화시킬 수 있다. 심지어 우울증과 자

살 충동이 오히려 우리를 예수님께로 가게 만드는 자극제가 될 수
도 있다.


## 하나의 목표

하늘의 제자에게는 오직 하나의 목표만 어울린다. 인간은 정신
과 감정이 서로 반대 방향으로 달음질하는 식의 내적 분열 때문에
무너지기 일쑤다. 무엇을 해야 할지 알지만 그것을 할 자신이 없을
때, 하나님의 뜻을 알지만 우리의 뜻이 그 뜻과 일치하지 않는 듯
보일 때. 그럴 때 우리는 무너져 내린다. 원수는 하나님의 뜻이 불
행을 안겨 줄 것이라고 끊임없이 속삭인다. 과연 그럴까?

그리스도를 따라갔다가 이튿날 후회해 본 적이 있는가? 남편을
무시한 아내의 얼굴이 환하게 빛나는가? 아내를 사랑하지 않는 남
자의 발걸음이 경쾌한가? 부도덕하게 장사하는 신자가 기쁨을 누
릴까? 마음이 나뉜 신자보다 오히려 비신자가 더 행복하다.

비신자는 돈이든 재물이든 간음이든 자신의 소중한 우상을 양
손으로 꽉 쥐고 있다. 그것을 빼앗기면 엄청난 불행이 닥칠 것처럼
군다. 하지만 마음이 나뉜 신자는 한 손으로 자신의 소중한 것을 쥐
고 다른 한 손으로는 그리스도를 잡고 있다. 재물도 갖고 싶고 예수
님을 따르고 싶었던 부자 청년이 그러했다. 결국 그는 슬픈 표정으
로 떠나갔다.

어떤 것들은 절대 섞이지 않는다. 억지로 섞으려고 하면 둘 다

망가진다. 우리 농장에 있는 우물에서는 물과 석유가 동시에 나와서 둘 다 쓸모가 없다. 하늘의 제자에게는 한 가지 목표만 어울린다. 한 가지 목표만 가진 제자가 되는 것은 아주 간단하다. 어린아이가 갖고 싶지만 가져서는 안 되는 것을 쥐고 있을 때는 아무리 달래고 애원해 봐야 그것을 뒤춤에 감출 뿐이다. 하지만 더 좋은 것을 보여 주면, 손에 쥔 것을 주저 없이 내던지고 새것을 양손에 받아 든다.

전자는 세상적인 제자도와 비슷하다. 율법은 제자의 손에 들린 것이 잘못되었다고 지적하되 더 좋은 것을 제시하지 못하고 더 많은 율법만 제시할 뿐이다. 그러면 제자는 죄를 뒤춤에 감춰 몰래 행한다. 한 손은 뒤로 감추고 다른 손은 앞으로 내밀어 더 많은 율법을 받는다. 심지어 전임 사역자들도 규칙을 지키면서 열심히 거룩함을 추구하다가도 어떤 날은 불륜이나 돈, 권력, 자신의 왕국 건설 같은 온갖 육신의 만족을 추구한다.

어떻게 해야 신자가 상충하는 두 목적을 추구하는 삶에서 해방될 수 있을까? 히브리서 기자는 예수님을 더 좋은 것("더 좋은"이라는 표현이 13번이나 사용된다)으로 제시하면서 비결을 공개한다. 우리는 언제나 사람들에게 예수님을 제시해야 한다. 그러면 그가 한 손에 쥐고 있는 나쁜 것을 버릴 뿐 아니라, 다른 손에 쥐고 있는 '좋아 보이지만 나쁜 것'도 주저 없이 버리고 양손으로 그분을 붙들 것이다.

한 그리스도인 형제가 동성애에 빠져 있었다. 오랫동안 그는 밤마다 하나님께 자신을 죽여 달라고 울부짖다가 절망하며 잠이 들었다. 성경을 공부하고, 상담도 받아 보고, 사는 동네와 직장도 옮

거 보았지만 동성애는 계속해서 추악한 고개를 쳐들었다. 그러던 어느 날 밤, 산 정상에서 남성 수련회를 가졌는데, 강사가 하나님의 영광에 관한 설교를 하는 도중에 문이 열렸다가 닫히는 소리가 들렸다. 이어서 동성애에 빠졌던 그 친구가 숲에서 우는 소리가 들렸다. 그가 그리스도의 빛을 본 것이었다. 그 즉시 그는 양손에 든 것을 버리고 그분을 붙잡았다.

그리스도를 붙들면 그분이 가진 모든 것이 우리의 것이 된다. 예수님은 자유하시다. 그래서 이 형제도 그분 안에서 자유를 얻었다. 그는 더 이상 마음이 나뉘지 않았다. 그는 예수님이라는 하나의 목표만을 바라보는 사람이 되었다.

우리는 자아를 목표로 삼아서는 안 된다. 로마서 6장 21절은 이렇게 말한다. "너희가 그때에 무슨 열매를 얻었느냐 이제는 너희가 그 일을 부끄러워하나니 이는 그 마지막이 사망임이라." 제자는 자기중심적인 삶과 안 어울린다. 바울은 자기중심주의를 겨냥한 모든 유혹을 하나의 질문으로 물리친다. "무슨 열매를 얻었느냐?" 다시 말하면, 무슨 유익인가? 자기중심적인 사람은 무(無)가 될 때까지 쪼그라든다. 그는 자신이 좋아하는 것만 하고 자신이 하는 것을 혐오한다. 내면의 갈등에 시달리며 영원히 감정적인 미성숙아로 남고 관계를 망치며 자신을 혐오하고 건강을 망친다.

반면에 이타적이신 예수님은 생명으로 충만하셨다. 생명이 얼마나 충만하셨던지 그분이 만지는 사람마다 나았다. 하늘의 제자는 다른 사람들을 사랑함으로써 사랑할 만한 자신을 갖게 된다. 그

하늘의 제자도

는 자신보다 큰 것에 자신을 쏟음으로써 날마다 더 훌륭하게 자라 간다. 이타주의는 우리를 넘치도록 채워 준다. 우리에게는 이타주의가 어울린다.

## 성

"하나님의 뜻은 이것이니 너희의 거룩함이라 곧 음란을 버리고"(살전 4:3).

세상은 섹스에 사로잡혀 있다. 섹스는 대중에게 마약과 같이 되었다. 서구 세상은 과거 그 어느 세대보다도 성에 관해 잘 알면서도 오히려 이전 세대보다 성을 못 즐긴다. 왜일까? 섹스는 우리가 원하는 것을 주지 못하기 때문이다. 한 남자 교도소에서 강연을 할 때였다. 수시로 야한 공상을 하는 사람들은 손을 들어 보라고 했더니 모두가 손을 들었다. 이어서 나는 공상 속의 여인이 그들에게 언제 세탁기를 수리하고, 자동차 오일을 갈고, 잔디를 깎고, 아이들을 야구 훈련장에 데려갈 건지 묻느냐고 물었다. 그러자 모두가 실소를 터뜨리며 "아니요"라고 대답했다.

세탁기 수리 같은 일은 현실 세상이다. 공상 속의 여인은 아무 말도 하지 않고 뜨거운 눈빛을 보내며 알아서 옷을 벗는다. 이런 종류의 공상은 그 뿌리에 성이 아닌 열등감이 있다. 열등감과 거부, 자기혐오에 빠진 사람은 자신을 원하는 사람이 나타나면 섹스의 쾌락이 그런 감정적 고통을 없애 줄 것이라고 생각한다.

남자에게 성은 육체적이고 여자에게 성은 감정적이라는 말이 있지만 그렇지 않다. 남자에게나 여자에게나 성은 지극히 감정적인 문제다. 아내에게 잠자리 요구를 거부당하면 남자 안에 있는 열등감이 증폭된다. 남자는 섹스를 못한다는 사실보다는 아내가 자신을 받아 주지 않는 사실에 더 분노한다. 다시 말하지만, 섹스는 우리가 원하는 것을 주지 못한다. 우리가 원하는 것은 바로 자존감이다. 섹스는 속사람을 궁극적으로 변화시키지 못한다. 속사람이 변하려면 그리스도의 생명을 받아야 한다. 그리스도의 생명이 우리의 생명이 되고, 그분의 가치가 우리의 가치가 될 때 성은 다른 사람들의 행복과 유익 아래라는 본래 자리로 돌아간다.

마약 중독자들은 처음 마약을 통해 얻었던 내적 안도감을 되살리고자 복용량을 계속해서 늘려 간다. 하지만 수확체감의 법칙만 경험할 뿐이다. 더 많이 먹을수록 쾌감은 더 줄어든다. 성 중독도 마찬가지다. 결국 고갈되고 만다. 섹스를 통해 누군가에게 받아들여지려고 하면 결국 거부를 당한다. 문제가 배가되는 셈이다. 이는 엉뚱한 곳에서 옳은 것을 찾는 것이다. 하나님이 몸소 그들을 찾으셨고, 그들 마음의 문을 두드리셨으며, 그들에게 그분의 아들을 주셨고, 그들을 자녀라 불러 주신다. 하나님이 우리를 받아 주신다.

한 여성이 나를 찾아와 남편이 외도를 한다며 하소연했다. 여성은 남편이 어떻게 그런 짓을 저지르고도 뻔뻔스럽게 자신을 사랑한다고 말할 수 있는지 이해할 수 없다고 했다. 그녀는 남편이 자신을 철저히 거부했다고 생각했다. "그런 거부감을 느끼셨으니 직장

하늘의 제자도

에서 멋진 남자가 부인을 안고 아름답다고 속삭이고 근사한 점심을 사 주면 기분이 좀 나아지시겠죠?"

내가 묻자 여성은 바로 그런 생각을 했다고 말했다. 나는 정색을 하고 답했다. "남편 분의 외도가 바로 이렇게 시작된 겁니다."

거부당한 기분을 느끼면 자신을 받아 줄 사람을 원하게 된다. 그때 이성이 다가오면 섹스로 이어지는 것은 시간문제다. 우리가 절대 외도를 하지 않을 거라고 장담할 수는 없지만, 외도에 빠지기 쉬운 곳에 가지 않기로 결심할 수는 있다. 하나님은 이스라엘 백성이 애굽을 떠날 때 블레셋 사람들이 있던 지름길로 인도하시지 않았다. 블레셋 사람들과 전쟁을 하게 되면 지레 겁을 먹고 마음을 바꿔 애굽의 종살이로 되돌아갈 수도 있었기 때문이다(출 13:17 참조).

성숙의 증거는 위험을 알아보고 피하는 능력이다. 자연스러운 성욕 자체는 전혀 문제가 아니다. 그런데 성욕을 죽이려는 제자들이 너무도 많다. 그들은 성에 관해 생각하지 않으려고 애를 쓰지만 그럴수록 오히려 하루 종일 성에 관한 생각에 사로잡히고 만다. 그것은 성에 관한 생각은 두 가지 방향으로 우리를 통제할 수 있기 때문이다.

첫째, 하루 종일 성욕을 채우려는 생각만 할 수 있다. 둘째, 하루 종일 성욕을 극복하려는 생각만 할 수 있다. 어떤 경우든, 제자는 망할 수밖에 없다. 매력적인 사람을 보면 매력적이라고 인정하고 나서 갈 길을 가면 된다. 자연스러운 끌림을 억누르고 죽이려고 하는 것은 실수다. 이성에 대한 끌림을 더 이상 느끼지 않는 날, 배우자에 대한 끌림도 사라진다. 끌림과 욕구를 인정하고 나서 성이라

분별과 제자

는 창조적인 힘을 인생의 다른 영역에 활용하라. 성욕은 얼마든지 다른 통로로 생산적으로 표출 가능하다.

미혼인 하늘의 제자에게 또 한 가지 경고할 것이 있다. 그리스도 안에 거할수록 사람은 더 매력적이 된다. 온 우주에서 가장 사랑이 넘치는 분이 우리를 통해 살고 계시기 때문이다. 우리 안에 계신 분이 환한 빛을 발하시기 때문에 비신자들이 우리를 원하게 된다. 단, 그들이 원하는 것은 우리 자신이 아니라 우리의 기름부음이다. 삼손이 바로 그런 상황에 처했다.

그리스도 안에서 아름다운 자매들이 비신자들에게 데이트 신청을 받는다. 그러면 그 자매들은 점점 이런 합리화를 한다. '이 남자가 내게 하는 걸 보면 우리 교회에서 아내에게 자상하기로 소문난 집사님도 울고 갈 만하잖아. 하나님의 뜻이 아니라면 내가 이 남자와 사랑에 빠지지는 않았을 거야. 내가 교회에 가는 것에 간섭하지 않겠다고 하잖아. 하나님이 이 남자를 전도할 사람으로 나를 선택하신 건지도 몰라.'

이런 남자가 원하는 것은 하나님의 기름부음이다. 따라서 그것을 누릴 수 있는 한, 자신이 변화될 필요성을 느끼지 않는다. 믿지 않는 남편들 중에서 '아내가 교회를 계속 다녔으면' 하고 바라는 남편들이 많다. 하나님을 사랑하는 아내에게서 얻는 혜택을 그대로 누리고 싶기 때문이다. 하지만 그 여성은 결국 삼손처럼 결박당할 수밖에 없다. 신자에게 성은 내주하시는 그리스도의 받아 주심을 서로에게 표현하는 것이어야 한다.

하늘의 제자도

## 판단

"그러므로 때가 이르기 전 곧 주께서 오시기까지 아무것도 판단하지 말라 그가 어둠에 감추인 것들을 드러내고 마음의 뜻을 나타내시리니 그때에 각 사람에게 하나님으로부터 칭찬이 있으리라"(고전 4:5).

판단의 목표는 상대방을 낮추고 멀리해서 나를 높이는 것이다. 물론 그렇게 하면 내가 높아질 수 있다. 하지만 결국 우리가 기대하는 것과 전혀 다른 결과를 얻는다. 남을 판단하면 높아지되 예수님에게서 멀어진다. 낮으면서 예수님에게서 먼 것이나 높으면서 예수님에게서 먼 것이나 예수님에게서 먼 것은 마찬가지지만, 후자가 훨씬 더 안타까운 상황이다. 예수님은 세리와 죄인들(낮으면서 그분에게서 먼 사람들)에게서는 희망을 보셨지만, 서기관과 바리새인들(높으면서 그분에게서 먼 사람들)을 보시면서는 혀를 끌끌 차셨다. 마태복음 23장 15절을 보라. "화 있을진저 외식하는 서기관들과 바리새인들이여 너희는 교인 한 사람을 얻기 위하여 바다와 육지를 두루 다니다가 생기면 너희보다 배나 더 지옥 자식이 되게 하는도다."

오랫동안 나는 다른 사람들을 판단하는 것이 내 소명이라고 믿었다. 그 이면에는 나를 높일 수 없다면 다른 사람들을 끌어내리기라도 하자는 심보가 있었다. 그러다 하나님의 마음 중심에는 심판과 정죄가 아닌 '십자가'가 있음을 발견했다.

베드로가 요한의 미래의 삶이 어떻게 될지 묻자 예수님은 "그것이 너와 무슨 상관이냐?"라고 말씀하셨다(요 21:21-22 참조). 같은 이치로, 우리도 다른 사람의 삶을 비판적으로 분석하기 전에 먼저 우리 자신에게 '그것이 나와 무슨 상관인가?'라고 물어야 한다. 내가 보고 듣는 것은 대개 나와 아무런 상관이 없다. 따라서 내가 해야 할 일은 즉시 삽을 잡아 내가 보고 들은 것 가운데 판단의 빌미가 될 것들을 묻어 버리는 것이다. 그것을 하나님 나라 전체에 퍼뜨릴 필요가 전혀 없다. 이런 행동이 우리에게 맞고 우리를 행복하게 만든다.

나를 향한 하나님의 음성에는 언제나 사랑만 가득했다. 판단과 정죄의 빛은 단 한 번도 없었다. 제자의 태도가 얼마나 비판적인지는 그리스도의 사랑 안에 거하는 삶에서 얼마나 멀어져 있는지에 정비례한다.

한번은 50년 넘게 전 세계를 다니며 사역해 온 분에게 이런 질문을 했다. "시작은 좋은데 결말은 좋지 못한 그리스도인이 왜 그토록 많을까요?"

그러자 그는 펜 하나를 탁자 위에 눕히고 다른 펜은 손으로 잡아 세웠다. 그러고 나서 물었다. "누가 이 펜을 잡고 있습니까? 누구의 힘이 이 펜을 세운 채로 유지시키고 있습니다. 누구의 힘 때문에 이 펜이 넘어지지 않고 있습니다. 누가 영광을 받아야 하죠?"

"당신입니다."

그는 내게 똑바로 서 있는 펜에 귀를 가까이 대라고 했다. 그러고는 마치 서 있는 펜이 넘어져 있는 펜에게 말하는 것처럼 흉내를 냈다. "네 꼴을 봐! 하나님이 너를 심판하셨어. 잘했으면 넘어지지 않았을 거 아냐. 뿌린 대로 거둔 거야."

순간, 그가 펜을 놓자 펜이 쓰러졌다. 그러고 나서 그가 또 다른

하늘의 제자도

펜을 들어 세우고는 내게 똑같은 질문들을 던졌다. 이제 세 번째 펜이 넘어져 있는 두 펜을 비난했다. 이윽고 그가 나를 보더니 "이 펜의 말이 정말 귀에 거슬리네요!"라고 말하고 나서 그 펜도 넘어지게 놔두었다. 마지막으로 그가 내 질문에 답했다. "그리스도인들이 마무리를 잘 못하는 것은 누가 자신들을 붙잡아 주고 계신지를 망각하고 스스로 영광을 챙기기 때문입니다. 하지만 하나님은 그분의 영광을 다른 누군가에게 주시지 않습니다."

그의 말이 뼈저리게 와 닿았다. 하나님이 평생 나를 붙잡아 주셨는데 나는 그것도 모른 채 다른 사람들을 판단하며 스스로 영광을 챙겨 왔기 때문이다. 에스더서에서 하만은 결국 자신이 매달릴 줄 알았다면 그렇게 신나게 교수대를 세우지는 않았을 것이다. 다른 사람들에게 비난의 흙을 던져 봐야 내가 서 있는 지반만 약해질 뿐이다.

판단은 하나님께 맡기는 것이 최상이다. 우리는 모르는 게 너무 많아서 잘못 판단하기 십상이다. 특히 상대방의 마음은 더더욱 알 수 없다. 뉴질랜드에서 했던 설교에서 하나님이 우리를 받아 주시는 것이 우리의 행동이 아니라 우리의 존재 자체에 근거한다는 점을 꼬집었던 기억이 난다. 설교가 끝나고 한 나이 지긋한 부인이 찾아와 따졌다. "하나님이 잘못한 신자를 받아 주신다는 건 있을 수 없는 일이에요!"

나는 그 부인에게 잘못을 자주 저지르는 자녀가 있는지 물었다.

"물론 있죠."

부인에게 그런 자녀를 내쳤는지 자녀로 여기고 아직도 집에 데리고 있는지 물었다. 그러자 부인은 자신이 하나님보다도 사랑이 많은 부모인 것처럼 말했다. "물론 내치지 않았죠. 하지만 그건 하나님께는 적용되지 않아요!" 그렇게 말하고는 그녀는 가 버렸다.

같은 날 저녁, 내가 다시 설교단에 서서 메시지를 전하는데 그 부인이 늦게 들어와서 한가운데 의자에 앉아 마치 나와 눈싸움이라도 하려는 듯 나를 노려보았다. 그녀는 내가 설교하는 내내 뚱한 표정이었다. 그 모습에 나는 이렇게 생각했다. '싫으면서 왜 계속해서 오는 거지? 중요한 건 출석이 아닌데. 지금이라도 그냥 나갔으면 좋겠군.' 나는 그 부인을 골칫덩어리로 판단했다.

집회가 끝나자 역시나 그녀가 내게 쏜살같이 달려와 나를 코너로 몰아세웠다. 그런데 그녀의 입에서 나온 말들은 내 상상을 완벽하게 빗나갔다. "너무 감사해요. 처음부터 끝까지 완벽히 집중했어요. 처음에는 제가 잘못 생각했어요. 하지만 다행히 하나님이 제 눈을 열어 주셨어요. 제가 무언가를 해서가 아니라, 하나님이 제가 태어나기도 전부터 존재 자체로 저를 받아 주셨다는 사실을 이해하게 되었어요. 지금 제게는 말할 수 없는 자유가 찾아왔어요."

아! 우리는 매번 잘못 판단할 수밖에 없다!


## 겸손

내 동역자이자 동료 목사이자 주 안에서 귀한 형제인 레이는 내가 선구자 사역을 한다는 농담을 자주 한다. 나의 주된 사역이 그의 길을 예비하는 것이라는 뜻이다. 어떤 나라에 내가 오랫동안 메시지를 전하고 싶던 그룹이 있었다. 그곳에서 나를 강사로 불러 주기만 학수고대했는데, 마침내 그곳에서 우리 사역단체 세미나에 소규모 대표단을 파견했다. 그런데 공교롭게도 그날 저녁 설교자는 내가 아니라 레이였다. 그날 집회가 끝나자 대표단은 레이에게로 달려가 자신들의 연간 집회에서 강연해 달라고 요청했다. 그날 레이는 또다시 내가 선구자 사역자라는 농담을 했고, 우리는 한바탕 즐겁게 웃었다.

내게는 선구자 사역이 너무도 귀하다. 세례 요한의 사역은 서기관과 바리새인들의 사역과는 아주 달랐다. 세례 요한은 예수님을 위한 길을 예비했다. 겸손은 그리스도를 위한 문을 활짝 여는 반면, 질투는 그 문을 닫아 버린다. 겸손한 사람은 "나는 아무것도 아니다"라고 말하는 사람이 아니라 자신은 가진 게 아무것도 없다고 인정하는 사람이다. 자신에게 아무것도 없음을 깨달으면 그리스도가 주시는 것을 향해 마음이 활짝 열린다. 겸손한 사람은 그리스도가 흥하시도록 자신은 기꺼이 망할 수 있다.

하늘의 제자는 경쟁하지 않는다. 이유는 간단하다. 자신에게 경쟁할 것이 하나도 없다는 사실을 알기 때문이다. 세상적인 제자들은 자신의 지식이나 행위를 갖고 다른 사람들과 경쟁하지만 그렇게 흥하려고 발버둥치는 탓에 오히려 망한다. 그들이 그리스도 가리키기를 멈추는 순간, 종교와 자아를 찬양하길 좋아하는 소수를 제외한 누구도 그들의 귀를 기울이지 않게 된다.

우리에게는 겸손이 맞다. 우리에게 아무것도 없다는 것을 진정으로 이해하면 다른 사람들의 성과를 내 성과와 비교하는 것이 얼마나 무의미한지가 분명하게 눈에 들어온다. 겸손은 하나님이 우리의 삶에서 원하시는 것을 이루신다는 사실 속에서 쉬는 것이다. 하나님은 일을 주실 때 필요한 도구도 주신다. 따라서 자랑할 거리가 생기면 언제나 그분을 자랑해야 한다.

다른 사람들에게서 하나님이 역사하시는 모습을 볼 때는, 자신과 비교하려고 하지 말고 그들을 최대한 지원해 주어야 한다. 경쟁이 아니라 도울 때 우리의 가장 깊은 열망이 이루어진다. 바로 하나님께 영광을 돌리는 것이다. 빌립보서 2장 13절을 보라.

너희 안에서 행하시는 이는 하나님이시니 자기의 기쁘신 뜻을 위하여 너희에게 소원을 두고 행하게 하시나니.

내게 아무것도 없음을 인정하면 마음이 가볍다.


## 중독

제자도를 다루는 책에서 왜 중독 이야기를 하는지 의아할 수도 있지만, 사실 교회 안에도 이 메시지가 필요한 사람들이 매우 많다. 중독은 단순한 습관이 아니다. 그것은 대응기제와의 사이에서 맺어진 일종의 관계다. 우리를 통제하려는 사람이 우리에게 자신이 꼭 필요하다고 세뇌시키는 것처럼, 중독도 우리를 세뇌시킨다. 그러나 중독은 우리의 유익을 추구하지 않고 우리를 이용할 뿐이며, 우리를 자기혐오로 몰아간다. 그런데도 우리는 중독과의 관계를 끊지 않으려고 한다.

오늘날 많은 사람이 중독과 간음 관계에 빠져 있다. 마약과 각종 약을 비롯한 온갖 악이 신자들의 삶을 통제한다. 중독은 처음에는 요청할 때만 찾아오는 친구처럼 군다. 하지만 이내 중독자는 중독이 손짓만 하면 달려오는 노예로 전락한다. 중독은 우리 마음에 전화를 건다. "우울해? 가정에 문제가 생겼어? 직장에서 스트레스를 받았니? 자식이 미치게 만들어? 그렇다면 퇴근 후에 나한테 들러!"

내면 깊은 곳에서 당장 전화를 끊으라고 말하지만 하루 종일 똑같은 전화가 끊임없이 걸려 온다. 결국 우리는 무의식 속에서 동의하고 만다. 입으로는 곧장 집으로 가겠다고 말하지만 마음 한쪽에서는 이미 중독에게 들르기로 마음먹은 상태다. 그리고 어느새 중독 앞에 서 있다.

중독은 우리를 노예로 삼기 위해 우리가 자신의 제안을 완전히 따를 때까지 기다린다. 그러다 곧장 우리의 인격을 집중 공격한다. "너는 쓸모없고 어리석은 실패자야!" 이것이 우리가 중독이 시키는 대로 해서 받는 칭찬이다. 중독은 우리가 우리 자신을 혐오할 때 중독의 부름에 즉각 응답할 것을 알기에 이런 비난을 퍼붓는다. 자신을 혐오하는 삶보다 세상을 혐오하는 삶이 그나마 낫다. 중독의 목표는 단 한 가지다. 우리를 중독의 노예로 삼는 것이다.

하늘의 제자는 그 어떤 중독과도 어울리지 않는다. 그러니 그만두라! 이만하면 됐다. 자신을 너무 오래 괴롭혔다. 밤에는 그 길이 옳아 보이지만 이튿날 정신을 차리고 보면 전혀 참된 길이 아니다. 친구처럼 보이는 중독과의 관계를 속히 끊어야 한다. 이 도둑이 더 이상 당신의 삶을 훔치도록 놔두지 말라.

이 문제를 하나님 앞에 내려놓아 그분께 맡기라. 수화기를 그분께 넘기라. 어둠을 상대하는 것은 빛에게 맡기라. 그러면 누구 길이 진짜인지를 분명히 알게 될 것이다. 둘째, 중독은 친구가 아니다. 다음 날 아침이면 자신을 미워하게 된다는 사실을 똑똑히 경험했을 것이다. 이제 중독에게 이렇게 말하라. "사탄아, 예수 그리스도의 이름으로 선포한다. 네가 내 안에서 파괴하려는 모든 것은 절대 파괴할 수 없다!" 믿기지 않더라도 나를 믿고 한번 시도해 보라.

셋째, 중독에게서 걸려온 전화벨 소리가 뿌리치기 힘들 정도로 크게 들려올 때는 하나님께로 가까이 다가가 밤이 아닌 아침을 위해 살라. 다음 날 아침이면 어떤 기분이 들었는지를 기억하라. 이를 악물고 아침까지 기다리라. 아침이면 마음속에서 승리의 노래가 울려 퍼질 것이다. 그리고 한 번의 승리는 또 다른 승리를 가져온다. 승리를 맛볼수록 더 많은 승리를 갈망하게 되기 때문이다. 중독과 이별하면 마음에 노래가 찾아오고 영이 살아 숨 쉰다.

혹시 중독에서 이미 해방되고도 그 사실을 깨닫지 못하고 있는가? "담배만 끊을 수 있다면"이라는 말을 입에 달고 살던 여성에게

하늘의 제자도

제자 훈련을 시킨 적이 있다. 내가 그녀가 이미 담배를 끊었다고 말하자 그녀는 "제 호주머니에 담배가 있는데 어째서 제가 끊었다는 거죠?"라고 물었다. 이에 나는 마지막으로 담배가 맛있었던 때가 언제인지 물었다.

"2년도 넘었어요."

"그러면 당신은 벌써 2년 전에 담배를 끊은 거예요!"

그래서 더 이상 담배가 맛있지 않았던 것이다. 습관이 사라지면 그것을 즐기기가 불가능해진다. 불만족은 그 습관이 끝났다는 증거다. 그렇다면 그녀는 왜 계속 담배를 피우고 있었을까? 그녀는 끊지를 못하겠다고 말했다. 하지만 틀린 말이다. 그녀는 이미 끊었다. 그래서 나는 이제부터는 마음에서 원하는 것을 하라고 말해 주었다. 일주일 뒤 그녀가 잔뜩 흥분해서는 일주일 동안 한 번도 담배를 피우지 않았다고 자랑했다. 그때 나는 당연하다는 듯 대답했다. "내가 뭐랬어요? 당신은 이미 끊었다니까요."

어떤 중독이든 단번에 끊을 생각은 하지 마라. 천천히 거리를 두라. 양을 서서히 줄이고 의사를 찾아가 상담하라. 단, 이를 악물라! 삶의 모든 것이 당신의 결정을 지지할 것이다. 그리스도 안에는 속박이 아닌 자유가 있다.


## 걱정

"너희 염려를 다 주께 맡기라 이는 그가 너희를 돌보심이라"(벧전 5:7).

"너희는 가만히 있어 내가 하나님 됨을 알지어다 내가 뭇 나라 중에서 높임을 받으리라 내가 세계 중에서 높임을 받으리라"(시 46:10).

근심과 걱정, 의심, 두려움! 우리의 근심거리는 끝이 없으며, 우리의 걱정을 들여다보면 관계, 개인적인 책임, 자녀, 재정, 미래, 직업적 안정, 건강에 관한 것들이다. 물론 이 모두는 어느 정도 우리가 책임을 져야 하고, 이것들을 챙기는 것이 우리의 일이다.

당신이 다른 사람의 눈으로 자신을 바라본다고 상상해 보라. 근심과 걱정에 싸인 채로 의자에 앉아 있는 당신의 모습을 보며 뭐라고 묘사하겠는가? 필시 당신이 어리석고 무가치하고 나약하고 분노한 실패자처럼 보일 것이다. 당신의 약함과 해야 할 모든 일을 생각할 때 어떤 기분이 드는가? 할 일은 많은데 당신은 모자라기 짝이 없다. 상황이 이런데 어찌 기쁨을 누릴 수 있겠는가! 이 모든 일을 해야 하건만 내 한계는 분명하고, 자연스레 결과가 걱정스럽다.

이번에는 당신의 의자 옆에 예수님이 앉아 계신다고 상상해 보라. 그분의 눈에는 연민이 가득하고, 얼굴 표정은 따스하다. 그분에게서 힘과 확신이 뿜어져 나온다. 그분이 당신에게 손을 내미신다. 물론 그 손 위에는 아무것도 없다. 당신이 그분께 아무것도 드리지 않았기 때문이다. 당신의 강한 주님이 아무것도 하시지 않고 가만히 기다리신다.

연약한 당신은 기진맥진해진 채로 의자에 앉아 있다. 근심과 걱정의 짐이 가득한 손수레를 끌고 언덕을 올라오느라 그렇지 않아도

하늘의 제자도

약한 힘을 다 써 버렸기 때문이다. 겨우 몇 발자국 못 가 포기했다. 당신을 도와주리라 굳게 믿었던 사람들이 모른 체해서 분노에 휩싸여 있다. 여기서 요점은, 근심과 두려움을 느끼는 원인이 연약한 자신을 믿기 때문이라는 것이다. 우리에게 왜 예수님이 필요한지 알겠는가? 하나님은 인생의 모든 짐을 스스로 짊어지고 살도록 우리를 창조하시지 않았다. 우리를 '의지하며 사는' 존재로 지으셨다.

우리가 날 수 없는 것처럼 근심과 걱정의 짐을 짊어질 수도 없다. 그 짐을 지실 수 있는 유일한 분, 우리 예수님이 모든 사람의 짐을 져 주셔야 한다. 하지만 그분이 우리가 건네지도 않은 짐을 어떻게 짊어지실 수 있겠는가. 시편 46편 10절은 이 점을 분명히 지적한다. "너희는 가만히 있어."

말 그대로 짐을 쥐고 있는 손을 펴라는 뜻이다. 왜 계속해서 짐을 쥐고 있는가? 이유는 단 한 가지다. 믿음 없음. 우리는 자신의 능력에만 매달리며 예수님보다 더 잘할 수 있다고 믿는다. 내 미약한 힘에 믿음을 두는 것, 이것이 교만이다.

겸손은 착각뿐인 내 힘을 내려놓고 내 약함을 인정하며 모든 짐을 하나님 앞에 내려놓는 것이다. 이 많은 일들을 어떻게 해야 할지 걱정으로 가득 차 있으면 하나님의 능력과 역사라는 초자연적인 영역으로 들어갈 수가 없다. 우리의 근심과 걱정을 그분께 맡기면 그분이 그 짐만 대신 짊어지시는 것이 아니라 우리를 새로운 곳으로 이끌어 주신다.

예전에 몇몇 사람들이 내가 책을 내거나 강사로 초빙을 받는 일은 없을 거라고 말하곤 했다. 그들은 내가 어떤 것에 약한지 너무도 잘 알았다. 하지만 그들은 내 안에 계신 분을 몰랐다. 그들이 지적한 약점이야말로 내 자랑거리다! 약한 가운데 나는 주님께 내 근심과 걱정을 맡겼고, 약한 가운데 주님은 내게 능력을 부어 주셨다. 내가 하는 것은 내가 하는 것이 아니라 내 약점을 통해 그리스도가 내 안에서 하시는 것이다(갈 2:20 참조).

"예수님, 모든 걱정을 예수님 앞에 내려놓습니다. 제 손을 폅니다. 제게 모든 것을 돌봐 주시는 전능하신 하나님이 계심을 믿습니다." 이렇게 기도하며 주님께 모든 것을 맡기라. 그렇게 자유를 얻으면 그분이 그분의 능력을 통해서만 갈 수 있는 곳으로 당신을 데려가실 것이다. 나는 참새가 씨앗을 심거나 수확을 걱정하는 것을 한 번도 본 적이 없다. 참새는 자유롭다. 씨앗을 뿌리는 일에 전혀 신경을 쓰지 않는다. 마태복음 10장 31절 말씀을 늘 기억하라.


두려워하지 말라 너희는 많은 참새보다 귀하니라.


제자에게는 걱정이 안 어울린다.



## 자기 정당화

"율법의 행위로 그의 앞에 의롭다 하심을 얻을 육체가 없나니 …… 그리스도 예수 안에 있는 속량으로 말미암아 하나님의 은혜

하늘의 제자도

로 값없이 의롭다 하심을 얻은 자 되었느니라 …… 그러므로 사람이 의롭다 하심을 얻는 것은 율법의 행위에 있지 않고 믿음으로 되는 줄 우리가 인정하노라"(롬 3:20, 24, 28).

나는 자기 정당화(self-justification)의 확실한 근거를 한참 동안 늘어놓다가 이런 말로 자신을 변호하는 사람을 수없이 봤다. "당신 같으면 이걸 참을 수 있겠어요? 제 기분이 어땠겠어요? 세상에 이런 대접을 받아도 되는 사람은 없어요. 아이들은 또 어떻고요? 아이들이 이걸 참아야 하나요?"

모든 사람이 어느 정도 자기 정당화를 주장하며, 개중에는 더없이 강력한 근거를 제시한다. 그런 사람들은 율법 아래 살아도 어느 정도 행위로 의를 얻을 수 있을 정도다. 하지만 설령 그렇다 해도 그들에게는 치명적인 단점이 있다. 스스로 판단하고 의롭게 하는 사람들이 과연 하나님의 판단과 의롭게 하심을 받아들일까? 과연 그들이 그들 속의 생명 곧 그리스도의 생명이 자신의 인생 전부를 주도하기를 원할까? 과연 그들이 기꺼이 다른 사람들을 사랑하고 축복할 수 있을까?

자신을 변호하며 스스로 의롭게 하려는 사람을 유심히 지켜보라. 그의 영이 살아 숨 쉬는가? 다른 사람이 그 사람처럼 되기를 원하는가? 그가 생명을 발산하는가? 자기 정당화는 우리와 어울리지 않는다. 그것은 우리를 고갈시키고 율법 아래에 가둔다.

# Part 2

# '하나님 나라 방식'으로 돌아가다

생명과 진리를

누리는

제자도

HEAVENLY

DISCIPLESHIP

04

# 하나님과

## '사랑'을 주고받는
## 관계인가

수많은 사람과 인터뷰한 끝에 결론을 내렸다. 하나님은 모든 신자를 아시지만, 정작 신자들은 그분을 몰라도 너무 모른다. 살면서 고난을 만났을 때는 그동안 하나님을 안다고 여겼던 지식들이 하나같이 전혀 사실이 아닌 것처럼 느껴진다는 사람이 많았다. 나는 《영적 자기진단과 치료》(*Sidetracked in the Wilderness*, 크리스챤서적 역간)라는 책에서 이 현상을 자세히 탐구한 바 있다. 그들은 하나님이 사랑이시고, 소망이시며, 오래 참으시고, 용서하시는 분임을 안다. 하나님은 그들이 잘되기를 바라시며 그들을 위해 역사하신다. 하지만 힘든 순간에는 하나님이 계시지 않거나, 계셔도 그들에게 신경을 쓰시지 않거나, 그들의 말에 귀를 기울이시지도 도와주시지도 않는 것처럼 느껴진다. 하나님이 못 미덥다. 그분의 명령을 따르려고 애써 봐야 자신만 불행해지고 그분을 기쁘시게 할 수 없을 것처럼 느껴진다.

연구 결과에 따르면, 하나님에 대한 우리의 감정적인 관념은 어릴 적 우리를 양육한 어른들에게서 비롯하는 경우가 많다. 육신의 아버지가 비판적이고 도무지 기쁘게 할 수 없는 존재였다면 하나님도 기쁘게 해 드리기 불가능한 분처럼 느껴지기 쉽다. 그렇게 되면 성경을 읽을 때 그 안에서 우리의 잘못만을 찾는다. 요컨대 많은 사람이 자신의 감정이라는 렌즈를 통해 하나님을 바라보고 있다. 그렇다면 하나님은 진정 어떤 분이신가? 요한복음 1장 17절은 이렇게 말한다. "율법은 모세를 통해 주신 것이지만 은혜와 진리는 예수 그리스도를 통해 왔다"(현대인의성경).

율법은 기록된 하나님의 말씀이다. 반면, 예수님은 말씀이 육신이 되신 분이다. 이런 구분은 매우 중요하다. 율법은 문서지만 육신이 된 말씀은 인격적 존재다. 우리가 읽는 율법은 사람마다 해석이 다를 수밖에 없다. 그것은 각 사람이 각기 다른 마음 사전을 갖고 있기 때문이다. 예를 들어, '위로'라는 단어는 여러 가지를 의미할 수 있다. 그래서 독자들은 "모든 위로의 하나님"이라는 표현을 읽고 서로 다른 여러 의미를 떠올릴 수 있다.

요한복음 1장 18절은 이렇게 말한다.

하늘의 제자도

본래 **하나님을 본 사람이 없으되** 아버지 품속에 있는 독생하신 하나님이 나타내셨느니라.

"하나님을 본 사람이 없으되." 이 말씀으로 인해 하나님을 안다고 주장하는 사람들이나 하나님에 관한 환상을 봤다는 사람들, 하나님에 관해 철학적으로 논하는 사람들의 증언은 무의미하다. 인간은 하나님을 알지 못한다. 오직 예수님만 하나님을 나타내실 수 있다. 우리는 예수님과 그분의 영을 통해 하나님이 어떤 분이신지 발견할 수 있다. 그 외에는 하나님을 알 다른 방법이 없다. 그래서 예수님은 이렇게 말씀하셨다. "내가 곧 길이요 진리요 생명이니 나로 말미암지 않고는 아버지께로 올 자가 없느니라"(요 14:6).

인간은 정신과 육체, 세상을 통해 하나님에 대한 관념을 형성하고, 그 관념을 열심히 검증하고 선전한다. 그 관념은 매우 고상해 보일 수 있다. 하지만 그 관념은 어디까지나 본인의 마음 사전이라는 한계에서 만들어진 것이며, 오류가 있을 수밖에 없다. 하나님의 실체를 알려면 예수님을 통해 하나님께로 나아가야 한다. 요한복음 14장 9절은 이렇게 선포한다.

나를 본 자는 아버지를 보았거늘 어찌하여 아버지를 보이라 하느냐.

제자가 하나님을 보지 못했다면 그 이유는 단순하다. 예수님을 보지 못했기 때문이다. 오랜 세월 인류가 하나님을 말로 완벽히 표현할 수 없는 것도 같은 이유에서다. 하나님은 오직 예수님을 통해서만 드러나실 수 있다. 예수님은 그분의 생애를 통해 우리에게 하나님을 보여 주셨다. 하나님의 율법은 사람을 두려움에 떨게 만든다. 반면, 예수님을 통해 드러난 하나님의 성품은 사람들을 걷고 뛰고 하나님을 찬양하게 만든다.

예수님은 하나님의 중심에 있는 것, 바로 사랑을 드러내신다. 예수님은 하나님 사랑의 실재시다. 달리 표현하면, 예수님은 하나님의 은혜시다. 은혜는 사랑의 실재기 때문이다. 예수님을 통해 우리는 하나님께 실제로 다가갈 수 있게 되었다. 반면, 신학은 사람들을 등을 돌려 달아나게 만든다. 기록된 말들은 사람을 하나님께로 가까이 이끌지 못하지만, 말씀이 육신이 되신 예수님은 그렇게 해 주신다.

예수님은 자신이 진리기 이전에 길임을 분명히 밝히셨다. 오늘날 많은 사람이 길보다 진리를 우선시한다. 그로 인해 기독교가 '옳은 순서대로 따라야 할 옳은 규칙들의 집합'으로 변질되었다. 예수님은 진리로 가는 길이시다. 그분의 빛 안에서는 진리에 관한 잘못된 정의(definition)들로 흐를 일이 다시는 없기 때문이다.

그저 가만히 앉아 하나님이 최종 결과물을 주시기만을 기다리는 사람이 너무도 많다. 하지만 하나님은 최종 결과물을 주시지 않는다. 대신 하나님은 목적지로 가는 길을 주셨다. 하나님은 먼저 진리를 주시지 않는다. 대신 진리로 가는 길을 주신다. 그리스도 안에서 절대 진리가 드러난다. 이 진리는 인간의 왜곡된 마음 사전을 통

하늘의 제자도

해서 보는 진리가 아니다. 하나님에 관한 지식은 그리스도라는 길을 따라 걷는 것에 정비례한다. 진리를 알기 위한 대가는 '그리스도'라는 길을 따라 걷는 것이다. 이 길을 걷는 데는 평생이 걸리지만 결코 지루하지 않다. 이생에서 진리의 끝에 이를 수는 없다. 하지만 그리스도라는 길로 가지 않고 가짜 진리에 만족하면 우리의 정신이 견디지 못하고 곧 인생무상에 빠져든다.

내가 하늘의 제자와 하나님의 관계에 관한 글을 쓸 때 오류투성이인 나의 마음 사전을 통해 하나님을 정의하면 독자들은 또 각자의 마음 사전을 사용해 내 글을 읽고 해석할 것이다. 우리가 길이신 분을 따라가 그분이 밝혀 주시는 진리를 보기 전까지는 그런 악순환이 계속된다. 그 진리를 보면 그제야 비로소 하나님이 참으로 어떤 분이신지를 알 수 있다.

이사야서 66장 2절은 이렇게 말한다. "나 여호와가 말하노라 내 손이 이 모든 것을 지었으므로 그들이 생겼느니라 무릇 마음이 가난하고 심령에 통회하며 내 말을 듣고 떠는 자 그 사람은 내가 돌보려니와."

내가 오랫동안 키워 온 늙은 개가 있다. 녀석이 새끼였을 때가 지금도 생생하게 기억난다. 녀석은 집 문만 열리면 곧바로 뛰쳐나가서는 이내 어딘가로 사라졌다. 덕분에 그때마다 녀석을 찾느라고 온 동네를 이 잡듯이 뒤져야 했다. 낯선 사람의 집에 간 적이 한두 번이 아니다. 녀석은 워낙 싸움을 좋아해서 항상 목줄을 매고 다녀야 했다. 녀석이 한밤중에 하도 짖어 대서 동네 사람들에게 얼마나 눈치가 보였는지 모른다. 하지만 녀석이 노쇠하기 시작한 지난 몇 년 사이에 많은 것이 변했다.

이제 녀석은 거의 보지도 듣지도 못한다. 늘 등이 쑤셔서 끙끙 거리고 신장은 완전히 고장이 났다. 하지만 내가 가까이 다가가면 주인을 알아보고 즉시 온몸으로 반응한다. 귀를 쫑긋하고 나를 따라온다. 물론 함께 산책할 수 있는 거리는 예전의 3분의 1 정도밖에 되지 않고, 이제는 목줄도 필요 없다. 녀석은 더 이상 다른 개들이나 지나가는 사람들에게 관심을 갖지 않고 내 곁에만 딱 붙어 있다. 녀석이 자주 뒤처지기 때문에 녀석을 기다려야 할 때가 많다. 하지만 내가 만져 주기만 해도 녀석은 순식간에 기운을 차리고 다시 나와 나란히 걷는다.

내가 가르쳐 줄 수 없는 교훈들을 녀석은 삶을 통해 배웠다. 진작 녀석이 내 곁에만 붙어 있고 지나가는 사람들에게 한눈을 팔거나 내게서 도망치지 않았다면 좋았을 것이다. 하지만 그렇게 되었어도 지금만큼 감격스럽지는 않았을 것이다. 온몸이 망가져서 고통스러워하면서도 나와 나란히 걷는 녀석을 보면 자꾸만 눈물이 난다.

인도에 있을 때 한번은 제멋대로 날뛰는 소를 보고서 인도 형제들에게 물은 적이 있다. "뉘 집 소인가요? 저런 소가 어떻게 집을 찾아가나요?"

그러자 나지막한 웃음과 함께 이런 대답이 돌아왔다. "목사님, 온 세상에서 제 주인을 몰라보는 것은 인간뿐이랍니다."

하늘의 제자도

삶은 우리에게 주인이 누구인지를 가르쳐 줄 것이다. 물론 우리는 망가져야 비로소 주인을 알아보겠지만, 우리가 다가가면 우리의 주인은 언제나 우리를 반겨 주신다.

어릴 적에 할아버지에게 내 인생의 첫 양을 받았다. 그러고 나서 몇 번의 봄이 지나가는 사이에 여러 세대가 태어나면서 나는 어엿한 양 떼를 갖게 되었다. 그런데 한 가지 문제가 있었다. 바로, 코요테! 그래서 헛간 지붕 위로 올라가 달빛 아래서 코요테가 오는지 망을 보며 밤을 샜던 적이 한두 번이 아니다. 하지만 교활한 코요테들은 할아버지와 내가 잠시 쉬러 집으로 들어간 틈에 재빨리 들이닥쳐 양을 채 가곤 했다. 멍청한 양들은 왜 비명도 지르지 않는지 답답했다. 결국 화가 난 나는 할아버지에게 이렇게 멍청한 양들을 지켜서 뭐하겠냐고 분통을 터뜨렸다. 나는 멍청한 양들을 다 치워 버리고 다른 가축을 키워야겠다고 생각했다. 그때 할아버지가 하신 말씀을 이제껏 한 번도 잊은 적이 없다. "얘들의 문제점은 잘 알지. 하지만 그래도 나는 얘들이 좋다."

하늘의 제자와 하나님의 관계를 탐구하기 시작한 지금, 우리 할아버지의 말을 계속된 논의의 기초로 삼고자 한다. 하나님은 우리를 좋아하신다! 물론 그렇지 않다고 여길 만한 수만 가지 이유를 댈 수 있다. 우리는 온갖 실패를 경험했고, 실망스러운 사건도 얼마나 많이 일어났는가! 하지만 분명히 말하건대, 하나님은 그래도 우리를 좋아하신다!

## 내 마음에 따라 역사하시는 분

"또 여호와를 기뻐하라 그가 네 마음의 소원을 네게 이루어 주시리로다"(시 37:4).

하나님은 우리의 마음에 따라 역사하신다. 하나님은 마음의 소원을 보시고 사람을 계속해서 그 방향으로 이끌어 가신다. 그러다 보면 결국 행동이 그 마음과 일치하게 되어 있다.

제자들은 예수님이 사마리아 여인과 말을 섞는 것이 탐탁지 않았다. 하지만 예수님은 여인의 행동을 뚫고 들어가 그 마음의 소원을 보시고 그녀에게 살아 있는 메시지를 주셨다. 여인이 복된 소식을 전하기 위해 마을로 들어가는 모습에서 마을 사람들의 행동을 바라는 그녀의 마음이 분명히 드러났다. 하지만 제자들은 행동에 따라 그 여인을 거부했다.

한편, 예수님의 사역이 서기관 및 바리새인들과의 연합을 통해 확장되어야 한다고 주장하는 이들이 많았다. 하지만 이번에도 예수님은 그들의 행동을 뚫고 그들의 마음을 보며 강렬한 쓴소리를 내셨다. "화 있을진저 외식하는 서기관들과 바리새인들이여 회칠한 무덤 같으니 겉으로는 아름답게 보이나 그 안에는 죽은 사람의 뼈와 모든 더러운 것이 가득하도다 이와 같이 너희도 겉으로는 사람에게 옳게 보이되 안으로는 외식과 불법이 가득하도다"(마 23:27-28). 예수님은 마음을 보시고 마음에 따라 사역하신다.

내 사무실에 누군가 찾아오면, 가장 먼저 그의 마음을 보여 달라고 주님께 기도한다. 행동과 이해력이 부족해도 마음이 옳으면 그 마음이 그의 삶을 이끌어 주기 때문이다. 십 년 동안 마약에 중독된 채 남창으로 일하며 살아온 남자를 만난 적이 있다. 그런데 그렇게 되기 전 한때는 목사이기까지 했던 그의 참담한 표정을 보자마자 그에게 아직 옳은 마음과 하나님을 향한 열정이 있음을 확인할 수 있었다. 나는 그게 너무 감사해 기뻐했고, 그런 나를 보며 그는 무척 황당해했다. 하지만 나는 아랑곳하지 않고 흥분해서 큰소리로 말했다. "형제님, 하나님이 형제님 마음의 소원을 이루어 주실 겁니다. 형제님을 자유하게 해 주실 거예요!" 그리고 실제로 하나님은 그를 자유하게 해 주셨다.

같은 날, 자아와 교만, 죄로 가득한 한 목사가 가족과 친구들에게 등을 떠밀려 내 사무실로 찾아왔다. 그러나 우리는 잠시 이야기를 나누고 금방 헤어졌다. 마음이 그릇된 사람과 참된 길에 관한 대화를 나눠 봐야 소용이 없기 때문이었다.

참그리스도인은 자신의 행동을 돌아보며 우는 순간들이 종종 있다. 그 마음의 소원이 하나님을 향해 있기 때문이다. 그렇지 않다면 어떤 행동을 해도 괴롭지 않다. 하나님은 우리 마음의 소원을 보시고 그 방향으로 우리를 이끄신다. 자녀가 엉엉 울며 찾아와 거짓말을 해서 죄송하다고 말하면 어느 부모가 그 자녀를 자랑스러워하지 않겠는가. 아이가 거짓말을 했다는 사실보다 아이의 마음이 성숙해지고 있다는 사실이 훨씬 더 중요하다. 우리가 회개할 때 하나님은 그것을 듣고 역사하신다. 회개한다는 것은 하나님을 향한 마음이 강해지고 있다는 뜻이기 때문이다.

사람들에게 제자 훈련을 시키다 보면 두 사람이 똑같은 행동을 하는데 하나님이 한 사람은 꾸짖고 다른 사람은 위로하라고 말씀하실 때가 있다. 다시 말하지만, 행동에 초점을 맞추면 마음의 소원을 간과하기가 쉽다. 아내가 자신을 불행하게 만들려고 작정했다고 믿는 남편이 얼마나 많은가? 하지만 아내들에게 물어보면 그저 남편을 기쁘게 해 줄 생각뿐이라는 경우가 정말 많다. 비록 행동이 그런 마음을 뒷받침해 주지 못한다 해도 중요한 것은 마음의 동기다. 남편들이 그 마음을 알아준다면 둘 사이의 신뢰는 깊어지고, 감사는 절로 늘어날 것이다.

내가 하나님이 마음에 따라 역사하신다고 말하면 사람들은 흔히 다음 구절을 인용한다. "그들의 열매로 그들을 알지니 가시나무에서 포도를 또는 엉겅퀴에서 무화과를 따겠느냐"(마 7:16). 완벽하게 행동하지 않으면 구원받았다는 것은 본인만의 착각일 뿐이므로 행동에 문제가 있는 신자는 피해야 한다는 논리를 펴기 위한 증거로 이 구절을 자주 사용한다. 하지만 열매와 죄는 엄연히 다르다.

이 구절은 죄가 있느냐 없느냐를 보고서 구원받았는지 여부를 분간하라고 말하지 않는다. 판단 기준은 열매가 있느냐 없느냐다. 나는 특정 분야에서 죄를 짓고도 여전히 사랑과 평안 속에서 인내하는 신자들을 많이 보았다. 이는 열매가 한낱 싹 단계에 있다 해도 자세히 살펴보면 이런 신자는 그리스도를 닮아 가고자 한다는 것을 알 수 있다. 반면, 다른 신자들을 모함하기 좋아하는 사람들은 조금만 밀어붙이면 절제와 온유, 자비가 부족한 것이 여실히 드러난다. 가지는 질병이나 균류가 공격해도 어떻게든 열매를 맺는다. 단, 병충이 열매를 빨리 맺지 못하게 방해할 수 있다. 따라서 모든 병충을 제거하는 것이 제자 훈련을 맡은 우리의 임무다!

다음은 행동을 넘어 마음을 보시는 하나님의 능력을 보여 주는 한 믿음의 자매 이야기다.

우리는 남편의 직장을 따라 ○○○로 이사했다. 우리 마음은 그곳에서의 미래에 관한 희망과 낙관으로 가득 차 있었다. 남편이 새 직장 동료들과 잘 지내고 우리 삶이 아름다운 간증이 되기를 바랐다. 그런데 이상한 사건들이 연달아 일어나면서 한 사람이 우리 남편을 죽도록 미워하기 시작했다. 그가 계속해서 비방한 탓에 모든 직장 동료가 남편에게 등을 돌렸다. 하나님의 복을 경험하기는커녕 우리가 손을 대는 것마다 저주를 받는 듯했다. 친구도 지지자도 없고 그 동네 모든 사람에게 철저히 배척을 당했다.

나는 2년 동안 남편을 위해 중보기도를 했다. 하나님께 남편의 짐을 벗기시고 원수들 앞에서 무고함을 증명해 달라고 기도하고 또 기도했다. 하지만 하나님이 남편의 짐을 벗겨 주시기는커녕 상황은 점점 더 악화되었다. 내 삶 자체가 성경에서 하신 모든 약속과 정반대로 흘러갔다.

결국 신물이 났다. 아무 소용이 없어 보이는 기독교와, 자녀를 전혀 사랑하지도 않고 자녀를 위해 일하실 생각도 없어 보이는 신에게 신물이 났다. 결국 하나님께 "제발 내 인생에서 사라져 달라고" 말하고야 말았다. 하나님이 내 삶에 관여하는 것을(혹시 그전까지 관여하셨다 하더라도) 더 이상 원치 않았다. 내 삶의 모든 증거가 하나님이 거짓말쟁이라고 말하고 있었다. 하나님은 냉담하고 멀리 있고 무심한 분처럼 보였다. 그런 분과는 더 이상 엮이지 않겠노라 다짐했다. 하나님이 우리 삶에 개입할 생각이 없다는 결론을 내렸다. 그렇게 냉소적이고 냉정하고 무심한 인문주의자로서의 삶이 시작되었다. 하나님의 성품을 내 맘대로 이해해서 거부했다. 더는 참을 수 없었다. 나는 예수님을 향해 나 있던 내 인생의 문을 쾅 닫고서 몸을 돌려 가 버렸다.

그때 하나님이 내게 말씀하셨다. 분노나 정죄가 아니라, 내가 아무리 도망치려고 애써도 소용없다는 거대한 느낌이 나를 감쌌다. 하나님을 아무리 미워하고 그분에게서 아무리 멀리 도망쳐도 그분은 계속해서 나를 사랑하실 것만 같았다. 내가 평생 반항하며 삶을 허비하다가 그분 앞에 찾아와도 기꺼이 자녀로 받아 주시고 영원한 천국으로 인도해 주실 것만 같았다.

그 반항의 나날을 거치면서 내 힘으로 일군 성과로 하나님의 인정을 받으려는 태도가 조금 남아 있던 것까지 완전히 사라졌다. 하나님의 사랑과 받아 주심이 내 행동이 아닌 그분 안에서 내 정체성에서 비롯한다는 사실을 마침내 이해하게 되었다. 나는 영원히 그분의 것이다.

내가 확신하노니 사망이나 생명이나 천사들이나 권세자들이나 현재 일이나 장래 일이나 능력이나 높음이나 깊음이나 다른 어떤 피조물이라도 우리를 우리 주 그리스도 예수 안에 있는 하나님의 사랑에서 끊을 수 없으리라(롬 8:38-39).

## 돌이키기엔 이미 너무 멀어졌다?

낙심한 신자들이 삶의 중심에 그리스도를 모셔 들이도록 도움으로써 그들을 진정으로 격려하는 것이 우리 '어바이딩 라이프 미니스트리즈 인터내셔널'의 사역 목표다. 그리스도와 친밀하면 고칠 수 없는 문제는 없다. 하지만 고범죄로 인해 하나님의 은혜에서 영원히 떨어져 나갔다는 사탄의 거짓말에 속아, 회개하지 못해 경주를 잘 마치지 못하는 신자들이 너무도 많다.

그들은 하나님이 자신들을 내쳤다는 증거 구절들을 가득 모아서 내게 찾아온다. "음행하는 자와 혹 한 그릇 음식을 위하여 장자의 명분을 판 에서와 같이 망령된 자가 없도록 살피라"(히 12:16). "타락한 자들은 다시 새롭게 하여 회개하게 할 수 없나니 이는 그들이 하나님의 아들을 다시 십자가에 못 박아 드러내 놓고 욕되게 함이라"(6:6). "나는 비천한 것을 내 눈 앞에 두지 아니할 것이요 배교자들의 행위를 내가 미워하오리니 나는 그 어느 것도 붙들지 아니하리이다"(시 101:3).

물론 성경에서 말하는 것은 모두 사실이다. 하지만 앞 구절을 낙심한 신자들의 상황에 적용해서는 안 된다. 낙심한 신자들이 내 앞에 앉아 자신의 죄를 한탄하며 하나님과의 관계 회복을 바라고 있다는 것이, 그들이 장자의 명분을 팔지 않았고, 하나님의 아들을 다시 십자가에 못 박지 않았으며, 배교하지 않았다는 증거다. 실패를 슬퍼함은 거듭났다는 증거이며, 이는 하나님의 뜻에 합당한 모습이다. "하나님의 뜻대로 하는 근심은 후회할 것이 없는 구원에 이르게 하는 회개를 이루는 것이요 세상 근심은 사망을 이루는 것이니라"(고후 7:10).

경건한 슬픔은 생명으로 이어지는 반면, 세상이 낳는 슬픔은 사망과 절망으로 이어진다. 시편 42편 11절을 늘 기억하라. "내 영혼아 네가 어찌하여 낙심하며 어찌하여 내 속에서 불안해하는가 너는 하나님께 소망을 두라 나는 그가 나타나 도우심으로 말미암아 내 하나님을 여전히 찬송하리로다."

그리스도께서 죽으심으로 다 용서받았는데, 왜 자신의 감정에 따라 용서를 거부하고는 절망에 빠져 있는가? 그 이유는 용서나 하나님과의 친밀함, 하나님의 받아 주심을 전혀 못 느끼기 때문이다. 실패하고 낙심한 나머지 용서를 받아들이지 못하는 것은 두 가지 근본적인 문제가 있어서다.

첫 번째 문제점은 '자기 의(義)'다. 이것은 불의의 근원이며 자기 능력을 믿는 것이다. 자기 의에 빠진 사람들이 죄를 지어도 하나님은 전혀 놀라시지 않는다. 그들 스스로만 놀랄 뿐이다. 그들 중에는 심지어 자신이 죄를 짓는 것을 막아 주시지 않았다고 하나님께 화를 내는 사람까지 있다. 철저히 자신의 우월함을 믿는 태도다. 자신

하늘의 제자도

에게는 아무런 잘못이 없고 하나님이 자신을 위해 존재한다고 믿는 것이다. 그들은 스스로 강하다는 생각으로 산다. 그래서 자신이 그 어떤 시험에도 털끝 하나 상처 입지 않을 것이라고 교만하게 자신한다.

자기 의에 빠진 사람들은 하나님의 단순한 길을 따르지 않는다. 그들은 스스로 구원, 인생살이, 부부관계, 자녀 양육, 직장생활계획을 세우고 지키느라 애를 쓴다. 그러고는 자신의 행동이 뜻한 수준만큼 이르지 못하면 분노하고 절망한다.

두 번째 문제는 불신이다. "그러나 인자가 올 때에 세상에서 믿음을 보겠느냐"(눅 18:8). 많은 사람이 믿음의 사람이 되기를 원하지만 막상 믿음을 낳기 위한 경험을 원하는 사람은 별로 없다. 많은 사람이 죄를 고백한 뒤에도 여전히 자신이 용서받지 못했다고 느낀다. 마치 자신이 하나님을 너무 멀리까지 밀어내서 하나님이 결국 자신을 포기한 것처럼 군다. 버림받은 기분이나 외로움에 절망하고 괴로워한다.

이 같은 느낌은 하나님 말씀과 상반될 때가 많다. 하나님은 그들은 버리시지 않았다.

> 내가 맹인들을 그들이 알지 못하는 길로 이끌며 그들이 알지 못하는 지름길로 인도하며 암흑이 그 앞에서 광명이 되게 하며 굽은 데를 곧게 할 것이라 내가 이 일을 행하여 그들을 버리지 아니하리니 (사 42:16).

하나님은 그들에게 용서를 아끼시지 않는다.

만일 우리가 우리 죄를 자백하면 그는 미쁘시고 의로우사 우리 죄를 사하시며 우리를 모든 불의에서 깨끗하게 하실 것이요(요일 1:9).

하나님은 그들을 절망의 구렁에 내버려 두시지 않는다.

네 생명을 파멸에서 속량하시고 인자와 긍휼로 관을 씌우시며(시 103:4).

그들에게는 하나님의 말씀보다 자신의 감정이 더 중요하다. 하지만 진짜 감정은 언제나 자유를 낳는 법이다. 진리는 우리를 자유하게 하기 때문이다. 그런가 하면 거짓된 감정은 우리를 속박시킨다. 고백과 회개 이후에 느끼는 버림받은 기분은 진실에 근거한 것인가, 아니면 거짓에 근거한 것인가? 거짓된 감정에서 진리로 가는 길은 단 하나뿐이다. 바로 믿음을 통하는 것!

믿음은 바라는 것들의 실상이요 보이지 않는 것들의 증거니(히 11:1).

회개한 사람들은 하나같이 용서받았다는 확신을 원하는데, 그런 확신은 믿음을 통해서만 찾아온다. 반면에 불신은 우리를 우리

하늘의 제자도

자신의 길로 인도한다. 오직 믿음만이 우리를 그리스도의 길로 인도한다. 우리는 모든 위대한 신자들이 걸었던 길, 바로 믿음의 길을 걷기로 선택해야 한다.

진짜 믿음은 내 기분과 상관없이 믿는 것이다. 해와 달, 열한 개의 별이 자신에게 절하는 꿈을 꾸었는데 꿈과 어울리지 않게 발가벗겨진 채로 구덩이에 던져졌을 때 요셉의 기분은 어떠했을까? 또 억울하게 감옥에 들어갔을 때는? 성경은 우리가 새로운 피조물이요 하나님의 거룩한 자녀라고 말하지만 우리는 툭하면 절망의 구덩이에 빠져든다. 우리의 진짜 정체성과 상반된 행동을 하고 나면 우리가 하나님이 말씀하신 것과 같은 존재가 아닌 것처럼 느껴진다.

나도 그런 적이 있다. 하지만 나는 그때 내 감정을 믿지 않기로 선택했다. 심지어 나는 내 행동도 믿지 않는다. 오직 하나님만 믿을 뿐이다. 하나님은 내 감정보다 크시다. 나는 믿음의 사람이 되어 가고 있고, 당신도 마찬가지다. 믿음이 아닌 모든 것은 우리에게서 자연스럽게 떨어져 나가고 있다.

하늘에 계신 우리 아버지는 가장 사랑이 많으신 아버지다. 아버지가 죄를 지적하시는 목적은 우리를 죽음으로 몰아가거나 죄책감과 절망에 빠뜨리려는 것이 아니다. 아버지가 원하시는 결과는 생명이다! 그리고 생명은 믿음으로써 찾아온다. 우리는 믿음의 사람이 되어야 한다. 자신의 감정과 그 감정이 유발하는 속박을 철저히 조사하라. 그런 다음에는 하나님이 뭐라고 말씀하시는지를 조사하라.

그리고 나서 감정으로 인해 오랫동안 빠져 있던 옛 상태(속박)로 돌아가려고 할 때마다 이렇게 선포하라. "옛 상태로 돌아가지 않겠다! 내 감정과 상관없이 하나님의 말씀을 믿겠다! 거짓을 믿을 수는 없다! 오직 하나님만을 믿겠다!"

실패를 인정하되 하나님이 그 실패를 통해 이루시는 것을 바라보며 믿음 위에 굳게 서라. 하나님의 목적은 언제나 죽음이 아닌 생명이다.


## 다 잊으셨다, 정말로!

파티에 참석했다가 갱단에게 무차별 폭행을 당한 남자와 이야기를 나눈 적이 있다. 그 불쌍한 사내는 방망이로 마구 맞고 쓰러져 의식을 잃었다. 며칠 뒤에야 의식을 되찾았는데 턱을 철사로 고정한 상태였지만 다행히 목숨은 건졌다. 그의 사연을 들은 사람마다 무고한 사람이 아무런 이유도 없이 죽을 뻔했다는 사실에 분노를 금치 못했다.

그런데 이상한 점은 잔인한 가해자들 중 누구도 고소를 당하지 않았다는 것이다. 가장 이상한 점은 피해자가 그 어떤 적대감도 드러내지 않는다는 것이었다. 그와 사건에 관한 이야기를 나누었던 세 번 모두, 그에게서 그 어떤 분노나 복수심도 감지할 수 없었다. 이유가 뭐였을까?

아주 단순하다. 그는 사건을 기억하지 못한다. 폭력을 당하고

하늘의 제자도

나서 병원에서 처음 치료를 받기 시작하던 2주간의 기억이 말끔히 지워졌다. 그는 가해자들을 지목할 수도 없기 때문에 자신이 경찰들에게 아무런 소용이 없을 거라고 말했다. 기억이 지워진 탓에 심지어 그는 수갑을 찬 가해자들을 불쌍히 여겨 그들에게 팔을 두르고 커피를 사 주기까지 했다. 그때 나는 당한 기억이 없으면 복수심을 품기가 불가능하구나 하는 생각을 했다. 잘못에 관한 기억이 말끔히 지워지면 그 잘못에 관한 복수심도 즉시 사라진다.

> 만일 우리가 우리 죄를 자백하면 그는 미쁘시고 의로우사 우리 죄를 사하시며 우리를 모든 불의에서 깨끗하게 하실 것이요(요일 1:9).

> 그들이 다시는 각기 이웃과 형제를 가리켜 이르기를 너는 여호와를 알라 하지 아니하리니 이는 작은 자로부터 큰 자까지 다 나를 알기 때문이라 내가 그들의 악행을 사하고 다시는 그 죄를 기억하지 아니하리라 여호와의 말씀이니라(렘 31:34).

> 또 그들의 죄와 그들의 불법을 내가 다시 기억하지 아니하리라(히 10:17).

당신이 믿지 않을 수도 있지만, 하나님은 우리 죄에 관한 기억을 지우셨다고 분명히 말씀하신다. 그러기 위해서 우리가 해야 할 일은 아주 간단하다. 죄를 회개할 때 하나님은 우리를 정죄하시지

하나님과 제자

않고 오히려 어려울 때 도와주시고 기꺼이 교제해 주신다. 너무 좋아서 믿기 힘든가? 하지만 이것이야말로 기독교의 핵심이 아닌가? 당한 일을 기억하지 못하면 복수심도 있을 수 없다. 이 점을 알면 죄의 고백을 바라보는 시각이 올바로 설 수 있다. 아직도 자신의 넘어짐에 연연한다면 그것은 하나님이 그 넘어짐을 기억하신다고 생각하기 때문이다. 하지만 전혀 그렇지 않다. 하나님은 우리의 실패를 기억하시지 않는다.

우리의 죄 고백과 함께 그 죄에 대한 기억은 지워지고, 회개와 함께 하나님과의 새로운 교제가 시작된다. 거짓된 감정 때문에 하나님 앞에 나아가지 못하는 일은 없어야 한다. 하나님에 관한 진리가 우리를 자유하게 할 것이다. 우리를 향한 하나님의 사랑과 열정에 관한 진리를 알면 신자에게는 죄가 어울리지 않는다는 것을 깨닫게 되기 때문이다.


## 넘어짐을 헛일로 만들지 말라

누구나 제자로서 사는 데 실패할 때가 있다. 실패하고 나면 자연스레 이런 의문이 생긴다. '왜 나는 주님을 사랑한다고 하면서 여전히 죄의 유혹에 넘어지고, 심지어 나를 사랑하는 주변 사람들에게까지 상처를 줄까?'

갈라디아서 5장 19-20절은 이렇게 말한다. "육체의 일은 분명하니 곧 음행과 더러운 것과 호색과 우상 숭배와 주술과 원수 맺는

하늘의 제자도

것과 분쟁과 시기와 분냄과 당 짓는 것과 분열함과 이단과 투기와 술 취함과 방탕함과 또 그와 같은 것들이라 전에 너희에게 경계한 것같이 경계하노니 이런 일을 하는 자들은 하나님의 나라를 유업으로 받지 못할 것이요."

바울은 인생에서 가장 괴로운 경험 하나를 지적했다. "내가 원하지 아니하는 그것을 하면"(롬 7:20). 지난 20년 동안 나는 자기가 저지른 죄로 괴로워하는 신자들을 목회하는 특권을 누렸다. 여기서 특권이란 말은 진심이다. 자신의 죄와 넘어짐을 괴로워하는 것은 하나님을 향한 마음이 있다는 뜻이기 때문이다. 그들 중에는 하나님을 향한 마음이 세상 누구보다도 강한 사람들이 있었다. 그들은 자신이 그리스도만큼이나 사랑하는 사람에게 사랑 없는 행동을 했다는 것에 가슴을 치며 괴로워했다.

스스로 높아지되 하나님에게서 멀어진 율법주의자들은 그들을 간단하게 진단한다. "당신은 하나님을 사랑하지 않는 것이다." 전혀 틀린 진단이다. 사실, 유다는 예수님을 배신한 것을 베드로보다도 더 괴로워했다. 그의 자살이 그 증거다. 하나님을 사랑하는 신자들은 제자다운 행동과 태도에서 실패했을 때 죽을 만큼 괴로워한다.

넘어진 신자를 거짓 신자로 여겨 교제에서 배제해야 한다면 넘어진 신자에게 돌아오라고 촉구하는 수많은 성경 구절은 도대체 뭔가? 내가 따르는 간단한 공식이 있다. "자신의 죄를 미워하는 사람은 사랑해 주고, 자신의 죄를 사랑하는 사람은 미워한다."

넘어진 뒤에 괴로워하는 사람은 주님이 직접 그를 세워 주실 것이다. 갈라디아서 6장 1절은 이렇게 말한다. "형제들아 사람이 만일 무슨 범죄한 일이 드러나거든 신령한 너희는 온유한 심령으로 그러한 자를 바로잡고 너 자신을 살펴보아 너도 시험을 받을까 두려워하라."

원치 않는 실패를 논할 때는 그리스도의 참여를 다루어야만 한다. 그리스도를 논외로 하면 논의는 개인의 의지를 중심으로 이루어질 수밖에 없기 때문이다. 개인의 의지가 성패의 관건일까? 이것은 불교와 힌두교, 모르몬교, 뉴 에이지의 접근법이다. 인간의 의지를 실패의 결정적인 원인으로 보면 한 가지 근본적인 문제가 발생한다. 그 문제는 바로 교만이다. 생명의 기초는 우리의 의지력이 아니라 그리스도, 그리고 그분과의 관계다. 우리가 아무리 애를 써도 성공할 수 없다.

그 어떤 사람도 하나님이 죄를 짓게 만드시는 것은 아니라고 성경은 밝힌다. "사람이 시험을 받을 때에 내가 하나님께 시험을 받는다 하지 말지니 하나님은 악에게 시험을 받지도 아니하시고 친히 아무도 시험하지 아니하시느니라"(약 1:13).

동시에 성경은 우리가 선한 일을 하는 것이 사실상 하나님이 우리 안에서 행하시는 것이라고 말한다. 우리가 죄를 삼가는 것은 하나님이 그렇게 하게 하시는 것이다. 우리가 죄를 극복하는 것도 하나님의 능력 덕분이다. 히브리서 2장 18절은 이렇게 선포한다. "그가 시험을 받아 고난을 당하셨은즉 시험받는 자들을 능히 도우실 수 있느니라." 빌립보서 2장 13절도 이 진리를 뒷받침해 준다. "너

하늘의 제자도

희 안에서 행하시는 이는 하나님이시니 자기의 기쁘신 뜻을 위하여 너희에게 소원을 두고 행하게 하시나니." 로마서 8장 37절도 비슷한 메시지를 담고 있다. "그러나 이 모든 일에 우리를 사랑하시는 이로 말미암아 우리가 넉넉히 이기느니라." 고린도전서 4장 7절도 보자. "누가 너를 남달리 구별하였느냐 네게 있는 것 중에 받지 아니한 것이 무엇이냐 네가 받았은즉 어찌하여 받지 아니한 것같이 자랑하느냐."

구원처럼 승리도 선물이다. 하지만 승리한 신자들의 말을 들어 보면, 성공한 삶이라는 게 지능과 능력, 옳은 선택, 개인적인 힘, 옳은 신학, 성경 지식, 영적 공식들, 하나님의 편애의 결과인 것처럼 들릴 때가 많다. 하지만 진짜 영적인 사람들은 영적으로 성공한 삶의 공로를 오직 하나님께만 돌린다. "너희 권능 있는 자들아 영광과 능력을 여호와께 돌리고 돌릴지어다"(시 29:1).

실패한 데서 일어날 능력은 그리스도의 은혜와 영광에 있다. 물론 죄와 유혹에 걸려 넘어지는 것은 어디까지나 우리의 책임이요 선택이며 잘못이다. 따라서 내 말을 하나님이 우리가 죄를 짓게 만드신다는 뜻으로 오해하지 않기를 바란다. 하나님은 절대 그러시지 않는다. 다만 우리 죄를 저지하시지 않고 마지못해 허용하실 때가 있다. 신자가 죄를 짓지 않는 것은 하나님이 붙잡아 주시는 것이지만, 신자가 죄를 짓는 것은 하나님이 마지못해 허용하신 범위 안에서 자신이 스스로 짓는 것이다.

인간은 외부의 몸, 정신과 의지와 감정을 포함한 혼, 그리고 영으로 이루어진 존재다. 혼은 육체의 삶을 추구할지 영의 삶을 추구할지 결정한다. 그런데 두 삶 모두 일시적인 만족밖에 제공하지 못한다는 점에 주목해야 한다. "족하다 하지 아니하는 불이니라"(잠 30:16). 안목의 정욕이나 육신의 정욕, 교만은 단지 일시적으로만 충족시킬 수 있다. 육체의 욕구를 천 번 충족시켜도 육체는 또다시 천한 번째의 충족을 갈구하게 되어 있다. 영의 욕구도 마찬가지다. 그리스도께 천 번 가까이 가고도 여전히 한 번 더 가까이 가기를 원하게 되어 있다.

영의 삶을 선택했을 때는 전적으로 그리스도께 공로를 돌린다. 절대 내가 영광을 받지 않는다. 아울러 내가 육체의 길을 선택한 것을 두고 절대 하나님께 책임을 돌리지 않는다. 다만 하나님이 내 죄를 마지못해 허용하셨다는 것은 안다.

자, 영광스러운 비밀을 공개한다. "우리가 알거니와 하나님을 사랑하는 자 곧 그의 뜻대로 부르심을 입은 자들에게는 모든 것이 합력하여 선을 이루느니라"(롬 8:28). 사랑이신 하나님은 때로 우리가 육신의 길을 걷도록 마지못해 허용하시되 그분의 목적에 따라 모든 것이 합력하여 선을 이루게 하신다. 따라서 언제나 나는 그분의 목적이 무엇이며 내가 육신의 길을 걸은 경험에서 무엇을 배울 수 있는지 물어야 한다.

실패한 신자는 자신이 빠진 육체의 행위(험담, 잘못된 성관계, 지나친 식탐, 분노, 우울증 등)가 가장 중요한 문제라고 생각하기 쉽다. 자신이 그 행위를 선택하지만 않았으면 고난을 받을 리가 없고, 하나님 앞

하늘의 제자도

에 더 당당히 설 수 있을 것이라고 생각하기 때문이다. 하지만 나는 하나님이 주목하시는 진짜 문제, 진짜 목적은 실패 자체가 아니라 그 실패가 드러내는 것에 있다는 사실을 발견했다.

예를 들어, 성적인 죄에 빠진 신자는 그 죄가 가장 중요한 문제라고 생각하여 그 죄를 피하는 데 온 신경을 집중한다. 다시 말해, 성적인 죄에 초점을 맞춘다. 그런데 초점이란 것은 흥미로운 효과를 일으킨다. 어떤 죄든 그 죄에 초점을 맞출수록 그 죄에서 벗어날 수 없다. 나쁜 행동을 계속하는 가장 확실한 방법은 그 행동에 신경을 집중하는 것이다. 사탄은 이 점을 우리보다 더 잘 알고서 우리가 죄를 짓거나 혹은 앞으로 죄를 짓지 않는 데 신경을 집중하게 만들려고 애를 쓴다. 둘 다 초점은 그리스도가 아니다.

하나님이 주시는 죄의식은 그리스도께 집중하게 만든다. 반면, 사탄이 일으키는 정죄감은 죄에 집중하게 만든다. 요한일서 1장 9절은 이렇게 약속한다. "만일 우리가 우리 죄를 자백하면 그는 미쁘시고 의로우사 우리 죄를 사하시며 우리를 모든 불의에서 깨끗하게 하실 것이요."

초점이 완전히 바뀐 것이 눈에 들어오는가? 로마서 8장 1절도 비슷한 메시지를 담고 있다. "그러므로 이제 그리스도 예수 안에 있는 자에게는 결코 정죄함이 없나니."

그런데 이 말씀 앞에서 우리의 반응은 이러할 때가 많다. "나를 몰라서 하는 소리야. 나는 남들에게 큰 상처를 주었어. 너무 어리석은 짓을 저질렀어. 이런 내가 너무 싫어!" 이런 신자를 너무도 많이 보았고, 이런 생각은 대개 혼란스러운 삶으로 나타난다. 하지만 하나님의 사자로서 그분의 메시지를 분명히 전하자면 '당신에게 이제 결코 정죄함이 없다.'

하나님은 분명 그렇게 말씀하셨다. 나는 이것이 진짜로 느껴지지 않을 때조차도 분명히 믿는다. 원수의 유혹에 넘어가지 말라. 죄를 지은 것도 괴로운데 그 죄를 곱씹는 괴로움까지 더하지 말라. 죄를 짓는 것이나 곱씹는 것이나 둘 다 불신에 뿌리를 두고 있다.

우리는 우리 죄가 가장 중요한 문제라고 생각한다. 오랫동안 죄와 씨름해 왔지만 번번이 져서 온통 신경이 죄에 가 있다. 그 죄를 다른 사람들에게 고백하면 거부를 당할까 봐 두렵고, 원수의 비난하는 목소리가 자꾸만 귀에 거슬린다. "너는 구제불능 위선자, 죽어 마땅한 실패자야. 어리석기 그지없지. 너는 불충으로 예수 이름에 먹칠을 했어."

물론 우리가 저지른 죄는 분명 죄다. 우리 스스로 선택해서 지은 잘못이다. 하지만 그것은 하나님의 진정한 목적을 드러내기 위해 마지못해 허용된 것이다. 이 목적을 이해하지 못하면 우리의 실패는 정말로 헛일이 된다. 나는 수많은 넘어짐에서 진정한 목적을 보았으며, 그런 실패를 통해 나타나는 하나님의 역사를 볼 때마다 더없이 감격스럽다.

하나님 같은 분은 없다. 하나님은 우리가 실패했다고 놀라시지도 포기하시지도 않는다. 하나님은 원수에게 좌지우지당하시지도 않으며, 사랑과 인자가 끝이 없으며, 가장 부드러운 마음을 갖고 계

하늘의 제자도

신다. 하나님은 우리가 죄짓는 가운데서도 가장 중요한 문제에 집중하고 계신다. 그리스도가 이미 모든 죄를 위해 죽으셨다. 따라서 죄는 이미 끝난 문제다. '죄가 드러내는 것'이 진짜 문제다.

죄는 무조건 우리와 하나님의 관계를 방해하는 것이 아니다. 죄와 실패가 우리를 사랑 많으신 아버지의 품으로 달려가게 만든다면, 그 실패는 우리가 생각하는 것만큼 파괴적인 적이 아니다. 로마서 11장 12절은 이렇게 말한다.

> 그들의 넘어짐이 세상의 풍성함이 되며 그들의 실패가 이방인의 풍성함이 되거든 하물며 그들의 충만함이리요.

하나님은 우리의 넘어짐을 다른 사람들의 풍성함으로 만드실 수 있다.

> 우리의 모든 환난 중에서 우리를 위로하사 우리로 하여금 하나님께 받는 위로로써 모든 환난 중에 있는 자들을 능히 위로하게 하시는 이시로다(고후 1:4).

실패는 환난이다. 편두통과 궤양으로 심하게 고생한 적이 있다. 그런데 나는 하나님과의 관계에서 실패하느니 그것들을 평생 달고 사는 편을 선택할 것이다. 하지만 놀랍게도 내 하나님은 내 실패 가운데서도 나를 위로하셔서 내 실패를 다른 사람들의 풍성함으로 만들어 주신다.

우리의 실패, 우리의 죄는 하나님께 그리 중요하지 않다. 그런데도 우리가 계속해서 우리의 우선순위에만 집중하면, 우리의 넘어짐을 통해 하나님이 드러내시는 그분의 우선순위를 놓칠 수 있다.

"삶에서 무엇을 배웠는가? 실패를 겪지 않았다면 그것을 배울 수 있었을까?" 낙심한 신자들에게 이 질문을 던졌더니 다양한 반응이 나타났다.

○ 그리스도인에게는 죄가 곧 형벌이다. 그러니 죄 지은 사람을 벌 주려고 할 필요가 없다. 하나님의 형상을 따라 지음을 받은 신자는 죄를 지었을 때 독을 마신 것과 같은 상태를 겪는다.

○ 불신에 빠진 신자들은 고난을 당할 때 마치 그리스도의 피보다 옳은 행동이 더 중요한 것처럼 그리스도를 바라보지 못한다. 달리 표현하면, 그들은 교만으로 가득하다. 자신의 의로운 행위로 하나님 앞에 서려고 한다. 죄를 지었을 때 하나님에게서 도망치는 것이 바로 그 증거다.

○ 사람이 자신에게 가할 수 있는 최악의 형벌은 자기혐오다. 거울을 들여다보며 하나님의 사랑과 그분과의 교제가 아닌 육신의 공허함을 선택한 자신을 혐오하는 것보다 더 괴로운 일은 없다.

하늘의 제자도

ㅇ 인간은 본능적으로 완전한 관계에 끌린다. 이성과 단둘이 만나 속마음을 나누고 스킨십을 해도 섹스는 하지 않을 수 있다고 자신하는 기혼 남녀가 많다. 만나고 속마음을 나누고 스킨십을 하는 것은 다 관계라는 전체의 한 요소들이다. 그래서 한 요소를 받아들이면 점점 전체를 향해 가게 되어 있다. 인간은 약하다. 하지만 교만으로 인해 많은 사람이 스스로 강하다고 믿는다. 많은 사람이 스스로 육신적 유혹을 얼마든지 극복할 수 있다고 생각한다. 하지만 육신을 극복한 사람은 오직 그리스도뿐이시다.

ㅇ 죄는 삶을 복잡하게 만든다. 죄는 절대 삶을 원활하게 만들어 주지 않는다.

ㅇ 우리는 "전부를 잃었다"라며 낙심한다. 왜일까? 그리스도와 그분이 주시는 것이 우리의 전부라는 사실을 보지 못할 만큼 교만해졌기 때문이다. 아가서 6장 3절은 이렇게 말한다. "나는 내 사랑하는 자에게 속하였고 내 사랑하는 자는 내게 속하였으며."

ㅇ 나는 땅에서 숨을 쉴 수 있을 뿐 바다에서는 숨을 쉴 수 없다. 나는 인간이다. 하루는 바다에서 숨을 쉬고 하루는 땅에서 숨을 쉬도록 창조되지 않았다. 내게는 두 개의 본성이 있지 않다. 물속에 뛰어들어 헐떡거리다가 뭍으로 나오면 내 본성을 확인

할 수 있다. 마찬가지로 경험을 통해 하나님의 자녀라는 내 진짜 본성을 확인할 수 있다. 즉, 육신의 바다에 뛰어들면 거의 숨이 막힐 지경에 이른다. 이제 나는 내가 진정으로 누구이며 어디서 내 생명을 찾을 수 없는지를 잘 안다. 이런 경험을 통해 내 진짜 본성에 관한 머릿속 지식이 가슴까지 내려왔다. 그래서 이제는 육신의 바다에 뛰어들지 않기가 훨씬 쉬워졌다.

내가 넘어지면 괴로워한다는 사실은 내가 새롭고도 거룩한 피조물이며 옛 본성은 십자가에 못 박혀 이제 내가 육신의 관계에 걸맞지 않다는 확실한 증거다. 하나님의 자녀라는 내 진짜 본성이 드러났다. 육신 안에서 행한 일은 하나같이 후회할 일이지만, 영 안에서 행한 일로는 한탄해 본 적이 한 번도 없다.

○ 육신에 끌리는 것들을 피하는 것은 영적인 나약함이 아니다. 그것은 오히려 지혜다! 단것을 먹고 싶지 않으면 애초에 사지 말아야 한다. 집에 단것을 가득 쌓아 놓고서 먹지 않으려고 애쓰는 것은 어리석은 짓이다. 잠언 4장 15절은 이렇게 경고한다. "그의 길을 피하고 지나가지 말며 돌이켜 떠나갈지어다." 잠언 14장 27절의 약속도 보자. "여호와를 경외하는 것은 생명의 샘이니 사망의 그물에서 벗어나게 하느니라."

이 내용들이 하나님이 주목하시는 진짜 문제들이다. 하나님께 시선을 고정할 때 우리가 그토록 중요하게 여기던 육신의 것들이

하늘의 제자도

매력을 잃고 우리에게서 자연스럽게 떨어져 나간다. 우리가 넘어짐을 통해 배우는 것은 책에서 배우거나, 외웠다가 나중에 잊어버리는 것들과는 사뭇 다르다. 그 경험은 우리의 내면 깊이 파고들어 상처를 남긴다. 그 상처가 느껴질 때마다 우리는 드러난 것을 다시 기억하게 된다.

나는 다윗에게 많은 것을 배운다. 불륜을 저지르고 살인을 사주한 사람에게서 무언가를 배운다는 것이 상상이 가는가? 요즈음 시대 대부분의 단체는 그런 악을 저지른 사람을 강사로 초빙하지 않을 것이다. 하지만 다윗은 그릇된 행동을 통해 자신의 마음이 오직 하나님께만 적합하다는 사실을 발견했다. 그의 실패를 보면서 나도 내 마음을 발견했다.

다윗은 하나님을 사랑했지만 넘어졌다. 하지만 시편 116편 1절을 보면 그 실패에서 그는 성공에서는 배울 수 없는 무언가를 배웠다. "여호와께서 내 음성과 내 간구를 들으시므로 내가 그를 사랑하는도다."

다윗처럼 나도 실패를 통해 하나님 사랑하는 법을 배웠다. 당신의 실패를 헛일로 만들지 말라. 실패를 통해 하나님을 사랑하는 법을 배우라. 예레미야 3장 22절은 이렇게 촉구한다. "배역한 자식들아 돌아오라 내가 너희의 배역함을 고치리라."

하나님께 시선을 고정하면 나머지는 알아서 제자리를 잡는다.

## 우리는 '자유의 율법'을 받았다

"내가 주의 법도들을 구하였사오니 자유롭게 걸어갈 것이오며"(시 119:45).

우리에게는 원하는 대로 할 수 있는 놀라운 자유가 있다. 성경은 "너희는 자유의 율법대로 심판받을 자처럼 말도 하고 행하기도 하라"라고 말한다(약 2:12). 모든 신자는 이 율법 아래서 산다. 이번에 탐구할 항목은 바로 이 율법이다. 다음 말씀에 율법을 탐구하려는 이유가 있다. "자유롭게 하는 온전한 율법을 들여다보고 있는 자는 듣고 잊어버리는 자가 아니요 실천하는 자니 이 사람은 그 행하는 일에 복을 받으리라"(1:25).

부모와 자녀의 관계를 보면 자유의 율법을 이해하기가 가장 쉽다. 자녀는 대개 자유의 율법 아래서 산다. 어린 자녀가 가족에게 하는 기여는 일시적이요, 또한 그 아이를 키우느라 들인 대가의 만분지일도 되지 않는다. 그럼에도 부모는 이 막대한 빚을 전혀 생각하지 않고 자녀를 기쁨으로 받아들인다. 하지만 만약에 이후에 계속해서 자녀를 키우는 데 들인 비용을 언급한다면, 아이는 그 사실에 얽매여 기쁨을 잃을 것이다. 자녀를 키우는 데 들인 비용이나 재정 손실을 들먹이며 자녀를 압박하지 않을 때 자녀는 자유를 누린다! 자녀는 이 자유로 무엇을 해야 할까?

자녀에게 해야 할 일을 계속해서 시켜야 할 때가 아니라, 자녀 스스로 자기 일을 알아서 할 때 부모는 기쁘다. 그럴 때 자녀의 모든 잘못을 잊어버릴 만큼 기쁘다. 우리는 자유의 율법에 따라 자녀를

하늘의 제자도

판단한다. 자유의 율법에 따라 자녀는 아무것도 하지 않아도 여전히 사랑을 받지만 무언가 좋은 일을 하면 당연히 해야 할 일을 했을 뿐인데도 잘못을 용서받고 심지어 상까지 받는다. 얼마나 좋은가!

우리가 주목해야 할 또 다른 요소는 "긍휼은 심판을 이기고"(2:13)라는 부분이다. 자녀가 잘못을 저질러도 부모는 내쫓지 않고 심판보다 큰 긍휼을 베푼다. 부모의 마음은 자녀를 향한 연민으로 가득하며, 자녀가 "저는 할 수 없어요! 도와주세요"라고 말하면 늘 너그럽게 응답한다.

"너희가 악할지라도 좋은 것을 자식에게 줄 줄 알거든 하물며 너희 하늘 아버지께서 구하는 자에게 성령을 주시지 않겠느냐"(눅 11:13). 부모와 자식의 관계는 더 큰 진리의 한 예일 뿐이다. 하나님은 자유의 율법에 따라 우리를 심판하신다. 그리고 그분의 긍휼은 심판보다 크다. 우리는 거듭남을 통해 하나님의 자녀가 되었다. 하나님은 그분이 주신 우리 안의 생명, 곧 그분의 생명으로 인해 아무런 조건 없이 우리를 받아 주신다. 하나님은 우리가 갚을 수 없을 만큼 많이 주셨다.

"주는 영이시니 주의 영이 계신 곳에는 자유가 있느니라"(고후 3:17). 우리는 자유롭다! 이 자유로 무엇을 해야 할까? 나는 내가 주님께 대접을 받은 대로 다른 사람들을 대접하는 일에 가장 먼저 내 자유를 사용하고 싶다. 자유의 율법에 따라 심판을 받은 사람답게 살면서 다른 사람들에게 긍휼을 베풀고 싶다. 다른 사람들의 어리석음과 적대감, 비판에 예수님이 내게 보여 주셨던 인내로 반응하고 싶다.

예수님이 주신 자유와 긍휼을 오용하거나 남용하고 싶지 않다. "그런즉 우리가 무슨 말을 하리요 은혜를 더하게 하려고 죄에 거하겠느냐"(롬 6:1). 바울은 강력한 선포를 한다. 구약은 하나님이 우리를 얻기 위해 뭐든 하시는 분임을 보여 준다. 이 하나님의 사랑과 용서, 오래 참으심을 직접 경험한 바울은 이토록 위대한 하나님의 사랑을 남용하는 것은 옳지 않다고 분명히 말한다. 자신이 누리는 자유와 긍휼이 얼마나 감사한지 모른 채 무엇을 얻을지만 궁리하면서 부모의 사랑을 이용하려 드는 자녀처럼 하나님의 사랑과 은혜를 취급해서는 안 된다. 그것은 절대 옳지 않다.

"형제들아 너희가 자유를 위하여 부르심을 입었으나 그러나 그 자유로 육체의 기회를 삼지 말고 오직 사랑으로 서로 종노릇 하라"(갈 5:13). 나는 내가 육신의 길을 걸어도 하나님께로 돌아가면 다시 그분의 긍휼하심을 경험할 수 있음을 잘 안다. 그래서 육신의 욕구가 발동하면 많은 사람처럼 '잠시 하나님 쪽을 바라보지 않고 내 맘대로 하고 나서 나중에 회개하자'라고 생각하기가 쉽다. 이것은 자유와 긍휼을 남용하는 것이다. 고린도전서 8장 9절은 이렇게 말한다. "그런즉 너희의 자유가 믿음이 약한 자들에게 걸려 넘어지게 하는 것이 되지 않도록 조심하라."

갈라디아서 5장 1절은 이렇게 말한다.

그리스도께서 우리를 자유롭게 하려고 자유를 주셨으니 그러므로 굳건하게 서서 다시는 종의 멍에를 메지 말라.

그리스도는 우리를 행위에서 해방시키셨다. 이제 우리는 어떤 경우에도 율법 아래로 돌아가지 말아야 한다. 율법 아래서는 절대 의에 이를 수 없다. 그럼에도 불구하고 하나님은 우리를 사랑하시며, 그것으로 의의 문제가 해결된다.

자신이 가진 것을 자랑하는 사람은 우리에게 자신의 잣대를 적용해 우리보다 우월해 보이려고 한다. 그들의 농간에 놀아날 필요가 없다. 하나님과의 관계는 우리의 노력이 아닌 오직 그분의 역사 위에서 이루어지기 때문이다. "이는 가만히 들어온 거짓 형제들 때문이라 그들이 가만히 들어온 것은 그리스도 예수 안에서 우리가 가진 자유를 엿보고 우리를 종으로 삼고자 함이로되"(갈 2:4).

마지막으로, 자유의 율법에 따라 심판을 받는 사람들은 이사야처럼 고백할 수 있어야 한다. "주 여호와의 영이 내게 내리셨으니 이는 여호와께서 내게 기름을 부으사 가난한 자에게 아름다운 소식을 전하게 하려 하심이라 나를 보내사 마음이 상한 자를 고치며 포로된 자에게 자유를 갇힌 자에게 놓임을 선포하며"(사 61:1).

우리가 경험한 것을 다른 사람들도 경험할 수 있게 해야 한다. 자유와 긍휼은 우리가 가난한 자와 마음이 상한 자, 포로된 자, 갇힌 자에게 다가가서 가난한 자가 힘을 얻고 상한 마음이 고쳐지며 갇힌 자가 놓이도록 힘쓰게 만든다.

## 오늘 누릴 수 있는 풍성한 상급

나는 기독교가 관계가 아닌 다른 것으로 흐르지 않도록 조심해야 한다는 말을 입에 달고 산다. 모든 것이 살아 계신 그리스도와의 관계에서 흘러나오기 때문이다.

엄마의 의무에 동네 모든 아이를 돌보는 일까지 포함한다면 엄마들은 거칠게 항의할 것이다. 하지만 자기 자녀를 돌보는 일에는 모든 엄마가 열성이다. 빨래, 요리, 학교에 데리러 가고 학원에 데려다주는 일, 아플 때 돌보는 일과 잘못했을 때 훈육하는 일을 마다할 부모는 거의 없다. 왜일까? 엄마와 자식 사이에는 관계가 있기 때문이다.

가족을 부양하기 위해 일하는 것을 천형으로 여기는 부모는 거의 없을 것이다. 아무리 싫은 일이라도 가족의 생활비를 해결할 수 있다면 충분히 참을 만해진다. 그렇지만 자녀는 가족을 위한 일을 부담으로 여길 수 있다. 그것은 그 일을 관계를 통해 보지 않기 때문이다. 하지만 어른으로 성숙해 가면서, 작은 불편까지도 반항했던 아이가 어느덧 의무가 아닌 관계에서 저절로 우러난 마음으로 힘든 부모를 돕기 시작한다.

물론 모두가 그런 것은 아니다. 한 친구에게서 가슴 아픈 경험담을 들었던 기억이 난다. 그의 아버지가 많이 아파서 24시간 붙어 있으며 간호해야 했다. 그때부터 그는 아버지가 돌아가실 때까지 매일 아버지의 모든 필요를 돌보았다. 하지만 문득 자신이 아버지가 돌아가시자마자 받을 유산 때문에 아버지를 돌보고 있다는 사실을 깨닫고는 깊은 자괴감에 빠졌다. 자신을 길러 주고 자신을 위해 걱정하고 기도해 준 부모가 죽어 갈 때 단지 보상만을 바라보며 병시중을 드는 자녀. 이는 부모가 바랐던 관계가 싹트지 않았다는 증거다.

우리가 하나님과 맺어야 하는 관계는 아무리 강조해도 지나치지 않다. 관계 안에서는 우리가 행해야 하는 모든 것이 의무가 아닌 특권이 되기 때문이다. 우리는 옳은 행위를 해야 한다. 단, 그것은 매 맞지 않기 위해서가 아니라, 사랑에서 비롯해야 한다. 의무, 사랑, 헌신, 영성을 드러내려는 일종의 표시로써 하는 순종은 어찌나 힘든지! 그러나 우리 주님과의 친밀한 관계에서 나오는 순종은 즐거운 일이요 복이 된다.

보상을 위해 견뎌야 한다는 말을 자주 듣는다. "물론 삶은 불행하지. 하지만 천국을 바라봐. 결국 천국에서 보상을 받으니까 힘들어도 끝까지 성실하게 교회 출석하고 기도랑 성경 공부도 끝까지 해야 해." 이 말에 관계에 관한 언급은 전혀 없다. 요한복음 15-17장을 보면 오늘 우리는 하나님과 관계를 맺을 수 있을 뿐 아니라 그것이 하나님이 바라시는 바다. "오늘 너희가 그의 음성을 듣거든"(히 4:7).

성경은 "오늘"에 관해서 많은 말을 한다. 오늘 누릴 수 있는 하나님과의 교제가 우리의 풍성한 상인데 미래의 상 때문에만 순종한다면 얼마나 안타까운가.

## 하나님의 에스컬레이터

예수님의 임재로 치유하지 못할 것은 없다. 이는 내가 지금까지 수없이 말했고 앞으로도 수없이 할 말이다. 한번은 한 형제가 아내와 이혼할 생각인데 내가 말릴까 봐 나를 찾아오고 싶지 않다고 말했다. 그래서 나는 말릴 생각은 없고 단지 이혼을 원활하게 마무리하기 위해 예수님과 좀 더 많은 시간을 보내 보면 어떻겠냐고 권했다. 그리하여 그는 주말 동안 주님께 이혼을 잘 마무리하기 위한 힘을 달라고 기도했다. 그리고 그 주가 끝나기 전에 그는 아내에게 돌아갔다.

물론 나는 예수님과 교제하면 가정의 온갖 거대한 문제가 전혀 문제처럼 보이지 않을 줄 알았다. 모든 신자는 감정이나 지식이 아닌 하나님이 주시는 잔잔한 평강을 통해 하나님의 임재를 알게 된다. 이 평강은 우리가 넉넉히 이긴다는 진정한 확신을 준다. 그런데 왜 우리는 자꾸만 이 평강을 떠나는 것일까?

이런 상상을 해 보자. 우리가 주님과 함께 산 위에 서 있다. 그곳에서는 모든 것이 평안하다. 그런데 어떤 사건이 우리를 조금 아래로 굴러 떨어지게 만든다. 이어서 인간관계나 죄, 행동, 재정 문제, 자녀, 절망이 우리를 계속해서 추락시킨다. 결국 우리는 저 골짜기 아래에 대자로 뻗어 있고, 사랑하는 구주는 눈에 들어오지 않는다. 정상까지 돌아가기 위해 넘어야 할 온갖 장애물만 보일 뿐이다. 죄, 가정 문제, 외로움, 재정 문제, 절망감을 다 극복하기에는 역부족이다. "나는 실패자야. 나는 너무 약해." 우리는 그렇게 한숨

하늘의 제자도

만 내쉬며 땅바닥에 누워 있다.

자, 비밀을 알려 주겠다. 기어서 1미터만 가면 수풀 속에 에스컬레이터가 숨어 있다. 조금만 기어가서 그 에스컬레이터에 올라타기만 하면 그 에스컬레이터가 우리를 산꼭대기로, 주님의 임재 속으로 다시 데려다줄 것이다. 우리는 아무것도 할 필요가 없다. 우리 스스로 극복해야 할 것은 하나도 없다. 이 에스컬레이터는 예수님의 피로 가동되기 때문이다. 예수님은 언제나 우리를 꼭대기로 다시 데려가 주신다.

다윗의 인생에서 지독히 힘든 시기가 있었다. 그는 그 시기를 다음과 같이 묘사했다. "내 마음이 산란하며 내 양심이 찔렸나이다 내가 이같이 우매 무지함으로 주 앞에 짐승이오나 내가 항상 주와 함께하니 주께서 내 오른손을 붙드셨나이다 주의 교훈으로 나를 인도하시고 후에는 영광으로 나를 영접하시리니 하늘에서는 주 외에 누가 내게 있으리요"(시 73:21-25).

이 하나님의 사람이 처한 상황을 보라. 그가 얼마나 밑바닥까지 추락했는지 보라. 마음이 산란하고 양심이 찔리고 우매하고 무지하고 하나님 앞에서 짐승처럼 되었다. 하지만 하나님은 그와 함께하며 그를 하나님의 교훈으로 인도해 주셨다. 하나님은 그를 영광으로 영접해 주셨다. 명심하라. 하나님은 누구도 외면하시지 않는다. 너무 많이 추락해서 하나님의 에스컬레이터에 오르지 못할 만큼 절망적인 사람은 단 한 명도 없다.

## 스트레스에 시달리는가

캘리포니아주에 있는 과일농장에서 일한 적이 있다. 그곳에 거대한 포도밭이 있었는데, 병당 7달러짜리 와인을 생산하기 위해 포도나무에 막대한 비료와 살충제를 뿌린다. 그런데 포도밭마다 거의 죽기 직전까지 물과 비료를 주지 않는 매우 특별한 포도 재배 지역이 있다. 이 포도들을 죽기 직전의 상태로 유지하기 위해 매우 철저히 관리한다. 그 결과 포도들이 스트레스를 받아 아주 작지만 향이 가득한 포도가 탄생한다. 이 포도는 병당 200달러에 육박하는 매우 비싼 와인을 생산하는 데 사용된다.

그런데 수많은 신자들이 스트레스를 받는 포도가 될 운명이다. 그들은 포도밭 주인에게 기꺼이 순종해야 한다. 욥은 하나님을 믿는 다른 신자들(큰 포도들)을 보며 왜 그들의 삶만 평안한지 의아해했다. 그들은 아무 문제없이 살며 막대한 열매를 생산해 내고 있었다. 하지만 그 포도는 200달러짜리 열매가 아니었다. 스트레스를 받은 포도는 훨씬 많은 손길이 가야 한다. 지금 스트레스에 시달리고 있다면 하나님이 당신에게 특별히 더 관심을 쏟고 계신다고 생각해도 좋다.


## 오늘을 빼앗기지 말라

우리가 가진 시간은 현재, 그리고 미래의 일부다. 과거는 이미 우리 손을 떠난 시간이다. 과거에 갇혀 사는 것은 곧 하나님을 배제

하늘의 제자도

한 어둠 속에서 사는 것이다. 하나님은 언제나 우리에게 과거에서 떠나라고 촉구하신다. 따라서 우리의 생각과 감정이 과거로 돌아갈 때마다 절망의 땅에 혼자 가는 것이다. 유대인들은 희망이 없는 땅에서 과거의 율법과 의식에 얽매여 하나님이 현재 주시는 예수 그리스도를 보지 못했다.

하나님은 현재의 하나님이 되기를 원하신다. 우리는 하나님과의 개인적인 관계를 이야기하는데, 현재가 아닌 과거에서 어떻게 개인적인 관계를 맺을 수 있겠는가. 과거로 돌아가는 것은 곧 하나님에게서 멀어지는 것이며, 그것은 죄다. 오늘날 우리는 과거를 되새기고 슬퍼하고 바로잡으라는 말을 자주 듣는다. 그렇게 하지 않으면 우리 삶은 끝없는 혼란에 빠질 것이라는 경고가 심심치 않게 들린다. 그렇게 말하는 사람들에게 묻고 싶다. 과거가 내 문제들을 만들어 낸 것이라면 왜 내가 다시 과거로 돌아가 그 속에서 살아야 하는가?

나는 제자 훈련을 할 때면 대개 한 시간 동안은 상대방의 과거를 들여다보는 데 집중한다. 이유는 딱 하나다. 과거를 완전히 이해해서 다시는 거기로 돌아갈 필요가 없게 만들려는 뜻에서다. 과거 속에서 살면 성장이 영향을 받을 수밖에 없다. 우리가 다섯 살짜리처럼 굴면 과연 주변 사람들이 좋아할까? 우리는 과거 속에서 사는 사람들을 좋아하지 않는다. 하나님도 그런 사람들을 좋아하시지 않는다.

우리는 과거에서 현재로 부름을 받았다. "오랜 후에 다윗의 글에 다시 어느 날을 정하여 오늘이라고 미리 이같이 일렀으되 오늘 너희가 그의 음성을 듣거든 너희 마음을 완고하게 하지 말라 하였 나니"(히 4:7).

과거에 우리는 멋진 성공과 처절한 실패를 겪었다. 승리의 시간 도 있었고 패배의 시간도 있었다. 큰 기쁨의 날도 있었고 말할 수 없이 우울한 날도 있었다. 다 좋다. 하지만 지금은 어떤가? 오늘, 하 나님의 음성을 들으라! 문제는 오늘이다. 하나님은 과거 속에서 살 지 말고 오늘 무언가를 하라고 말씀하신다.

"격노하시게 하던 것같이"(3:15). 물론 우리는 과거에 하나님을 격노하시게 만들었다. 하지만 지금은 그 얘기를 하지 말자. 지금은 그 생각에 골몰하지 말자. 대신 오늘에 집중하자. "어제 받은 마음 의 상처 때문에 오늘 사랑할 수 없다." "어제 내가 당한 거부 때문에 나는 오늘 아무것도 줄 수 없다. 이제 나는 모든 것을 취해야만 한 다." "내 과거를 알면 오늘 내게 아무런 기대도 하지 않을 것이다." 너무도 많은 사람이 이런 변명을 하지만 어제는 오늘에 대한 변명 이 될 수 없다. 과거의 행동이나 경험 때문에 현재 하나님께 다가가 지 못한다는 것은 말이 되지 않는다.

우리가 과거에 행복하거나 불행했던 것은 (단순히 우리가 좋은 시절이 었거나 나쁜 시절이었거나 상관없이) 그분께 시선을 고정했느냐 안 했느냐 의 결과다. 오늘도 마찬가지다. 하나님과 우리 사이에 장애물은 없 다. 우리는 얼마든지 과거에 등을 돌릴 수 있다. 누구도 억지로 우 리를 과거로 끌고 갈 수 없다. 성경은 매일 하나님과 동행하라고 명

하늘의 제자도

령한다. "너는 내 앞에서 행하여"(창 17:1). 우리는 그런 삶을 다시 경험할 수 있다. 레위기 26장 12절을 보면 하나님은 현재 우리와 함께 동행하신다. "나는 너희 중에 행하여 너희의 하나님이 되고 너희는 내 백성이 될 것이니라."

과거로 돌아감으로 원수에게 현재를 빼앗기지 말라. 당신이 이 문장을 읽기 전에 일어난 일은 다 과거다.


### '예수 보혈'에 의지해 기도하라

사랑하는 사람을 잃은 사람과 이야기할 때 언급하지 말아야 할 것이 있다. 상실의 깊이가 너무 깊으면 특정 질문이나 표현이 떠나간 사람을 떠올리게 만들어 극심한 고통을 유발할 수 있다. 더욱이 끔찍한 사고로 자녀를 잃은 사람과 대화할 때는 매우 조심해야 한다. 자칫 자녀에 관한 이야기를 꺼냈다가는 그 즉시 과거의 기억이 불일 듯 일어날 수 있기 때문이다.

신자의 입에서 나오는 즉시 하나님에게서 격렬한 반응을 이끌어 내는 표현이 있다. 말하는 사람은 이 표현을 가볍게 여기고 심지어 잘못 이해하는 경우도 많지만 이 표현은 하나님께 연민과 사랑, 상실감, 승리감, 용서, 소망, 바람, 고통을 동시에 유발한다. 이 신성한 표현을 사용하면 하나님의 선하심과 교제, 지속적인 돌보심, 들으시는 귀, 사랑의 마음을 한꺼번에 얻을 수 있다.

"예수님의 피."

우리가 예수님의 보혈로 구하면 하나님 안에 있는 모든 것이 일어난다. 그 순간, 하나님은 그분의 크신 사랑, 아들과의 연합, 아들의 상실, 심판, 마지막으로 거듭남을 떠올리신다. 이 표현은 신성하기 때문에 조심해서 사용해야 한다. 하지만 예수님의 피로 구하면 큰 것을 기대해도 좋다. 이 표현을 들을 때마다 하나님은 피조물인 우리가 어떤 상태인지 떠올리신다. 우리의 실패, 죄, 자기중심주의, 그분이 절실하게 필요한 우리의 상태……. 이 표현을 들을 때마다 하나님은 아들을 보내 십자가에 못 박히게 하신 일, 조롱하는 무리, 한 나라와 한 도시, 심지어 제자들까지도 그 아들을 부인했던 일을 떠올리신다. 이 구절을 조심해서 사용하되, 사용하라!

> 우리 형제들이 어린양의 피와 자기들이 증언하는 말씀으로써 그를 이겼으니(계 12:11).

## '하나님은 사랑이시다'라는 말의 의미

요한일서 4장 7절은 하나님이 사랑이시라고 말한다. 간단한 진술이지만 인생의 모든 영역에 영향을 미치는 놀라운 진리다. "사랑이 우리에게 필요한 전부다"라는 차량용 스티커나 광고 문구들이 자주 눈에 띈다. 맞는 말이다. 하지만 하나님은 사랑이시므로 "하나님이 우리에게 필요한 전부다"가 더 정확한 표현이 아닐까 싶다. 하나님을 불어넣지 않고서는 어떤 상황(가정, 국제 정세, 정치, 관계)에도

하늘의 제자도

사랑을 불어넣는 것은 불가능하다.

　성경은 하나님이 이해와 이성이라고 말하지 않는다. 그 두 가지는 영원한 변화를 가져올 수 없기 때문이다. 성경은 하나님이 의지력이나 감정이라고도 말하지 않는다. 그것들도 역시 사람을 근본적으로 변화시킬 수 없기 때문이다. 하나님은 바로 사랑이시다. 제자 훈련을 하다 보면 서로를 미워하는 부부나 가족들, 자신과 다른 누군가를 미워하는 사람들을 너무도 자주 본다. 다른 사람들에 대한 오해 풀기, 상대방의 입장이 되어 생각해 보기와 같은 처방을 내리기는 쉽다. 하지만 아무리 그런 것을 이야기해도 당한 사람의 얼굴에서는 미움이 조금도 가시지 않는다. 하나님이 계셔야 한다. 하나님이 계시지 않으면 참된 사랑도 없다.

　무신론자 친구들과 정치적인 토론을 벌였던 기억이 난다. 토론 한중간에 나는 이야기를 하나 해 주고 싶다면서 예수님에 관한 이야기를 했다. 내가 이야기를 마치자 모두의 표정이 변한 것을 확실히 느낄 수 있었다. 정부의 문제로 인해 분노한 표정이 평안과 만족의 표정으로 바뀌어 있었다. 안타깝게도 그들은 신자가 아니었다. 그럼에도 불구하고 우리는 하나님이 창조하시고 붙잡아 주시는 존재이기 때문에 하나님이라는 이름만 들어도 존재 자체가 살아나게 되어 있다.

　의사들은 인간의 몸이 미움을 품고서는 번영하지 못하고 사랑 속에서 가장 잘 기능한다고 말한다. 하나님은 우리의 몸과 혼, 영이 모두 절실하게 필요로 하는 사랑이시다. 앞으로 갈등 상황에 처하거든 그 상황 속에 하나님을 모셔 보라. 적대감이 확연히 줄어드는 것을 확인할 수 있을 것이다. 하나님에 관한 가르침이나 복잡한 신학을 들이대지 말고 살아 계신 하나님을 그 상황에 모시면 이성을 초월하는 놀라운 일이 벌어진다.

## 하나님의 음성을 듣지 못하는 이유

"여호와의 말씀이니라 너희를 향한 나의 생각을 내가 아나니 평안이요 재앙이 아니니라 너희에게 미래와 희망을 주는 것이니라"(렘 29:11).

우리를 향한 하나님의 생각, 하나님의 뜻은 무엇인가? 많은 사람이 특정한 예배 장소나 사는 곳, 옳은 직장에 하나님의 뜻이 있다고 생각한다. 하지만 그런 것은 하나님의 뜻이 이루어지기 위한 도구일 뿐이다.

하나님의 뜻은, 마태복음 5-7장에 기록된 대로 우리를 통해 그리스도의 생명이 표현되는 것이다. 따라서 우리가 어디로 이사를 가거나 어떤 직업을 갖느냐는 크게 중요하지 않다. 하나님은 인생의 어떤 상황을 통해서도 그분의 뜻을 이루실 수 있기 때문이다. 어느 방향으로 가든 우리의 유일한 책임은 "주님의 뜻이라면 어디든 가겠습니다"라고 기도하는 것이다.

잘 풀리지 않는 문제로 고생하다가 답을 발견하고서 기뻤던 경험이 다들 있을 것이다. 그것은 우리가 하나님의 형상을 따라 지음

하늘의 제자도

을 받았기 때문이다. 우리 하나님도 문제 해결하기를 즐기신다. 사랑 많으신 하늘 아버지는 인간이 일으키는 모든 문제를 해결하신다. 아담과 하와가 일으킨 인류 최초의 문제는 가장 심각했다. 그들을 하나님에게서 떨어져 나가게 만들 정도로 심각했다. 하지만 하나님은 상상도 할 수 없는 방식으로 이 문제를 해결하셨다. 바로, 스스로 인간이 되신 것이다.

우리는 자유 의지에 따라 우리가 원하는 대로 가고 우리가 원하는 곳에서 일하며 우리가 원하는 대로 자녀를 낳는다. 그래도 하나님은 상관없이 놀라운 일을 행하신다. 하나님의 뜻 안으로 깊이 들어가면 그분이 우리의 결정에서 비롯하는 모든 문제를 인도하신다. 덕분에 우리는 우리 안에 있는 하나님의 생명을 표현하면서 살아갈 수 있다. "하나님을 사랑하는 자 곧 그의 뜻대로 부르심을 입은 자들에게는 모든 것이 합력하여 선을 이루느니라"(롬 8:28). 놀랍지 않은가!

나는 신자들이 끊임없이 던지는 두 가지 질문이 자꾸 마음에 걸린다. "내가 배우자를 잘 선택했나?" "내가 직업을 잘 선택했나?" 사람들은 자신이 배우자를 고를 때 실수하지 않았다는 확신을 원한다. 하지만 우리가 불행한 것은 하나님의 뜻을 놓쳤기 때문이 아니다. 결혼과 취직이 문제를 만들어 내는 경우는 드물다. 단지 둘 다, 사람이 결혼이나 취직 이전부터 갖고 있는 문제를 표면 위로 끄집어낼 뿐이다. 이런 문제를 다루는 것이 하나님의 뜻이다.

그런가 하면 자신이 하나님의 음성을 들을 만큼 영적이지 않아서 자신은 절대 하나님의 뜻을 알 수 없다고 생각하는 신자도 많다. 하지만 성경은 그렇게 말하지 않는다. 요한복음 10장 27절을 보라.

> 내 양은 내 음성을 들으며 나는 그들을 알며 그들은 나를 따르느니라.

신자들이 하나님의 음성을 듣지 못하는 데는 주로 두 가지 이유가 있다. 첫째, 엄마가 아이들에게 집 마당에서만 놀라고 말하고 나서 창문으로 아이들을 지켜보는 상황을 생각해 보라. 아이들이 마당 안에 있는 동안에는 아이들이 안전하니 딱히 아이들을 챙기는 엄마의 목소리를 들을 수 없다. 그러다 아이들이 집 마당에서 벗어나 차도로 나가면 그제야 아이들을 저지하고 챙기는 엄마의 음성이 들려온다. 아이들이 엄마의 음성을 전혀 듣지 못하는 것은 어찌 보면 이미 엄마의 뜻 안에 있다는 증거다. 마찬가지로 신자들이 침묵을 경험하는 것도 아버지의 뜻 안에 있기 때문일 때가 많다.

둘째, 하나님의 음성을 듣지 못할 때는 자신이 마지막으로 들은 하나님의 명령을 행했는지 돌아보는 것이 중요하다. 하나님은 주로 마음, 삶의 방향, 용서 문제를 비롯해 마태복음 5-7장에 기록된 문제에 관해 말씀하신다. 하나님에게서 마지막으로 들은 명령을 아직 행하지 않고 있다면, 우리의 게으름과 불순종이 하나님의 새로운 음성을 듣지 못하는 이유일 수 있다. 그럴 때는 선한 목자께 마지막 지시가 무엇이었는지 여쭈어야 한다. 예수님은 기꺼이 다

하늘의 제자도

시 알려 주신다. 단, '그분'의 음성을 들어야만 한다. 실패를 지적하며 비난하는 원수의 음성은 무시하라! 원수의 음성은 가혹하고 비판적이며 비난하고 정죄하는 음성이다. 원수는 우리가 이미 회개한 과거의 실패까지도 들추어낸다.

## 하나님 뜻이 아닌 것

적신호를 찾느라 공을 들이는 신자들이 너무도 많다. 그들은 자신이 하나님 뜻대로 행하지 않고 있는지도 모른다는 걱정에, 잘못된 행동을 그만두기 위한 적신호를 끊임없이 찾는다. 하지만 과연 아담과 하와가 에덴동산에서 하루 종일 적신호를 찾으며 보냈는가? 전혀 아니다. 하나님은 처음부터 선악을 알게 하는 나무 앞에서 적신호를 정확히 알려 주셨다. 그 외에 다른 모든 나무의 열매는 얼마든지 먹어도 되었다.

하나님이 다른 나무들에 대해 뭐라고 말씀하셨는지 보자. "여호와 하나님이 그 땅에서 보기에 아름답고 먹기에 좋은 나무가 나게 하시니 동산 가운데에는 생명나무와 선악을 알게 하는 나무도 있더라"(창 2:9). 그렇다. 보기에 좋은 나무들은 육체의 욕구만이 아니라 정신과 의지, 감정의 욕구도 충족시켜 주었다. 그곳에는 영의 욕구를 충족시켜 주는 생명나무(예수님)도 있었다. 사람은 그 모든 나무 열매를 자유롭게 따먹을 수 있었다. 이 자유라는 단어를 기억하라.

하나님은 허용되지 않은 나무를 정확히 알려 주셨다. 그래서 인간은 나무 하나하나를 조사하며 그것이 허용되었는지 확인하고 다닐 필요가 없었다. 아름다운 동산과 하나님 안에서 생명을 누리지 못하고 종일 근심 걱정을 하며 살 필요가 없었다. 사람은 자유로워야 한다. 우리에게 허용된 것을 모두 알려면 너무 많은 에너지가 필요하다. 그러므로 그보다는 허용되지 않은 몇 가지를 이해하는 편이 훨씬 간단하다.

하나님은 주로 적신호를 알려 주시는 경향이 있다. 덕분에 우리는 무엇이 허용되는지를 끊임없이 찾다가 그분을 놓치는 일이 없이 풍성한 삶을 살 수 있다. 다시 말하지만, 적신호를 미리 알면 하나님 나라에서 살며 우리가 하는 일을 즐길 수 있다. 신약은 적신호가 무엇인지 분명히 알려 준다. 거기에는 행동도 포함되지만 대부분은 태도와 관련이 있다(엡 4:31; 히 12:15 참조). 무엇이 허용되었는지를 다 알려면 혼란에 빠질 수밖에 없다. 비신자들의 생각과 달리 하나님이 허용하신 일은 끝이 없다. 우리 신자들은 전혀 제약된 삶을 살고 있지 않다.

따라서 옳은 행동과 태도에 관한 하나님의 뜻을 잘 모르겠다면 접근법을 바꿔 보라! 성경을 보면 무엇을 하지 말고 무엇을 피해야 할지 정확히 알 수 있다. 그 외에 나머지 모든 것은 해도 되는 것이다. 사실, 율법과 선지자들의 가르침은 하나의 명령으로 요약 가능하다. "네 이웃을 네 몸처럼 사랑하라." 이 한 가지를 행하지 않고 있다면 나머지는 크게 중요하지 않다. 이 얼마나 간단한가. 이웃보

하늘의 제자도

다 자신을 더 사랑하는 것, 이것 하나만 피하면 된다. 자기중심주의를 피하면 우리가 하는 행동의 90퍼센트는 허용된다.

원하는 곳으로 이사하고, 원하는 직업에 종사하고, 원하는 곳으로 휴가를 가고, 원하는 곳에서 교제하고 봉사해도 좋다. 하지만 원망을 품거나, 정죄하거나, 육신의 생각을 좇는 행위에 참여하거나, 사랑과 연민에 인색해서는 안 된다. 이 모든 행위는 자기중심주의에서 비롯한 것이기 때문이다. 어떤 차를 살지 오늘 점심엔 무엇을 먹을지 고민하는 사람이 많은데, 정말로 고민해야 할 중요한 사안은 자신이 지금 배우자를 사랑하는지, 다른 사람들의 기분을 상하게 하는지, 남몰래 다른 사람들과 비교하는지 돌아보는 것이다.

동산에서 허용된 모든 나무를 일일이 설명하기는 어렵지만 금지된 하나의 나무를 이해하는 것은 쉽다. 이 나무를 이해하고 나머지 나무의 열매는 자유롭게 먹어도 좋다. 하나님이 이미 알려 주신 뜻에는 행동이나 태도로 거역하면서, 우리에게 허용되는 행동이 무엇무엇인지 모조리 파악하려고 애써 봐야 복잡해질 뿐이다. 성경에서 다루지 않는데도 많은 신자들이 목숨을 거는 주제들이 많다. 하지만 그것들은 하나님께는 별로 중요한 문제가 아니다. 그것들은 자유롭게 먹어도 된다. 하나님께 다른 뜻이 있다면 선한 목자답게 알아서 보여 주실 것이다.

## 실패한 뒤가 더 중요하다

"사무엘이 이르되 여호와께서 번제와 다른 제사를 그의 목소리를 청종하는 것을 좋아하심같이 좋아하시겠나이까 순종이 제사보다 낫고 듣는 것이 숫양의 기름보다 나으니"(삼상 15:22).

순종이 제사보다 낫다. 이는 구약에 나오는 강력한 진술 가운데 하나다. 사무엘은 어떻게 이런 결론에 이르렀을까? 어느 날 갑자기 하나님이 사무엘에게 그렇게 말씀하셨을까, 아니면 그가 경험해서 배웠을까? 나는 후자라고 생각한다. 사무엘이 살면서 이 단순하면서도 심오한 진리를 배웠을 가능성이 높다.

"내가 왜 그런 짓을 했을까?" "이렇게 어리석을 수가!" "나는 절대 그런 짓을 하지 않을 거라고 자랑까지 했는데." "아, 내 자신이 너무 싫다!" "어서 죽어서 이 괴로움에서 벗어났으면 좋겠어."

불륜을 저지른 사람들이 이런 말들을 자주 한다. 꼭 불륜은 아니더라도 누구나 뼈아픈 실패를 겪은 적이 있다. 원수는 죄 자체보다 그 죄에서 비롯하는 죄책감을 더 좋아한다. 죄는 잠시 동안 지속되었다가 용서를 받는다. 그리스도가 이미 우리 죄를 위해 돌아가셨다. 하지만 조심하지 않으면 죄책감과 그 피해는 평생 계속될 수도 있다.

죄를 짓고 나서 우리가 취해야 할 행동은 지극히 분명하다.

만일 우리가 우리 죄를 자백하면 그는 미쁘시고 의로우사 우리 죄를 사하시며 우리를 모든 불의에서 깨끗하게 하실 것이요(요일 1:9).

하늘의 제자도

죄를 고백했는가? 자, 그럼 이제 기뻐하는 일만 남았다. 어느 날 밤 죄를 고백했을 때 실제로 주님이 내 어깨에 손을 얹고 세미한 음성으로 "잘했다! 이제 나만 따라오라! 내가 모든 것을 책임져 주마!"라고 말씀하시는 것처럼 느껴졌던 기억이 난다. 죄를 고백한 뒤에는 언제나 내 영이 가벼워졌다.

하지만 원수는 속이는 말로 우리 기쁨을 빼앗아 가려 한다. "물론이야. 너는 용서를 받았지. 하지만 잊은 게 있어. 죄의 결과는 어쩔 거냐? 물론 하나님은 용서해 주시지만 결과는 평생 너를 따라다닐 거야!" 원수는 결과를 지적해서 신자들이 전진하지 못하도록 발목을 붙잡는다. "연애 시절, 하나님을 열심히 찾지 않았지? 너희 가정은 결국 무너지고 말 거야." "혼전 성관계를 맺었으니 너는 평생 결혼하지 못할 거야."

사탄은 계속해서 우리에게 이런 생각을 심어 준다. 사탄은 하나님을 나쁜 신으로 몰아간다. 우리는 하나님의 용서를 통해 그분의 선하심을 맛보았지만 원수는 우리가 결과를 두려워하며 하나님을 피하기를 원한다. 그 술책에 굴복하면 기쁨은 사라지고 언제 화가 닥칠까 매일 전전긍긍하는 삶이 이어진다. '언제나 대가가 찾아올까? 언제 다른 사람들이 알게 될까? 하나님이 어떤 식으로 나를 벌주실까?' 늘 조마조마하고 점점 더 불안해진다. 하나님에게서 도망쳐 숨고 싶은 욕구가 계속해서 꿈틀거린다.

자, 이제 한 가지만 묻자. 위와 같은 상황에서 예수님은 어디 계신가? 죄의 고백은 자신에게서 눈을 떼어 예수님을 바라보는 것이다. 하지만 사탄은 계속해서 우리가 우리 자신만을 바라보기를 원한다. 하나님은 용서하시는 분인가 아닌가? 하나님을 어떤 분으로 믿을지 확실히 결정해야 한다. 자녀가 우리를 찾아와 용서를 구하면 우리는 잘못의 결과를 어떻게든 줄여 주려고 애를 쓴다. 자녀가 자신의 약함과 어리석음을 고백하면 우리는 무슨 수를 써서라도 자녀를 돕는다. 하물며 하나님은 얼마나 더 그러하시겠는가. 우리가 죄를 고백하면 하나님은 죄의 결과를 줄이고 모든 것이 합력하여 선을 이루도록 역사하신다. 심지어 우리를 모든 불의에서 깨끗하게 해 주신다!

실패 이후의 올바른 과정은 두 부분으로 이루어진다. 바로 죄의 고백과 하나님의 깨끗하게 하시는 능력. 하나님이 우리를 어떻게 깨끗하게 하시는가? 자연적인 것을 통해 우리를 초자연적으로 만드신다. 자연적인 사건들은 진리가 머리에서 가슴으로 내려오게 만든다. 실패는 육신(육신은 하나님이 아니라 다른 것의 영향력 아래에 있는 상태를 말한다. 육신은 자연적인 것에 속한다)에 속한 것이다. 육신의 실패가 무엇을 가르쳐 주는가? 육신의 실패는 우리가 생각보다 더 약하다는 충격적인 사실을 보여 준다. 이 사실이 충격적인 것은 교만 때문이다. 우리는 자신의 약함을 자랑하면 하나님의 강하심을 누릴 수 있다는 사실을 깨닫지 못한 채 혼자서 가다가 넘어진다. 이런 실패를 통해 하나님이 이루시려는 목적이 있다. 실패를 허락하시는 하나님의 목적은 우리가 두려움, 자기혐오, 끝없는 형벌에 시달리고 눌리는 것이 아니라, 우리 자신의 약함을 깨닫고 하나님 앞에 겸손해

하늘의 제자도

지는 것이다.

이런 깨달음이 머리에서 가슴으로 내려오면 "하나님 없이 나 혼자 하려고 했다니 내가 너무 어리석었어!"라고 인정하게 된다. 사실, 이런 고백은 일이 벌어진 뒤에야 하지 말고, 일이 생기기 전에 해야 옳다. 이런 깨달음은 위험에서 멀어져 하나님께로 가까이 다가가게 만든다. 육신의 실패는 강력한 교훈을 준다는 점에서 하나님의 목적에 부합한다. 실패의 경험을 통해 우리는 자신에게 넌더리가 난다.

잠언 14장 14절은 이렇게 말한다. "마음이 굽은 자는 자기 행위로 보응이 가득하겠고 선한 사람도 자기의 행위로 그러하리라." 실패는 하나님을 경외하고 그 결과로 잠을 잘 자게 만든다. 이어서 잠언 19장 23절을 보자. "여호와를 경외하는 것은 사람으로 생명에 이르게 하는 것이라 경외하는 자는 족하게 지내고 재앙을 당하지 아니하느니라." 우리는 실패하면서 누구에게서도 배울 수 없는 것을 배우고, 누구도 깨끗하게 해 줄 수 없는 것에 깨끗함을 받았다. 할렐루야!

실패한 뒤에 숨어서 결과를 기다리는가? 당신에게 한마디만 하고 싶다. "일어나라!" 자신을 미워하는 것은 하나님께 속한 행동이 아니다. 죄 씻음을 받아들이는 것보다 용서를 받아들이는 것이 더 쉽기는 하다. 하지만 둘은 분리되어서는 안 되는 것이다. 둘 중 하나만 받아서는 안 된다. 마태복음 9장 5-6절은 이렇게 말한다. "네 죄 사함을 받았느니라 하는 말과 일어나 걸어가라 하는 말 중에 어느 것이 쉽겠느냐 그러나 인자가 세상에서 죄를 사하는 권능이 있는 줄을 너희로 알게 하려 하노라." 그리고 나서 예수님은 중풍병자에게 이렇게 말씀하셨다. "일어나 네 침상을 가지고 집으로 가라." 이 남자는 용서를 받고 나서 일어나 앞으로 걸어갔다. 보다시피 하나님의 용서와, 실패에 따르는 부정적 결과들(두려움, 자기혐오, 끝없는 형벌)은 동시에 처리되었다. 그러니 더 이상 원수의 음성을 듣는 데 시간을 낭비할 필요가 없다.

결국 당신은 내내 하나님의 자유의 율법에 따라 심판을 받아 왔음을 깨달을 것이다. "자유"와 "긍휼"이라는 두 단어를 가슴에 가득 채우라. 야고보서 2장 12-13절은 이렇게 말한다.

> 너희는 자유의 율법대로 심판받을 자처럼 말도 하고 행하기도 하라 긍휼을 행하지 아니하는 자에게는 긍휼 없는 심판이 있으리라 긍휼은 심판을 이기고 자랑하느니라.


## 멈추고, 깊이 되새기고, 음미하라

"다른 사람들은 계속해서 하나님께 이런저런 음성을 들었다고 하는데 왜 저는 한 번도 듣지 못하는 겁니까?"라는 질문을 자주 받는다. 하지만 예수님은 분명 "내 양은 내 음성을 들으며"(요 10:27)라고 말씀하셨다. 앞서 말했듯이 하나님은 언제나 참되시며 그분이 하시는 말씀은 모두 진리다. 따라서 모든 신자는 하나님의 음성을

하늘의 제자도

듣는다. 다만 매일 들려오는 무수한 음성 중에서 무엇이 하나님의 음성인지 분간하기 위해 시간을 내는 사람이 별로 없을 뿐이다.

모든 신자는 하나님의 음성을 듣고 있다. 신앙서적이나 성경을 읽거나 다른 신자와 대화하거나 설교를 듣거나 자연을 즐기거나 기도할 때, 영이 살아나거나 갑작스럽게 따스함이 밀려오거나 소망이나 사랑, 기대감이 솟아나는 경험을 해 봤는가? 그 모든 것이 당신을 향한 하나님의 음성이었다. 하나님의 음성은 언제나 빛, 생명, 자유, 격려다. 앞으로 그 음성을 듣거나 느끼면 그 자리에서 멈추고 깊이 되새기고 음미하라. 그렇게 하면 그 음성이 점점 더 크고 분명하게 들릴 것이다.

뉴욕시티에서 한 아메리카 인디언이 그곳에서 사귄 친구와 함께 길을 걷다가 친구를 멈춰 세웠다. "귀뚜라미 소리를 들어 보게."

친구가 아무 소리도 들리지 않는다고 말하자 이 인디언은 친구를 귀뚜라미가 있는 곳으로 데려갔다. 어떻게 알았냐는 친구의 물음에 인디언은 이렇게 대답했다. "간단하네. 좋아하는 소리는 애쓰지 않아도 들리게 마련이라네."

인디언이 그것을 증명하기 위해 길바닥에 동전 몇 개를 던지자 주변 모든 사람이 듣고 쳐다봤다.

모든 신자는 매일 음성을 듣는다. 하지만 중요한 것은 무엇에 귀를 기울이는지다. 하나님은 모든 신자를 향해 분명하게 말씀하신다. 그런데 생각보다 많은 신자가 원수의 음성에 귀를 기울이고 있다. 원수의 음성은 가혹하고 비판적이고 몰아붙이고 비난하며 절망으로 가득한 음성이다.

하나님이 실제 귀에 들리는 음성으로 말씀해 주신 이들도 있다. 하지만 내가 앞에서 묘사한 음성은 하나님이 모든 신자에게 주시는 독특한 음성을 말한다. 하나님의 음성이 모든 사람에게 똑같지는 않지만 그 결과는 똑같다. "주님이 내게 말씀하셨다." "주님이 내게 이리로 가고 이것을 하라고 분명히 알려 주셨다." 이것은 대개 내가 위에서 묘사한 음성을 말한다.

신앙생활에서 어떤 경험을 하느냐 못하느냐보다 믿음이 먼저라는 점을 명심하라. 흔히 말하듯이 '좋은 것'은 '가장 좋은 것'의 적이다. 하나님의 음성을 듣는 것은 좋은 것이지만 가장 좋은 것은 아니다. 가장 좋은 것은 듣지 않고도 믿음으로 사는 것이다. 따라서 하나님의 음성을 듣지 못한 날에는 굳이 말이나 음성, 환상을 찾지 말라. 음성을 찾고 믿음을 놓치는 것은 최선이 아니다.

사람들은 하나님과 직접적인 음성으로 소통하는 사람만 하나님이 받아 주신 것으로 착각할 때가 너무도 많다. 그렇게 주장하는 사람들은 적극적인 믿음의 필요성을 느끼지 못한다. 믿음의 사람으로서 우리는 하나님의 음성을 듣든지 못 듣든지 상관없이 믿음의 길을 계속 걸어야 한다.


## '위장한 교만' 경계하기

잠언 16장 18절은 이렇게 말한다. "교만은 패망의 선봉이요 거만한 마음은 넘어짐의 앞잡이니라." 잠언 29장 23절도 교만을 경고한다. "사람이 교만하면 낮아지게 되겠고 마음이 겸손하면 영예를 얻으리라." 이사야 2장 17절도 보라. "그날에 자고한 자는 굴복되며 교만한 자는 낮아지고 여호와께서 홀로 높임을 받으실 것이요."

교만은 교묘한 위장의 대가다. 심하게 교만한 사람을 보면 절로 눈살이 찌푸려진다. 자신을 대단하게 생각하고 약한 사람을 깔보고 군림하려고 하는 모습은 너무 보기 흉해 안타까울 지경이다. 그런 사람을 보면 속으로 '자기 행동이 얼마나 꼴 보기 싫은지 너무도 모르는군!'이라는 생각을 하게 된다. 하지만 교만한 사람은 다른 사람들이 자신을 얼마나 안 좋게 생각하는지 전혀 모른다. 그런데 여기서 내가 다루려는 교만은 훨씬 더 음험한 교만이다. 위장한 교만. 우울증이 위장한 교만일 때가 많다는 것을 아는가? 그것은 자신이 완벽하지 못한 것, 혹은 자신과 다른 사람들을 완전히 통제하지 못하는 것, 혹은 하나님처럼 되지 못하는 것에 좌절해서 빚어진 결과다.

자기혐오는 교만이다. 사람이 자신을 미워하는 것은, 현실이 기대하는 높은 이상에 자신이 부응하지 못하기 때문이다. 자기비하는 교만이다. "이걸 못하다니, 정말 한심하군! 뭐든 제대로 하는 게 없어. 하나님도 나 같은 사람은 사용하실 수 없을 거야." 자기혐오와 열등감에 빠진 사람은 자신에 관해서 얼마나 자주 생각할까? 자신에게서 좋은 점을 찾느라 혈안이 되다 보니 나쁜 점도 보이는 것이다.

자신을 희생자로 여기는 태도도 교만이다. "저 사람이 내게 무슨 말을 했는지 알아? 어떻게 나한테 그런 말을 할 수 있지?" "사기를 당했어! 가족이 내 돈을 훔쳐갔어. 나처럼 착하게 사는 사람한테 이런 일이 일어나다니!" 기분 나빠하는 것도 교만이다. "감히 나한테 그런 말을 해?" 자기옹호도 교만이다. 우리의 육신이 얼마나 대단하다고 옹호하는가? 질투, 자신의 불의를 미워하는 것, 실패와 거부의 기억에 집착하는 것, 자신은 나쁜 일을 당해서는 안 된다는 생각, 최악을 기대하는 것, 부정적인 것, 다 교만이다. 교만이 왜 위장의 대가인지 알겠는가?

## 세상을 아름답게 변화시키고 계시는 분

외국의 기차역들은 바쁘고 표정이 없는 여행객들로 붐빈다. 많은 곳들이 지저분하며, 위생 시설이 부족한 기차 안에서 흘러나오는 악취가 코끝을 찌르는 곳도 적지 않다. 또한 기차역들은 보통 대도시 한복판에 있기 때문에 편리하기는 하지만 분위기는 삭막하다.

어느 날 아침 무미건조한 기분으로 어느 도시를 떠나다가 문득 기차 창문 밖으로 한 할머니를 보았다. 할머니는 낡은 판자 건물에서 나오더니 물 뿌리는 기구 같은 것을 들고 비틀비틀 기찻길 옆을 걸어갔다. 가만히 보니 할머니는 잔잔한 미소를 머금은 채 기찻길을 따라 쓰레기 위에 심어 놓은 아름다운 꽃에 물을 주고 있었다. 그 모습이 어쩌나 아름답던지! 악취와 소음, 분주함의 한복판에서

하늘의 제자도

할머니는 자신의 세상을 아름답게 만들고 있었다. 덕분에 나는 내가 발 딛고 서 있는 현실에서 벗어나 잠시 쉴 수 있었다. 그리고 잠시 뒤 그 현실마저도 아름답게 변했다.

예수님도 우리를 위해 세상을 아름답게 변화시키고 계신다! 예수님은 그분 안에서 세상이 얼마나 놀라운지를 보여 주셨다. 그분은 포도나무에 관한 단순한 비유로 우리에게 그분의 생명을 드러내셨다. 그분은 최악의 상황에서도 우리의 영을 살아 숨 쉬게 하는 현실감 넘치는 이야기들을 해 주셨다. 그분은 세상의 쓰레기 밭에 교회라는 꽃을 심어 그분의 마음과 영광을 드러내게 하셨다. 이제부터 꽃들을 전과는 다른 시각으로 볼 것 같다. 이제 꽃들을 보면 북적거리고 소란스럽고 더러운 세상의 한복판에서도 주님과 그분의 영광을 떠올리리라.

HEAVENLY

DISCIPLESHIP

05

'나 고치는 일'을
맡기는 것이

## 진짜 믿음이다

예수님을 영접하기 전에 절망감 속에 살던 어느 날, 어느 자동차 범퍼에 붙은 "예수님은 당신을 사랑하십니다!"라는 스티커 글귀를 봤다. 문득 예수님이 내게 도움을 주실지 모른다는 생각이 들었다. 어쩌면 희망이 있을지 모른다고 생각했다. 시편 9편 18절은 이렇게 말한다. "궁핍한 자가 항상 잊어버림을 당하지 아니함이여 가난한 자들이 영원히 실망하지 아니하리로다."

그리스도를 영접하고 나서도 절망감에 사로잡혀 있던 어느 날은 같은 글귀가 적힌 스티커를 보고 혼란스러워했던 기억도 난다.

"어디서 희망을 찾아야 하지?" 도무지 희망이 보이지 않았다. 욥기 7장 6절은 이렇게 말한다. "나의 날은 베틀의 북보다 빠르니 희망 없이 보내는구나."

절망에 빠진 사람들의 눈을 봤는가? 보는 사람이 괴로울 정도 다. 총기가 없이 어둡고 멍한 눈빛으로 "죽고 싶다"라고 외치는 것 만 같았다. 표정으로는 이렇게 말한다. "상황이 나아질 리가 없어. 내 삶은 절망적이야. 더 이상 삶을 이어 갈 수가 없어." 이런 표정은 전혀 신자의 표정이 아니다. 사도행전 2장 26절은 이렇게 말한다. "그러므로 내 마음이 기뻐하였고 내 혀도 즐거워하였으며 육체도 희망에 거하리니." 로마서 5장 5절도 보라. "소망이 우리를 부끄럽 게 하지 아니함은 우리에게 주신 성령으로 말미암아 하나님의 사 랑이 우리 마음에 부은 바 됨이니."

매주 나는 '삶이 나아지고, 배우자가 변화되고, 좋은 짝을 찾으 며, 일터에서 성공하고, 역동적인 신앙생활을 하고, 롤러코스터와 같은 감정에서 해방되고, 하나님의 음성을 듣고 나서 육신의 유혹 을 극복하고, 반항적인 아이가 나아질 것'이라는 희망을 잃어버린 신자들을 본다. "절망은 장의사의 가장 좋은 친구"라는 말이 있다. 그리스도인이 어떻게 절망에서 희망으로 나아갈 수 있을까?

답은 간단하다. 요한일서 1장 4절은 이렇게 말한다. "우리가 이 것을 씀은 우리의 기쁨이 충만하게 하려 함이라." 기쁨은 믿음의 증 거다! 성경을 보면 부자 청년이 슬퍼하며 떠나갔다고 말한다. 그리 스도에게서 떠날 때는 누구나 슬퍼하며 떠난다. 희망과 기쁨에서

　　　　　　　　　　하늘의 제자도

떠나는 것이니 그럴 수밖에 없다. 믿음은 희망으로 이어지나, 불신은 절망을 낳는다.

유산이나 복권으로 부를 얻으려는 사람이 너무도 많다. 부를 얻는 또 다른 방법은 천천히, 조용히, 지혜롭게, 서서히, 충성스럽게 돈을 모으는 것이다. 이 방법이 훨씬 좋다. 계속해서 반복할 수 있기 때문이다. 이와 비슷하게 믿음의 길로 들어가는 방법도 두 가지다. 첫 번째는 폭발이다. 사도 바울의 경우가 그랬다. 다른 방법은 훨씬 더 어렵지만 결과는 동일하다.

많은 사람이 하나님의 기적을 보고 나서 믿겠다고 말한다. 불신은 약함이라고들 말하는데 정작 강해지기 위해 어떻게 해야 하는지 가르쳐 주는 사람은 없다. 불신의 뿌리는 약함이 아니라, 세상에 대한 사랑, 자기중심주의, 교만이다.

히브리서 11장은 믿음의 사람들을 두 부류로 나눈다. 한편은 믿음으로 큰 기적을 경험한 부류다. 나는 한밤중에 하나님이 깨워 부러진 뼈를 치료해 주셨다는 신자들과 실제로 하나님을 봤다는 신자들을 안다. 심지어 자식이 죽었다가 살아나는 기적을 경험한 가족도 있다. 이들의 믿음은 기적을 만들어 내는 대신 기적을 받았다.

선진들이 이로써 증거를 얻었느니라(2절).

믿음으로 에녹은 죽음을 보지 않고 옮겨졌으니(5절).

믿음으로 노아는 아직 보이지 않는 일에 경고하심을 받아 경외함으로 방주를 준비하여 그 집을 구원하였으니 이로 말미암아 세상을 정죄하고 믿음을 따르는 의의 상속자가 되었느니라(7절).

믿음으로 사라 자신도 나이가 많아 단산하였으나 잉태할 수 있는 힘을 얻었으니(11절).

믿음으로 그들은 홍해를 육지같이 건넜으나(29절).

믿음으로 칠 일 동안 여리고를 도니 성이 무너졌으며(30절).

내가 무슨 말을 더 하리요 기드온, 바락, 삼손, 입다, 다윗 및 사무엘과 선지자들의 일을 말하려면 내게 시간이 부족하리로다(32절).

그들은 믿음으로 나라들을 이기기도 하며 의를 행하기도 하며 약속을 받기도 하며 사자들의 입을 막기도 하며(33절).

불의 세력을 멸하기도 하며 칼날을 피하기도 하며 연약한 가운데서 강하게 되기도 하며 전쟁에 용감하게 되어 이방 사람들의 진을 물리치기도 하며(34절).

여자들은 자기의 죽은 자들을 부활로 받아들이기도 하며 또 어떤 이들은 더 좋은 부활을 얻고자 하여 심한 고문을 받되 구차히 풀려 나기를 원하지 아니하였으며(35절).

이번에는 두 번째 부류의 신자들을 보자. 그들은 믿지만 아무것도 받지 못하는 신자들로, 그들을 가리켜 성경은 "또 어떤 이들"이라 칭한다.

한번은 뉴질랜드에서 의사들이 모인 수련회의 강사로 메시지를 전했는데, 그때 청중에게 네 가지를 요청했다. "첫째, 하나님이 무언가를 주실 거라고 믿었던 적이 있는 분은 손을 들어 보십시오. 둘째, 그렇게 믿었던 일이 이루어지지 않은 분이 있으면 손을 올린 채로 계십시오. 셋째, 하나님이 그 기도에 응답해 주실 가능성이 없는 분은 손을 올린 채로 계십시오. 예를 들어, 하나님이 자녀의 건강을 돌봐 주실 줄 믿었는데 자녀가 세상을 떠났습니까? 하나님이 배우자를 구원해 주실 줄 믿었는데 배우자가 끝내 그리스도를 영접하지 않은 채 세상을 떠났습니까? 아이를 갖게 해 달라고 기도했는데 이제는 불가능해졌습니까? 집이나 일터, 교회, 가족을 위한 특별한 기도 제목이 있었는데 이제 응답되기에는 너무 늦었습니까? 그렇다면 손을 올린 채로 계십시오. 마지막으로, 기도 제목이 이루어질 가능성이 절대 없어도 상관없이 그리스도를 믿는 분은 손을 올린 채로 계십시오."

그 순간, 무려 90퍼센트가 손을 올린 채로 있었다. 나는 그 형제자매를 보며 이렇게 말했다. "여러분은 복을 받았습니다. 성경에서 세상이 감당할 수 없다고 말한 유일한 그룹에 속했으니까요. 심지어 여러분은 세상에 속하지도 않았습니다. 여러분은 믿음의 사람, 하늘의 사람입니다."

히브리서 11장 36-40절은 이렇게 말한다.

> **또 어떤 이들**은 조롱과 채찍질뿐 아니라 결박과 옥에 갇히는 시련도 받았으며 돌로 치는 것과 톱으로 켜는 것과 시험과 칼로 죽임을 당하고 양과 염소의 가죽을 입고 유리하여 궁핍과 환난과 학대를 받았으니 (이런 사람은 세상이 감당하지 못하느니라) 그들이 광야와 산과 동굴과 토굴에 유리하였느니라 이 사람들은 다 믿음으로 말미암아 증거를 받았으나 약속된 것을 받지 못하였으니 이는 하나님이 우리를 위하여 더 좋은 것을 예비하셨은즉 우리가 아니면 그들로 온전함을 이루지 못하게 하려 하심이라.

당신도 하나님이 인간관계의 회복, 자녀의 건강, 가족의 구원, 더 강한 믿음의 확신을 주실 줄 믿어 온 "또 어떤 이들" 가운데 하나인가? 믿고서 절망에 빠지지 않았다면 당신은 하나님께 하늘의 천사도 드릴 수 없는 놀라운 것을 드린 "또 어떤 이들" 가운데 하나다. 당신이 하나님께 드린 것은 바로 순전한 믿음이다. 천사들은 하나님을 직접 보니까 그만큼 믿기가 쉽다. 하지만 이 땅에서 "또 어떤 이들"은 평생 아무것도 보지 못한 채 어둠 속에서 살아가면서도 보이지 않는 하나님을 굳게 믿는 사람들이다. 하나님이 이런 사람들을 얼마나 기뻐하시는지 모른다.

모두가 포기하라고 권했지만 이들은 보이지 않아도 믿는 편을 선택했다. 이들은 좌절의 한복판에서도 흔들리지 않았다. 세상은 이런 사람들을 감당할 수 없다. 이들은 세상에 속하지 않았다. 이들의 자리는 저 위, 천사들을 다스리시는 아버지 옆이다. 믿고도 응답받지 못했다면 스스로를 복 받은 자로 여겨도 좋다. "또 어떤 이들"의 부류에 속했다면 "나는 하나님을 가졌다"라고 자신 있게 외치라. 군중은 표징을 원했지만, 예수님은 보지 않고도 믿는 자가 복되다고 말씀하셨다.

"내가 진리를 말하는데도 어찌하여 나를 믿지 아니하느냐"(요 8:46). 믿음이 있느냐 없느냐는 제자들의 책임이다. 믿음을 갖지 못하는 이유가 하나님 때문이라고 핑계 대서는 안 된다. 하나님은 산 꼭대기에 계시고 인간은 골짜기에 있어서 인간이 어떻게든 꼭대기로 올라가야 한다고 생각하는 사람들이 있다. 하지만 성경은 하나님이 우리에게 내려오셨다고 말한다. 우리가 믿지 않는 것은 하나님 탓이 아니다.

히브리서 12장 1-2절은 믿음을 얻는 방법을 제시하는데, 매우 간단하다. 예수님께 시선을 고정하면 된다. 믿음이 없는 이유는 잘못된 것을 바라보기 때문이다. 믿음은 영의 눈을 포함하며, 무엇을 볼지는 우리가 선택한다는 사실을 기억하라. 하나님은 우리가 그리스도를 바라보도록 도와주시지만 선택은 어디까지나 우리 몫이다.

인간은 본성적으로 하나님의 뜻을 원한다. 지금까지 교회는 세상이 그리스도를 통해 창조되었다는 사실을 진지하게 받아들이는 모습을 보여 주지 못했다. 모든 피조 세계는 눈에 보이지 않는 방식으로 그리스도의 뜻을 이루도록 지음받았다. 우리 몸이 그리스도의 몸처럼 기능하면 조화롭게 살 수 있다. 우리를 지으실 때 그분의 본성이 우리 안에 새겨졌기 때문이다.

요지를 말하자면 이렇다. 우리는 그리스도가 하신 일을 하기를 원한다. 우리의 정신과 감정은 반항할지 몰라도 우리가 그리스도처럼 살 때 내면 깊은 곳에서, 하나님 형상대로 창조된 우리의 존재 자체가 기뻐한다. 하나님도 우리가 그분처럼 살기를 원하신다. 하나님의 바람과 우리 존재 자체의 바람이 만나면 혼이나 세상의 영향력을 압도한다. 믿음은 하나님의 뜻과 인간의 뜻이 만나서 일으키는 폭발이다. 믿음은 하나님이 우리에게 진정한 만족을 주는 유일한 것, 즉 생명수를 주실 때 일어나는 연쇄 폭발이다. 믿음은 행복하기로 선택하는 것이다. 그리스도의 생명과 믿음은 동일한 것이다.

사도행전 27장을 보면 가라앉는 배에 탄 선원들 이야기가 나온다. 그들은 바울의 하나님을 믿지 못하고 거룻배로 탈출하기로 결심했다. 우리도 이 선원들처럼 굴곤 한다. 우리가 믿는 큰 배가 풍랑에 가라앉기 시작하면 탈출해 보겠다고 더 작은 배에 오른다. 하늘의 제자는 행복해지기 위해 믿음을 선택해야 한다. 그러나 그리스도가 아닌 다른 것에 믿음을 두면 가라앉을 수밖에 없다.

하늘의 제자도

많은 사람이 흔들리는 가정에서 탈출하고자 더 작은 배, 즉 다른 이성으로 옮겨 탄다. 큰 우상들이 초래한 문제들을 해결하고자 작은 우상들을 좇는 것이다. 바울은 현재 있는 자리에 머물라는 해법을 내놓았다. 계속해서 하나님을 믿고, 작은 배들을 다시 쳐다보고 싶은 생각이 들지 않도록 아예 그 배들에 연결된 줄을 끊어 버리라. 하나님께 믿음을 두면 그분이 우리를 재난에서 구해 안전하게 해변으로 이끌어 주신다.

### 매일 믿음이 필요하다

마가복음 16장 16절은 이렇게 말한다. "믿고 세례를 받는 사람은 구원을 얻을 것이요 믿지 않는 사람은 정죄를 받으리라." 구원을 얻는다는 것이 무슨 뜻일까? 안타깝게도 교회는 '구원받는 것'을 '천국에 가는 것'으로 정의해 왔다. 하지만 구약과 신약에서 이 단어는 미래가 아니라 오늘 바로 구원을 받는 것을 지칭한다. 사람은 매일의 지옥에서 구원을 받아야 한다(매일의 지옥에서 구원을 받는다면 영원한 정죄에서 구원받는 것은 기정사실이다).

예수님이 오늘 생명을 주신다는 사실을 뒷받침해 주는 "구원"이라는 단어가 나오는 성경 구절들을 살펴보자.

> 예수께서 여자에게 이르시되 네 믿음이 너를 **구원**하였으니 평안히 가라 하시니라(눅 7:50).

백성은 서서 구경하는데 관리들은 비웃어 이르되 저가 남을 **구원**하였으니 만일 하나님이 택하신 자 그리스도이면 자신도 **구원**할지어다 하고(23:35).

내가 문이니 누구든지 나로 말미암아 들어가면 **구원**을 받고 또는 들어가며 나오며 꼴을 얻으리라(요 10:9).

또 여러 말로 확증하며 권하여 이르되 너희가 이 패역한 세대에서 **구원**을 받으라 하니(행 2:40).

이르되 주 예수를 믿으라 그리하면 너와 네 집이 **구원**을 받으리라 하고(16:31).

곧 우리가 원수 되었을 때에 그의 아들의 죽으심으로 말미암아 하나님과 화목하게 되었은즉 화목하게 된 자로서는 더욱 그의 살아나심으로 말미암아 **구원**을 받을 것이니라(롬 5:10).

십자가의 도가 멸망하는 자들에게는 미련한 것이요 **구원**을 받는 우리에게는 하나님의 능력이라(고전 1:18).

구원은 천국에 이르렀을 때 시작되는 것이 아니라 이 땅에서 이루어진다. 오해하지 말고 들어 보라. 구원에 대한 성경의 정의에 따

하늘의 제자도

르면 천국에는 구원받지 못한 사람이 가득할 것이다. 다시 말해, 거듭나서 천국에 가지만 신약의 구원 즉 매일의 자유를 경험하지 못한 사람도 많을 것이다.

믿음이 중요하다. 믿으면 (매일의 지옥으로부터) 구원을 받고, 믿지 않으면 (매일의 삶에서) 정죄를 받기 때문이다. 믿음은 미래를 위해서만 중요한 것이 아니라 매일의 삶에 꼭 필요한 것이다. 우리에게는 믿음이 필요하다. 거의 모든 신자들이 하나님을 위해 무언가를 하기를 원한다. 하지만 우리의 힘으로는 할 수 없다. 믿음은 이 딜레마를 해결해 준다. 믿으면 하나님이 우리를 통해 그분의 일을 하신다. 그렇게 우리는 매일 구원을 받을 수 있다.


## 예수님도 하나님을 믿으셨다

"하나님은 인간으로 사는 것이 어떤지를 모르신다!"라고 불평하는 소리를 자주 듣는다. 하나님이 인간으로 사는 것이 어떤지를 아셨다면 섣불리 그 많은 명령을 내리셨을 리가 없다는 것이다. 하지만 반대로 하나님이 우리에게 동일한 불평을 하실 수 있지 않을까 하는 생각을 해 본다. "너희는 하나님으로 사는 것이 어떤지를 모른다."

인간은 하나님이 되는 것이 어떤 것인지를 상상조차 할 수 없다. 하지만 인간은 그것을 모르면서도 감히 하나님께 조언하려고 든다. "무지한 말로 생각을 어둡게 하는 자가 누구냐"(욥 38:2). 하나님은 무한한 지혜와 능력으로만 가능하신 일을 행함으로 이 문제를 해결하셨다. 인간이 되신 것이다!

인간으로서 어떻게 살아야 하는지를 두고 인간들의 조언이 끝없이 이어진다. 하지만 대부분의 조언은 오류투성이다. 그것은 인간의 진정한 상태를 고려하지 않았기 때문이다. 예를 들어, 어느 날 아침 깨어나 보니 당신이 관 안에 있다면 어떨까? 공포에 질려 팔다리를 휘두르고 비명을 지르다가 이내 절망할 것이다. 문득 손전등이 보이기에 켜 보니 관 안에 이 시대 기독교가 중요하다고 여기는 온갖 이슈와 해결책을 다룬 책들이 가득하다. 그런데 과연 이런 책에 당신의 상황에 조금이라도 적용할 만한 것이 있을까? 말씀으로 우주를 창조하신 하나님, 시공을 초월하실 수 있는 분, 한번에 모든 장소에 계실 수 있는 분, 말로 다 형용할 수 없는 분이 어느 날 갑자기 인간 아기의 몸 안에서 깨어나셨을 때 기분이 어떠셨을까?

예수님이 그 안에서 죽으실 것이기 때문에 그 몸은 곧 관이었다. 그분의 입에서 나온 첫마디가 울음이었던 것도 무리는 아니다. 그분은 그분의 진정한 상태를 발견하고서 어떻게 하셨는가? "너희 안에 이 마음을 품으라 곧 그리스도 예수의 마음이니 그는 근본 하나님의 본체시나 하나님과 동등됨을 취할 것으로 여기지 아니하시고 오히려 자기를 비워 종의 형체를 가지사 사람들과 같이 되셨고 사람의 모양으로 나타나사 자기를 낮추시고 죽기까지 복종하셨으니 곧 십자가에 죽으심이라"(빌 2:5-8).

답은 간단하다. 그분은 관 안에서의 삶에 대해 하나님을 믿었

하늘의 제자도

다. 그분은 인간의 몸을 입고 타락한 세상에 살면서 모두에게 거부당하는 상황에서 단순히 하나님을 믿었고, 그렇게 자신을 비운 상태에서 모든 것을 정복하셨다. 그분은 돌아가실 때 인간의 몸에서 거하면서 인간이 마주할 수 있는 모든 장애물을 하나님을 믿는 믿음 하나로 극복해 낸 삶을 남기셨다.

그 삶은 그분의 피를 통해 우리에게 흘러들어 왔다. 피는 생명을 품고 있기 때문이다. 성찬식에서 우리는 두 가지 사실을 축하한다. 그분의 몸을 상징하는 빵을 통해 우리는 우리의 옛 사람, 아담의 삶, 옛 본성이 십자가에 못 박혀 죽었음을 기억한다. 포도주를 마시는 것은 새 생명, 그분의 생명, 인간이 마주할 수 있는 모든 장애물을 극복한 삶을 받는 의식이다. 그런데 왜 우리는 절망과 불신에 시달리는가? 자신을 믿어야 한다면, 자신의 힘으로 이를 악물고 분발해야 한다면, 머뭇거릴 수밖에 없다. 아까 언급한 식의 책들을 통해 얻은 힘으로 관을 부수고 나와야 한다면 절망할 수밖에 없다.

하지만 그렇지 않다. 우리는 그저 우리 안에 사시는 생명, 우리가 마주할 모든 장애물을 이미 극복하신 분의 생명만 믿으면 된다. 이 피가 다루지 못할 문제는 없다. "세상에서는 너희가 환난을 당하나 담대하라 내가 세상을 이기었노라"(요 16:33). 모든 면에서 우리처럼 사셨던 예수님의 이 말씀을 늘 기억하라.

## 예수님을 말할수록 믿음이 자라난다

"예수, 주 이름 내 입술의 꿀같고"라는 찬양 가사는 많은 것을 말해 준다. 믿음의 제자가 되고 싶은가? 믿음이 강해지길 원하는가? 믿음의 제자로 알려지고 싶은가? 믿음을 키우는 방법 하나는 예수님에 관해 말하는 것이다. 예수님을 말하면 우리 안의 믿음이 깨어난다! 자연적인 사람이 초자연적인 사람으로 변한다.

내가 제자 훈련을 할 때 꼭 지키는 원칙은 상대방에게 완전히 집중하고, 예수님을 이야기하고, 나중에 상대방을 위해 기도해 주는 것이다. 단순한 목표처럼 보이지만 내게 문제가 있을 때는 다른 누군가에게 집중하기가 쉽지 않다. 또한 육신이 내게 자꾸만 예수님 아닌 다른 것에 대해 이야기하게 만든다.

"예수님에 관한 이야기를 하러 온 게 아니에요. 예수님은 이미 잘 알아요. 제 문제에 관한 조언을 얻으려고 온 겁니다." 이런 말을 자주 듣는다. 하지만 다른 사람들의 말에 귀를 기울이고 예수님을 이야기한 덕분에 나는 행복한 사람이 되었다. 예수님을 이야기하면 심지어 심각한 문제가 있는 사람도 굳건한 믿음의 사람이 된다. 내가 사역하는 사무실에 들른 뒤로 나무가 더 푸르러 보이고 하늘이 더 청명해 보이며 새들의 노랫소리가 더 기분 좋게 들렸다는 사람이 한두 명이 아니다. 그럴 수밖에! 예수님은 언제나 생명을 더해 주신다.

하늘의 제자도

### 믿는 바를 노래하고 선포하는 연습

몸의 근육처럼 믿음도 발휘해야만 강해진다. 우리는 믿음을 발휘하기 위해 참된 것을 말해야 한다. 그런데 우리는 믿지 않는 것을 말하는 데 너무 많은 시간을 허비한다. 사람들이 그럴 때 나는 가끔 이렇게 말한다. "좋습니다. 당신이 믿지 않는 것을 한 시간 동안 말씀하셨는데 도대체 믿는 것은 무엇입니까?"

마르다는 믿음을 발휘했다. "주여 그러하외다 주는 그리스도시요 세상에 오시는 하나님의 아들이신 줄 내가 믿나이다"(요 11:27). 이것이 좋은 출발점이다.

설령 내가 믿지 않거나 경험하지 못하고 있더라도 참된 것을 설교해야 한다는 말을 들었던 기억이 난다. 그 말을 듣기 전까지는 솔직히 그렇게 할 때마다 내가 위선자처럼 느껴졌다. 하지만 그 조언을 들은 뒤에는 내 상태와 상관없이 계속해서 진리를 선포했더니 내 안에 그 진리가 자리를 잡고, 그 진리를 실제로 경험하기 시작했다. 오늘 밤 잠이 들기 전에 당신이 믿는 바를 선포하라. 당신이 넉넉히 이긴다고 믿는가? 예수님이 당신의 생명이라고 믿는가? 오직 하나님만을 바라봐야 한다고 믿는가? 당신에게는 죄가 어울리지 않는다고 믿는가? 사랑이 쉬운 길이라고 믿는가? 당신이 완벽한 곳에 있다고 믿는가? 당신이 천생연분과 결혼했다고 믿는가? 그렇다면 당신은 더 많은 믿음을 받을 준비가 되었다.

믿을수록 성령이 더 많은 믿음을 주신다. 그래서 믿는 것을 노래하는 것도 중요하다. 내 친구 중에 교회 지휘자가 있는데, 그가 교회에 제시한 유일한 조건은 자신이 "저를 가까이 안아 주세요"나 "제게 팔을 둘러 주세요", "저를 변화시켜 주세요", "제 안에 새로운 마음을 창조해 주세요", "제 약함을 없애 주세요", "저를 기쁘게 해 주세요"와 같은 가사의 찬송이나 합창곡은 사용하지 않겠다는 것이다. 그는 이 모든 것이 하나님이 그리스도 안에서 이미 해 주신 일이거나 해 주길 거부하신 일이기 때문에 더는 해 달라고 말할 필요가 없다고 설명했다.

하나님은 우리에게 이미 새 마음을 주셨다. "그의 신기한 능력으로 생명과 경건에 속한 모든 것을 우리에게 주셨으니 이는 자기의 영광과 덕으로써 우리를 부르신 이를 앎으로 말미암음이라"(벧후 1:3).

또 하나님은 우리의 모든 약함을 제거해 주시지 않는다. "나에게 이르시기를 내 은혜가 네게 족하도다 이는 내 능력이 약한 데서 온전하여짐이라 하신지라 그러므로 도리어 크게 기뻐함으로 나의 여러 약한 것들에 대하여 자랑하리니 이는 그리스도의 능력이 내게 머물게 하려 함이라"(고후 12:9).


예수님께 집중하면 후회할 일이 없다

히브리서 3장 1절은 이렇게 말한다. "그러므로 함께 하늘의 부르심을 받은 거룩한 형제들아 우리가 믿는 도리의 사도이시며 대제사장이신 예수를 깊이 생각하라."

하늘의 제자도

사람의 육신은 불신을 좋아하고, 언제나 불신을 대단한 것처럼 포장하려고 한다. 이해가 삶의 열쇠라거나 명확한 방식과 공식이 성공을 가져다준다는 관념을 심어 주면서 불신을 권장한다. 불신은 의지력으로 포장되기도 하며, 불신의 사람을 정확한 사람인 양 여기기도 한다. 심지어 자신이 세운 불신의 체계를 필사적으로 옹호하는 사람들도 많다. 너무도 많은 사람이 주변에 불신을 퍼뜨리며 살아간다.

우리는 다른 사람들을 만날 때 믿음과 불신 중 무엇을 내놓는가? 우리는 사람들에게 항상 예수님을 보여 줘야 한다. 그분의 능력과 영, 역사, 신실하심, 긍휼, 자유, 연민을 보여 줘야 한다. 이런 것은 사람의 정신이 아닌 영을 움직이며, 그분을 믿으면 최악의 상황조차도 가장 복된 경험으로 바뀐다.

"당신의 가장 큰 문제점은 무엇입니까?"라는 질문을 받았을 때 내 대답은 나 자신보다 예수님께 집중하기가 어렵다는 것이었다. 다른 모든 문제는 이 한 가지 문제에서 비롯한 증상에 불과하다. 예수님께 집중하느냐에 따라 내 하루가 말할 수 없는 기쁨으로 가득 차기도 하고 깊은 낙심으로 가득 차기도 한다. 믿음을 발휘하면 예수님을 볼 수 있으며, 그분을 보지 못하는 것은 불신 탓이다.

신앙생활에서 무엇이 가장 중요한지는 원수가 우리에게서 그것을 빼앗기 위해 얼마나 애쓰는지 보면 판단할 수 있다. 성경을 읽거나 교회 활동과 사역에 참여할 때나 기독교에 관해 논할 때는 큰 저항이 느껴지지 않지만, 가만히 누워 예수님만 바라보고 그분만을 생각할 때마다 원수가 발악하는 것이 느껴진다. 왜 그럴까? 그분과 가까워지면 다른 모든 것을 극복할 수 있고, 그분과 가까워지는 것이 누구나 할 수 있을 정도로 단순하기 때문이다.

원수의 입장에서는 믿음이 단순하다는 사실을 숨겨야만 한다. '보통 신자'가 이 단순한 진리를 발견하면 부부관계가 회복되고, 교회가 소생하고, 중독이 끊어지고, 인간적인 노력 없이도 거룩함이 찾아오고, 가정이 회복되고, 사랑이 흘러넘친다. 원수는 이 한 가지를 두려워한다. 우리 삶이 그 사실을 증명해 준다. 나는 성경 안에서 행해서 후회해 본 적이 한 번도 없다. 하지만 육신적인 선택을 했을 때는 번번이 후회했다. 그리스도께 시선을 고정하면 원수도 축복하고 사랑하며, 다른 사람에게 당한 일을 따지지 않고 심지어 그들이 나를 이용하도록 기꺼이 자신을 내줄 수 있다. 그리스도께 시선을 고정하면 절대 후회할 일이 없다.


## 죄를 계속 헤집지 말라

하수 처리 시설은 도시가 번영하는 데 매우 중요하지만 눈에는 잘 띄지 않는다. 어느 도시에서나 오물이 나오는데, 쓰레기가 계속해서 쌓이기만 하면 온 시민이 병에 걸려 죽을 수밖에 없다. 몇 백만이 사는 대도시가 사실은 무척이나 취약하다는 사실이 잘 상상이 되질 않는다. 온갖 활동과 수많은 자동차, 거대한 기업들. 하지만 그 아래로 죽음의 강이 끊임없이 흐른다. 하수 처리 시설 덕분에 모든 사람이 죽음에 대한 두려움과 썩은 냄새를 전혀 느끼지 못한 채 아무렇지도 않게 살아간다.

"만일 우리가 죄가 없다고 말하면 스스로 속이고 또 진리가 우리 속에 있지 아니할 것이요 만일 우리가 우리 죄를 자백하면 그는 미쁘시고 의로우사 우리 죄를 사하시며 우리를 모든 불의에서 깨끗하게 하실 것이요"(요일 1:8-9).

회개는 절대 흉하지 않다. 오히려 하나님 안에서 깨끗해져서 자유롭고도 온전한 삶을 살게 해 준다. 그런데 회개를 통해 죄가 들어 있는 변기통의 물을 재빨리 내려 버리지 않고 먼저 그 오물을 자세히 뜯어보려는 신자들이 너무도 많다. 심지어 일부 집단에서는 이것을 영성의 증거로 본다. 일부 교회 치리 기관들은 회개하는 신자의 죄를 공개적으로 고백하게 하기도 한다. 그렇게 되면 신자들이 생각하기는커녕 말하지도 말아야 할 주제들이 청중의 머릿속에 꽉 찬다.

많은 아내들이 내 앞에서 자신의 남편에 관해 이런 식으로 말했다. "우리 남편은 회개하자마자 깨끗해진다는 것을 몰라야 해요. 제가 얼마나 괴로웠는지를 분명히 알 때까지 고생을 좀 해 봐야 해요."

이 아내들은 남편이 죄의 변기통의 물을 바로 내려 버리기를 원하지 않는다. 오히려 이 아내들은 오물이 흘러넘쳐 온 가족이 쓰레기 바다에서 헤엄치기를 원한다. 아니 될 말이다!

빛 가운데 살아가면 교만, 자기중심주의, 반역, 분노, 두려움, 편협함에서 끊임없이 깨끗해진다. 하나님이 우리를 깨끗하게 해 주실수록 우리의 믿음이 자란다. 회개는 우리의 약함을 깨닫게 해 준다. 이것은 좋은 일이다. 스스로 약함을 아는 사람은 하나님과 언쟁하지 않기 때문이다. 다시 말하지만, 신자들은 약한 영역에서 실패하는 경우가 별로 없다. 문제는 대개 스스로 강하다고 생각하는 영역에서 발생한다.


## 찾을 것을 찾으라

많은 사람이 찾지만 찾을 수 없다고 불평한다. 그들은 이런저런 결정에서 하나님의 뜻을 찾았지만 하나님은 그들을 인도해 주시지 않았다는 것이다. 우리가 찾지만 찾지 못하는 것은, 찾았다는 것이 무엇인지를 잘못 정의했기 때문이다. 찾았다는 것은 즉각적인 결과를 얻거나 육체적, 관계적, 감정적 위로를 얻는 것을 뜻하지 않는다.

하늘의 제자들은 언제나 찾을 것을 찾는다. 그들이 찾는 것은 믿음이다. 하나님과의 대화와 소통을 구하면 반드시 믿음을 얻기 마련이다. 하지만 구체적인 답을 기대하면 구체적인 답 대신 "나를 믿고 쉬라"라는 답을 얻는다. 하나님이 찾는 사람에게 주시려는 것을 정확히 알고 나서 찾으면, 매번 찾을 것을 찾게 된다.

아내와 나는 미국 남부 지역에서 살았다. 내가 계획했던 학업을 마쳤을 때 취업 시장 상황이 좋지 않아 가족을 부양하기가 힘들었다. 게다가 나는 학업을 계속하고 싶었다. 그래서 서부 해안의 한 학교에 지원하면서 이렇게 기도했다. "아버지, 제 뜻이 아닌 아버지

하늘의 제자도

뜻이 이루어지기를 원합니다. 캘리포니아주로 가기로 했습니다. 만약 이것이 아버지 뜻이 아니라면 저를 인도해 주실 줄 믿습니다." 이후 가진 돈을 전부 끌어모아 이사 준비를 했다. 그런데 이사를 몇 주 앞두고 차가 고장이 나고 말았다. 차를 고치고 나니 캘리포니아의 학교에 들어갈 날짜가 지나 버렸다.

하지만 나는 가만히 앉아 하늘의 음성을 기다리지 않고 몇 주 뒤에 시작하는 뉴멕시코주의 한 학교에 등록하면서 다시 기도했다. "아버지, 제 뜻이 아닌 아버지 뜻이 이루어지길 원합니다. 뉴멕시코주로 가기로 했습니다. 만약 이것이 아버지 뜻이 아니라면 저를 인도해 주실 줄 믿습니다." 그러고는 짐을 싸서 뉴멕시코주로 갔다. 트럭을 빌리고 집을 구하고 전기세를 내느라 가진 돈을 전부 썼다. 그런데 뉴멕시코주에 도착한 지 얼마 안 되어서 아내가 임신한 사실을 알았고, 설상가상으로 나는 기관지 폐렴에 걸려 고생했다.

가족을 부양하기 위해 당장 일을 시작하고 싶었지만 어디서도 나를 받아 주지 않았다. 그러던 차에 한 지인이 식료품을 봉지에 담아 주는 일을 소개해 주었다. 최저임금을 주는 일이었지만 이것저것 가릴 처지가 아니라 그곳에 취직했는데, 첫 출근을 하고 나서야, 일을 시작하고 2주간은 주급을 받지 못한다는 사실을 알게 되었다. 그런데 그 2주간 식료품을 옮겨 줄 때마다 나는 생각지도 못한 팁을 받았다. 보통은 이런 일이 거의 없었다고 한다. 날마다 일을 마칠 즈음엔 적잖은 현금이 주머니에 있었고 덕분에 통조림 몇 개를 사서 귀가할 수 있었다.

불신의 눈으로 보면 최악의 상황이었다. 돈도 없고 몸은 아프고 먹을거리도 없어서 뉴멕시코주로 간 것이 하나님 뜻에서 완전히 어긋난 것처럼 보였다. 하지만 하나님의 은혜로 우리 부부는 보이지 않는 것을 보는 믿음을 잃지 않았다. 우리는 하나님 뜻이 아니라면 우리가 그곳까지 가지 않았을 것이라고 믿었다. 그 시절 우리는 우리가 하나님의 뜻 안에 있는지를 의심해 보지 않았다. 하나님 뜻의 증거로 편안함을 추구하는 것은 믿음이 아니기 때문이다.

내 이야기를 마무리하자면, 일한 지 한 달이 지날 무렵, 회사는 내가 경영학을 공부한 것을 알고 회사에 필요한 자리로 나를 승진시켰다. 덕분에 이후 3년간 대학원에 다니면서 내 평생에 가장 넉넉한 돈을 벌었다. 그 후에 하나님은 우리가 또다시 믿음을 발휘할 시간을 준비하셨다.

### 전적으로 맡기기

우리 주변에는 몸이나 영이 힘든 가족이나 친척이 많다. 사랑하는 이들을 위해 기도할 때 하나님은 우리에게 이렇게 말씀하신다. "네가 믿는 대로 그들에게 이루어질 것이다." 당신의 믿음으로 아픈 아이가 나아서 병원에서 퇴원할 수 있다. 한 아버지는 아들 문제로 예수님께 이렇게 아뢰었다. "무엇을 하실 수 있거든 우리를 불쌍히 여기사 도와주옵소서"(막 9:22). 그러자 예수님은 그에게 말씀하셨다. "할 수 있거든이 무슨 말이냐 믿는 자에게는 능히 하지 못할 일

하늘의 제자도

이 없느니라"(23절). 그 즉시 아이의 아버지는 큰 소리로 외쳤다. "내가 믿나이다 나의 믿음 없는 것을 도와주소서"(24절).

이 아버지는 믿음이라는 문제가 너무도 거대하게 느껴졌다. 그래서 지혜롭게도 그 문제를 전적으로 하나님께 맡겼다. 바로 이것이 믿음이요, 응답을 받는 출발점이다. "저는 할 수 없지만 하나님은 하실 수 있습니다." 이 말은 믿음의 씨앗을 담고 있으며, 그것만으로 충분하다.

한번은 한 형제가 내 흠을 죽 적은 목록을 내게 건넸다. 그때 나는 거기에 세 가지로 반응했다. 첫째, 나는 '내가 그보다 내 흠을 더 잘 알기에 나를 변호하지 않겠다'고 말했다. 둘째, 그 목록이 내가 사람들에게 내가 아닌 그리스도를 따르라고 말하는 이유라고 말했다. 셋째, 나는 그 문제를 하나님께 맡기며 말했다. "이것들로 주님이 원하시는 일을 해 주십시오. 저는 이 흠들을 이미 알고 있었습니다. 제 스스로 이 흠들에서 해방될 수 있었다면 진작 그렇게 했을 겁니다. 제게는 너무 벅찹니다. 제가 믿습니다. 저의 믿음 없는 것을 도와주십시오."

믿음은 자신을 고치는 일을 하나님께 맡기는 것이다. 그러면 하나님이 고쳐야 할 부분을 밝히고 치유해 주신다. 하나님을 먼저 구하라. 그분을 찾으면 다른 곳에서 아무리 찾아도 찾지 못하던 모든 것을 찾을 것이다.

## 육신적인 행동에도 믿음으로 반응하는 훈련

자녀나 동료, 부모, 배우자 등의 행동 때문에 우리의 믿음이 무너지지 않도록 조심해야 한다. 주변 사람의 육신적인 반응 때문에 우리 자신도 육신적인 행동으로 흐르기가 너무도 쉽다. 베드로와 가룟 유다는 둘 다 예수님을 잘못 대했지만 예수님은 그들과 같은 수준으로 반응하시지 않았다. 예수님이 사람들을 변화시키는 방식은 비교를 통해서다. 예수님은 우리의 거부에 사랑으로 대응하신다. 그러면 우리는 그 모습과 우리의 진정한 상태를 비교한 다음 기꺼이 변화한다.

물론 가룟 유다는 자신과 비교되는 예수님의 모습을 보고서 스스로 목숨을 끊는 방법밖에 없다는 더 큰 기만에 빠져들었다. 하지만 베드로는 자신과 예수님의 차이를 보고서 어둠에서 빛 가운데로 나왔다. 주변 사람들이 육신으로 행할 때 스스로 비교되는 삶을 살지 않고 그들에게 성령 안에서 살라고 강요하는 것은 실수다.

한 자매에게서 들은 이야기다. 몸이 지독히 아픈데도 회사에서 야근을 해야 했던 날이었다고 한다. 지친 몸을 이끌고 그녀가 늦게 귀가해 보니 남편과 아들이 저녁상을 차리는 일로 약간의 입씨름을 하고 있는 것이다. 그녀가 미리 준비해 놓고 간 음식은 냉장고 안에 그대로 있었다. 꺼내서 오븐에 넣기만 하면 되는데 그마저도 하지 않았던 것이다. 순간, 그녀는 폭발했다.

그런데 남편의 반응이 완전히 뜻밖이었다. 예전에는 그녀가 폭발하면 남편은 으레 질린 표정으로 집을 나가 버렸다. 하지만 이번에는 아내에게 다가와 팔을 두르고 입 맞추며 말했다. "내가 저녁 준비할 때까지 누워서 쉬어." 그래서 어떻게 했는지 물었다. 그러자 그녀는 빙그레 웃으면서, 곧바로 울면서 사과했다고 대답했다. 그녀는 화가 나는 상황을 주체하지 못하고 육신적으로 행동했지만 남편은 성령 안에서 대처했고, 그 차이를 본 그녀는 육신에서 벗어났다. 그 남편 역시 이전과 달리 반응할 수 있었던 것은 주변 상황에 상관없이 주님만을 바라보는 믿음을 가졌기 때문이었다.

## 믿음과 기다림

"때가 차매 하나님이 그 아들을 보내사"(갈 4:4).

구약 성경에 나오는 "기다리다"라는 단어는 로프를 만들던 사람들이 사용하던 말이다. 당시 "기다리고 있다"는 말은 약한 줄들을 꼬아 강한 로프들을 만들고 있다는 뜻이었다. 로프 가게에 갔는데 아무도 없어 옆 가게 주인에게 물어보니 "주인은 뒤에서 기다리고 있소"라고 말한다고 해 보자. 그 말은 주인이 약한 줄들을 강한 로프로 꼬고 있다는 뜻이었다. 이 점은 '하나님을 기다리는' 것에 새로운 의미를 더해 준다. 즉 오래 '기다릴수록' 로프는 더 강해진다. 우리도 하나님을 오래 기다릴수록 하나님이 우리의 약하고 애처로운 삶을 더 강한 삶으로 꼬아 주신다.

밭에 홀로 심겨진 포도나무는 얼마 자라지 못한다. 하지만 거대한 떡갈나무 옆에 심겨진 포도나무는 떡갈나무만큼 높이 자란다.

"오직 여호와를 앙망하는[기다리는] 자는 새 힘을 얻으리니"(사 40:31). 아멘! 우리 신자들은 우리 하나님의 진정한 영광이 드러나기까지 기다려야 한다.

차를 사기 위해 열심히 일했던 기억이 난다. 그때 할아버지는 차를 사기 위해서 일하는 것이 막상 차를 소유하는 것보다 훨씬 즐겁다는 말씀을 하셨다. 할아버지 말씀이 옳았다. 차를 갖게 되는 날을 기다리고 생각하고 상상하는 시간이 어찌나 즐겁던지. 기다리면 즐거움이 극대화된다. 아이가 기다릴 것 없이 뭐든 원하는 것을 바로 갖게 해 주면 그 아이에게서 복을 빼앗는 것이나 다름없다. 우리는 하나님의 형상을 따라 지음받았는데, 하나님은 기다림을 즐기신다.

하나님은 아들을 보내기 위해 때가 찰 때까지 기다리셨다. 왜 하나님은 아담과 하와가 타락한 직후에 가인이나 아벨의 때에 아들을 보내시지 않았을까? 그분의 기다림이, 아들이라는 선물이 주는 기쁨과 유익을 극대화했다. 오늘날에도 하나님은 때가 찬 뒤에야 사람들의 마음속에 아들을 보내 주신다. 가족 구원이나 당신의 자유를 위해 믿음으로 기다리라.

### 내 믿음을 통해 누가 영광을 받고 있는가

믿음으로 살면 하나님과의 깊은 관계로 들어간다. 믿음은 우리에게 아무것도 없고, 모든 것이 하나님 것이며, 하나님이 우리에게

하늘의 제자도

필요한 모든 것을 주실 수 있다고 인정하는 것이다. 반면, 교만은 내 노력으로 하나님을 돕는 것처럼 말한다. 아이가 달라지고, 배우자가 나아지고, 목사가 방침을 바꾸고, 다른 사람들이 나를 도와주기 원할 때, 불신은 내 노력으로 하나님을 돕겠다고 나선다. 그리고 많은 사람이 "일이 잘 풀리면 반드시 하나님께 영광을 돌리겠습니다"라는 말로 그런 태도를 정당화한다.

하지만 나의 아일랜드 친구에 따르면 "하나님은 영광을 잃으신 적이 없다. 그런데 어떻게 그분께 영광을 돌려 드리겠다는 것인가? 하나님은 영광 자체시다." 또한 이 친구는 자신이 하나님의 영광을 실추시켰다고 한탄하는 신자들을 볼 때마다 이렇게 바로잡아준다. "언제 당신이 하나님의 영광을 떠받친 적이 있었나요?" 자신의 노력으로 하나님을 돕겠다는 것은 하나님의 영광을 빼앗는 것이다.

믿음으로 걸어가는 데 좌절감을 안기는 요인 하나는, 우리가 사람들에게 수동적이고 소극적인 태도를 가르치고 있다는 비판을 끊임없이 받는다는 점이다. 주로 자신에게 자랑할 거리가 있다고 생각하는 사람들이 그런 비난을 일삼는다. 성경은 율법주의와 자유주의를 둘 다 경고한다. 그렇다면 성경이 둘 중 무엇에 관해 더 많은 말을 할까? 10대 1 수준으로 율법주의에 관한 말이 많다. 하지만 이와 반대로 오늘날 교회는 10대 1 수준으로 자유주의를 더 경고한다. 도무지 모를 일이다. 육신은 율법주의를 사랑한다. 율법주의가 육신을 살아 있게 유지시키고 육신에게 통제권을 주기 때문이다.

하지만 생각해 보라. 뭔가 영적인 일이 이루어진다면 누가 영광을 받는가? 신자가 용서를 하거나 충성을 다하거나 원수를 사랑하거나 근심을 그리스도께 맡기면 그 신자와 하나님 중 누가 영광을 받는가? 누군가가 자신의 성과를 내세우면서, 내가 수동적인 태도를 가르친다고 비난할 때마다 나는 "누가 영광을 받습니까?"라고 묻는다. 그러면 매번 상대방은 꿀 먹은 벙어리가 된다. 자신이 믿는 기독교로 그 자신이 모든 영광을 받고 있음을 잘 알기 때문이다. 하지만 하나님은 그분의 영광을 아무에게도 주시지 않는다. 우리가 가진 모든 것은 하나님에게서·온 것이다. "이는 누구든지 자랑하지 못하게 함이라"(엡 2:9).

구원받고 죄에서 승리함은 어디까지나 선물이다. 만약 그것들이 우리의 노력에서 비롯했다면 전혀 선물이 아닐 것이다. 하지만 그것은 분명 하나님에게서 온 선물이며, 우리는 자랑할 거리가 전혀 없다.

내가 아버지의 심부름으로 잔디를 깎는 젊은이라고 해 보자. 아버지는 잔디 깎는 기계와 연료뿐 아니라 내가 힘을 쓸 수 있도록 음식과 쉴 집, 입을 옷을 주신다. 그런데 내가 잔디를 다 깎은 뒤에 이웃 사람들에게 달려가 우리 아버지가 얼마나 훌륭한 아들을 두었는지 자랑한다고 해 보자. 오히려 나는 내가 얼마나 훌륭한 아버지를 두었는지 자랑해야 마땅하다. 아버지의 선물은 내 일이 시작되기 전부터 주어졌다.

믿음은 하나님의 영광을 알아보고, 자신을 절대 자랑하지 않는

하늘의 제자도

것이다.

## 먼저 믿음으로 손을 뻗을 때 길을 여신다

우리가 근심과 걱정이 없는 상태에 이르면 이번에는 다른 사람들이 우리 걱정을 하기 시작한다. 한 그리스도인 자매가 내게 상담을 하려고 수백 킬로미터를 달려왔다. 그 자매의 남편이 불륜을 저지른 것도 모자라 이혼소송을 걸었다고 했다. 그런데 그 자매가 도착하기 전날, 같은 성경 공부 모임에서 활동하는 친구가 내게 전화를 걸어 그 자매에게 어떻게 조언할지를 일일이 지시했다. "그 자매에게 어떤 희망도 주지 마세요. 하나님은 절대 그녀의 남편을 변화시키지 않을 겁니다. 하나님을 기다리라는 식의 조언은 하지 않기를 바랍니다."

다른 신자들이 하나님을 믿고 기다리며 그분 안에서 쉬지 '않기를' 바라는 신자들의 연락을 받을 때마다 무릎에 힘이 쭉 빠진다. 하늘의 제자는 언제나 다른 사람들에게 믿음 따라 살라고 권한다. 하나님은 우리가 시작하기 전에는 순종할 힘을 주시지 않는다. 먼저 우리가 시작해야 순종이 믿음에서 자연스럽게 흘러나온다. 신자가 하나님이 힘을 주실 줄 믿고서 믿음의 발걸음을 떼었는데 주변에서 끊임없이 날아드는 의심의 말에 결국 주저앉는 모습을 볼 때마다 안타깝기 그지없다.

주변에서 쉴 새 없이 날아드는 의심의 말을 들으면서 믿음의 길을 가는 것은 10단 변속 기어 자전거를 타고 열심히 언덕을 오르는데 갑자기 체인이 빠져 자전거가 뒤로 미끄러지는 것과도 비슷하다. 믿음의 길에 관해서 꼭 알아야 할 사실은, 하나님은 뜻을 이룰 길을 열어 주시기 전에 먼저 뜻을 주신다는 것이다.

그럼에도 불구하고 믿음은 많은 질문을 던지지 않는 것이다. '어떻게 하면 좋은 엄마가 될 수 있을까?' '어떻게 하면 일을 마무리할 수 있을까?' '어떻게 하면 성경 공부 모임을 이끌 수 있을까?' '어떻게 하면 가족을 전도할 수 있을까?' '어떻게 하면 거짓말하는 버릇을 없앨 수 있을까?' '어떻게 하면 유혹을 뿌리칠까?'

손 마른 남자처럼 먼저 믿음으로 손을 뻗어야 강해질 수 있다(마 12:9-13 참조). 하나님은 우리에게 선교와 같은 뜻을 주시지만 몇 년이 지나서야 실제로 길을 열어 주실 때가 많다. 믿음의 길에서 넘어진 한 형제를 방문한 적이 있는데, 만남을 마친 뒤 내가 떠날 채비를 하자 그가 이렇게 말했다. "선생님이 어떤 말씀을 하실 것이라 생각했는데 그 말씀은 끝내 하시지 않네요."

그 말에 나는 껄껄 웃으며 말했다. "어떻게 아시는 거지요? 저도 제가 무슨 말을 할지 모르는데요!"

사실 당시 내가 아는 거라곤 그에게 가야 한다는 사실뿐이었다. 내가 가기 전까지는 주님께서 어떤 능력이나 말씀도 주지 않으셨다.

20년 전, 갱이었던 남자의 간증을 읽은 적이 있다. 그는 매번 범죄를 저지르고 집에 돌아와 술을 진탕 마시고 아내를 마구 때린 뒤

하늘의 제자도

에 잠이 들었다. 그때마다 그의 아내는 친정으로 도망쳤다. 다음 날 술이 깬 남편은 돌아오지 않으면 가만히 두지 않겠다고 아내를 협박했고, 아내는 두려움에 떨며 다시 집으로 돌아왔다.

어느 날 밤 남자가 평소처럼 범죄를 저지르고 돌아왔는데 아내가 환한 얼굴로 문간에 서서 예수님을 영접했다고 말했다. 하지만 그 말을 듣고도 남자는 여전히 한껏 술을 마시고 아내를 마구 때린 뒤 잠이 들었다. 이튿날 아침 남자는 누군가가 자신의 셔츠를 잡아끄는 느낌에 잠이 깼다. 고개를 들어 보니 검은 두 눈이 보였다. 아내의 눈이었다. 아내가 환하게 웃으며 침대까지 아침상을 대령해 놓고 그를 깨운 것이었다. 남자는 그 모습에 완전히 무너져 당장 예수님을 영접했다. 나중에 그는 그때를 회상하며 "가장 무서운 무기를 쓸 줄 아는 여자라니까요!"라고 말했다.

혹시 내가 매 맞는 아내에게 계속해서 폭력 남편과 살라고 권한다고 생각한다면 오해다. 전혀 그렇지 않다! 다만, 맞더라도 현재 자리에 머무는 것이 주님 뜻이라고 믿는 사람이 있다면 그 뜻을 꺾을 생각은 없다. 오히려 최대한 그를 격려할 것이다. 만약 바울이 여러 번 매를 맞은 뒤에 믿음 없는 무리의 설득에 못 이기는 척 집에 머물렀다면 초대 교회가 어떻게 되었을지 생각해 보라. 바울은 갈 믿음이 있었다. 그래서 가야만 했다. "우리에게 와서 바울의 띠를 가져다가 자기 수족을 잡아매고 말하기를 성령이 말씀하시되 예루살렘에서 유대인들이 이같이 이 띠 임자를 결박하여 이방인의 손에 넘겨주리라 하거늘"(행 21:11).

나는 남편이 돌아오기까지 두 달 혹은 2년 혹은 20년을 기다린 여인들을 알고 있다. 그때까지 그들의 친구들은 끊임없이 이렇게 말했다. "네 남편은 그럴 만한 가치가 없는 작자야. 네 가치를 생각해. 이젠 다 떨쳐 버리고 제대로 살아야지 언제까지 이러고 있을 거야?" 하지만 예수님은 그들에게 이렇게 말씀하셨다. "사람이 친구를 위하여 자기 목숨을 버리면 이보다 더 큰 사랑이 없나니"(요 15:13).

믿음은 사람들을 당황스럽게 할 때가 많다. 믿음의 길은 다른 사람들의 눈에 어처구니없이 보일 수 있지만 실은 가장 안전하다. 믿음은 우리를 바다에 방치한 채 이리저리 내동댕이치지 않는다. 믿음은 우리를 예수님의 안전한 품으로 이끈다.

믿음의 삶은 부담스럽지 않다. 오히려 가장 평안한 삶이다. "또 너희가 어찌 의복을 위하여 염려하느냐 들의 백합화가 어떻게 자라는가 생각하여 보라 수고도 아니하고 길쌈도 아니하느니라 그러나 내가 너희에게 말하노니 솔로몬의 모든 영광으로도 입은 것이 이 꽃 하나만 같지 못하였느니라 오늘 있다가 내일 아궁이에 던져지는 들풀도 하나님이 이렇게 입히시거든 하물며 너희일까 보냐 믿음이 작은 자들아 그러므로 염려하여 이르기를 무엇을 먹을까 무엇을 마실까 무엇을 입을까 하지 말라 이는 다 이방인들이 구하는 것이라 너희 하늘 아버지께서 이 모든 것이 너희에게 있어야 할 줄을 아시느니라"(마 6:28-32). 믿음의 삶은 쉽다.

C. S. 루이스의 소설 《스크루테이프의 편지》(*The Screwtape Letters*,

하늘의 제자도

홍성사 역간)에서 고참 마귀가 말한다. "자연적으로는 그 무엇도 우리 편이 아니야." 그렇다. 그래서 사탄은 하나님이 창조하신 모든 것을 어떻게든 왜곡시켜 나쁘게 만들어야 한다. 그런데 칼이 스스로를 베게 만들려면 엄청난 노력이 필요하다. 마찬가지로 원수는 사랑이 스스로를 해하도록 정욕을 이용하고, 지식이 스스로 왜곡되도록 만들기 위해 교만을 이용해 필사적으로 애를 쓴다. 심지어 사탄은 예수 그리스도의 살아 있는 복음을 전하는 설교도 일종의 자기 과시로 변질시킨다.

하지만 마귀가 우리를 속이려고 아무리 애를 써도 죄를 지으면 절대 기분이 좋지 않다. 죄를 짓는 것은 하나님이 창조해 주신 우리의 본성에 어긋난 행위를 하는 것이다. 거짓말과 불결한 삶, 자기중심주의에 빠지면 절대 거울에 비친 사람을 좋아할 수 없다. "사악한 자의 길은 험하니라"(잠 13:15)라는 성경 말씀은 농담이 아니다.

순종은 행복하다! 순종은 율법이 아닌 믿음에서 나와야 한다. 우리는 율법이나 은혜를 통해 하나님을 기쁘시게 하려고 선택할 수 있다. 하지만 실제로는 오직 은혜를 통해서만 하나님을 기쁘시게 할 수 있다. 율법은 계속해서 율법을 이루라고 독촉하지만, 은혜는 자신을 내주며 그저 은혜를 받으라고 한다. 그리고 은혜받지 못할 만큼 약한 자는 아무도 없으니 얼마나 감사한가!

모든 인간 상호작용이 율법을 가르친다. 그래서 인간의 마음과 경험 속에서 율법이 유리하게 출발한다. 은혜에 관한 교훈을 듣자마자 우리 마음은 그 교훈을 화물차에 실어 율법 공장까지 내달린다. 거기서 몇 번의 가공을 거치면서 그 교훈은 율법이 된다. 육신은 어떤 은혜의 가르침도 율법으로 변질시킬 수 있다. 십계명은 원래 율법이 아니라 생명이다. 십계명은 하나님과 함께하는 삶이 무엇인지 보여 주는 약속이다. 하지만 율법 공장은 지고하고도 최선의 것을 율법으로 바꿔 버린다. 모든 어둠의 세력이, 율법은 우리를 종으로 삼지만 은혜와 믿음은 하나님을 기쁘시게 한다는 것을 잘 알기 때문이다.

몇 년 전, 한 십 대 아이가 여러 친구를 데리고 우리 아이들을 만나러 왔다. 나는 금세 그 아이가 마음에 들었다. 무엇보다 어린 시절의 나를 보는 것만 같았기 때문이다. 그때부터 나는 그 아이를 위해 기도했다. "아버지, 아버지 나라를 위해 저 아이를 제게 붙여 주세요."

몇 년 뒤 그 아이는 다시 나를 찾아왔고 그 자리에서 예수님을 영접했다. 하지만 지내는 환경 탓에 자꾸만 옛 행동으로 돌아갔다. 또한 그는 많은 신자가 그러하듯 예수님을 따르는 삶이 재미를 포기해야 하는 삶이라고 생각했다. 나는 내 아내와 그의 어머니에게 그를 다른 나라의 신학교에 보내 보자고 제안했다. 그곳에 가면 옛습관을 끊을 수밖에 없으리라 판단했다. 나는 그 학교 총장에게 그가 비록 술을 마시고 제멋대로 행동해도 하나님의 사람이라고 믿기 때문에 그를 받아 달라는 추천서를 보냈다. 감사하게도 총장은 그를 받아 주었다.

신학교로 떠나기 전, 그는 1년치 방탕함을 남은 한 달 동안 몰아

하늘의 제자도

서 즐겼다. 그뿐만 아니라 그가 신학교에 갔을 때 개강 전이라 다른 학생들이 아직 도착하기 전이었는데 그는 잘됐다며 그곳에서의 첫 주를 술집에서 보냈다. 하지만 총장은 그의 행동을 지적하거나 비난하기는커녕 일절 언급조차 하지 않았다. 그 모습에 그 친구는 큰 충격을 받았다. 총장이 예수님의 은혜를 몸으로 보여 주자 그 친구의 믿음이 폭발했다! 은혜가 율법이 할 수 없는 일을 해냈다. 같은 해, 총장은 내게 그가 자신이 가르친 학생 중에서 손에 꼽을 정도로 훌륭한 학생이라는 편지를 보냈다. 무엇보다 그의 육신적인 행동이 자연스럽게 사라졌다는 말을 듣고 뛸 듯이 기뻤다.

## 믿음 도둑

사탄은 우리의 집중력을 흐트러뜨려 믿음을 훔친다. 그리스도께 시선을 집중하며 걷는 신자는 사탄에게 매우 위험한 존재다. 그래서 사탄은 막연한 생각으로는 그를 곁길로 빠지게 할 수 없기 때문에 매우 충격적인 생각으로 공격한다. 그러면 그 신자는 그 생각을 조사하기 위해 발걸음을 멈추고, 그 순간 전투에서 지고 만다. 한 여인이 갓난아기를 안고 걸으며 기도하는 도중에 아기를 길에 버려 두고 가고 싶은 충동이 든다. 또 한 남자는 기도하는데 갑자기 헤어진 고등학교 시절의 연인이 생각난다. 그리고 이내 현재 관계에 관한 회의가 밀려온다. 목사가 모임 장소로 차를 몰고 가는데 불현듯 한 교인이 본인에게 거칠게 항의했던 일이 떠오른다. 그러다 마침내 폭발 직전에 이른다.

그렇게 마음이 그리스도를 떠나기 시작하는 순간 "안 돼!"라고 외치라. 어서 돌이키라! 믿음은 그리스도께 시선을 고정하는 것이다. 사탄과 싸우려면 그를 노려보며 성경을 인용하면 된다고 착각하는 신자가 많다. 하지만 믿음은 이미 이긴 상대와 싸우지 않는다. 그저 예수님을 바라보기만 하면 사탄은 저절로 물러간다.

믿음은 모든 사람에게 주어지는 것임을 명심하라! 삶의 모든 순간 믿음이 필요하며, 우리는 지금까지 믿음을 연습하며 살아왔다. 어릴 적 나는 부모가 들어주리라 믿고 필요한 것을 요청해야 했다. 호감이 가는 이성 친구가 내게 마음이 있는지 알아내기 위해서 살펴보는 것도 좋지만 결국은 믿음의 발걸음을 떼어 그 친구에게 전화를 해야 했다. 나는 보상을 받을 줄 믿고서 일했다. 이렇듯 우리는 믿음을 위해 창조되었으며, 인생 자체가 믿음을 훈련하는 여정이다. 이제 지금까지 받은 모든 믿음 훈련을 발판으로 삼아 예수님께 온몸을 던져야 할 때다. 과감히 던지라!

## 사랑하는 가족을 맡기는 믿음

노아의 믿음은 가족을 구원했다. 믿음 덕분에 아브라함은 이런 약속을 받았다. "내가 …… 너와 네 후손의 하나님이 되리라"(창 17:7). 모세의 어머니는 부득이하게 모세의 유모로 살았지만, 모세가 자라는 동안 그에게 대단한 믿음을 전수해 주었던 것이 분명하

하늘의 제자도

다. 바로 왕실에서의 풍요와 이방 교육도 모세의 믿음을 없애지 못했으니까 말이다. 모세는 믿음이 있어 편안한 삶 대신 고난을 선택할 수 있었다. 가족에 관해서는 오직 한 가지 질문에만 답하라. '당신에게 하나님이 계신가?' 그렇다면 아무것도 염려하지 말라.

## 모든 짐을 하나님께 맡기는 믿음

우리는 너무 자주 무거운 짐을 스스로 지려고 한다. 그런가 하면 그 짐을 주님께 맡기지 못하고, 우리만큼이나 그 짐을 짊어질 능력이 없는 누군가에게 떠넘기고 싶을 때도 많다. 일단 누구에게라도 넘기고 나면 잠깐은 편하다. 하지만 그렇게 하면 우리가 사랑하는 사람이 넘어질 수 있다. 사람이 우리에게 줄 수 있는 도움은 단 하나뿐이다. 다시금 하나님께 시선을 고정하게 해 주는 것이다.

우리의 문제를 살피되 결국 그것을 하나님께 맡기는 것이 중요하다. 다른 신자들은 우리를 돕는 귀한 자산이 될 수 있다. 물론, 그들이 줄 수 있는 도움은 함께 우리의 문제를 살핀 뒤에 결국 하나님을 바라보라고 권고해 주는 역할까지다. 하나님은 얼마든지 우리의 짐을 대신 짊어져 주실 수 있고, 그분께 맡기는 순간 우리의 영이 곧바로 살아 숨 쉰다. 하늘의 제자는 사람보다 하나님을 더 믿는다.

## 믿음의 경주는 장기전

당장 우리가 처한 상황으로 성패를 논하며 즉각적인 결과를 원하면 그리스도에게서 눈을 떼어 우리의 문제와 상황을 바라보게 된다. 이런 태도는 믿음의 큰 걸림돌이다. 즉각적인 결과를 원하는 마음에서는 믿음이 자라기 힘들다. 아니, 그런 태도는 믿음을 죽인다. 우리 믿음의 크기는 얼마나 많이 받는지가 아니라 아무것도 받지 않은 채 얼마나 오래 기다릴 수 있는지로 결정된다. 믿음은 그리스도인의 삶에 기쁨을 더해 준다. 따라서 믿음 없이 즉각적인 결과를 바라보면 그만큼 기쁨이 사라진다.

계획을 장기적으로 세우지 않으면 인생의 파도에 따라 매일같이 요동칠 수밖에 없다. 눈앞에 있는 문제를 당장 해결하지 않으면 불안해서 견디질 못한다. 그러다 보면 하나님을 멀리한 채 자신의 힘과 온갖 계획으로 문제를 해결하여 스스로 삶을 통제하려는 사람으로 전락한다. 쉽게 말해, 스스로 하나님이 되려고 한다. 그렇게 되면 우리의 인생길은 낙심과 우울함, 분노, 실패로 가득한 고생길로 변한다. 우리의 마음과 감정은 원수가 일으키는 의문과 비난, 절망으로 가득 찬다. 하나님 노릇은 정말 힘든 일이다! 삶을 뜻대로 통제할 수 없을 때 이런 일이 벌어진다.

물이 가득 찬 욕조 안에 앉아 있는데 누군가가 골치 아픈 문제와 상황, 실패, 사람들을 적은 탁구공 한 양동이를 그 안에 던진다고 상상해 보라. 그런데 당신은 물에 동동 뜰 수밖에 없는 그 모든 탁구공을 계속 물속으로 집어넣는다. 그러나 애쓸수록 좌절감만

하늘의 제자도

더해지고 기진맥진해질 뿐이다. 자신의 힘으로 삶의 모든 영역을 통제하려는 신자가 이와 같다.

> 뱀이 그 간계로 하와를 미혹한 것같이 너희 마음이 그리스도를 향하는 **단순함**(simplicity, NASB; 개역개정은 "진실함"으로 번역했다-편집자 주)과 깨끗함에서 떠나 부패할까 두려워하노라(고후 11:3).

그리스도의 삶은 단순한가? 혼자서 사는 것이나 다른 사람들과 함께 사는 것, 자녀를 키우는 것, 자녀가 없는 것을 비롯한 모든 인생살이의 답이 단순한가? 그렇다. 정말 그렇다! 그리스도인의 삶이 단순해지려면, 먼저 하나님이 모든 상황에 대한 답을 주시는 대신 모든 상황에 대한 옳은 태도들을 밝혀 주신다는 점을 알아야 한다. 둘째, 이런 태도를 유지하면 일희일비하는 삶에서 해방될 뿐 아니라 하나님의 때가 찰 때 약속이 이루어지는 것을 볼 수 있다. 무엇보다도 이런 태도를 유지하면 믿음이 자라난다! "믿음이 없어 하나님의 약속을 의심하지 않고 믿음으로 견고하여져서 하나님께 영광을 돌리며 약속하신 그것을 또한 능히 이루실 줄을 확신하였으니"(롬 4:20-21).

신자의 삶이 여러모로 지독히 힘들어졌다. 좋은 부모나 배우자, 하나님의 자녀가 되기 위해 해야 할 일이 끝도 없이 많아졌다. 알아야 할 정보가 산더미다. 이 모든 것을 어떻게 소화시킬 수 있을까? 어떻게 해야 늘 옳은 일만 할 수 있을까? 이런 중요한 정보를 주는 사람들은 우리보다 훨씬 영적이고 한 번도 실수를 하지 않는 것처럼 보인다. 심지어 신앙인으로서 성공하는 법에 관한 학위를 가진 자들도 즐비하다.

하지만 성경 어디를 봐도 그리스도 안에서의 형제자매나 부모, 배우자가 되는 일이 그리 어려워 보이지 않는다. 사실, 성경은 무엇을 해야 하는지에 거의 관심이 없다. 그보다는 우리가 가져야 할 기본적인 태도들에 훨씬 관심이 많다. "그러므로 너희는 하나님이 택하사 거룩하고 사랑받는 자처럼 긍휼과 자비와 겸손과 온유와 오래 참음을 옷 입고 누가 누구에게 불만이 있거든 서로 용납하여 피차 용서하되 주께서 너희를 용서하신 것같이 너희도 그리하고 이 모든 것 위에 사랑을 더하라 이는 온전하게 매는 띠니라"(골 3:12-14).

그리스도인의 삶은 아주 단순하다. 아내를 사랑하고, 남편을 존중하고, 원수를 용서하고, 자녀를 노엽게 하지 말고, 주님에게 하듯 일하면 된다. 단, 이것은 장기전이다. 매일 이 목표를 바라보며 살다 보면 오르막길 못지않게 내리막길도 있고 넘어지기도 한다. 하지만 매일의 문제로 인해 장기적인 목표를 향해 가는 길에서 이탈해서는 안 된다. 때가 차면 결국 보상을 거둘 것이다.

전 세계를 돌며 그리스도인이 무엇에서 성공해야 하는지 세미나를 연 남자가 있었다. 그 남자가 죽어서 천국에 갔다. 천국에서의 첫날 그는 천국에서는 무엇을 해야 하는지에 관한 세미나를 열기로 했다. 가장 큰 강당을 섭외했더니 수많은 사람이 세미나를 들으려고 찾아왔다. 그가 열심히 강연을 하다 보니 맨 앞자리에 예수님

하늘의 제자도

이 앉아 강연 내용을 열심히 적고 계시는 것이 아닌가. 이상하다 여긴 남자는 쉬는 시간에 예수님께 곧장 달려가 다른 분도 아닌 예수님이 왜 그토록 열심히 필기를 하시는지 여쭈었다. 그러자 예수님은 이렇게 대답하셨다. "처음 듣는 소리라서 그렇다."

행위는 그리스도인의 삶을 너무 어렵게 만든다. 행위가 먼저가 아니라 믿음이 먼저다. 행위와 즉각적인 결과에 집착해서는 약속이 이루어지는 것을 볼 수 없다. 믿음만이 우리를 성경 속 믿음의 사람들처럼 약속이 이루어지는 것을 보게 만들어 준다. 하나님은 상황에 상관없이 모든 신자가 하나님의 때에 약속의 완성을 보기 위해 유지해야 할 절대적인 태도들을 알려 주셨다. 계속해서 사랑하고 순종하고 용서하라. 물론 이런 태도를 품어도 당장 긍정적인 효과를 보지는 못할 수 있다. 그러나 다시 말하지만 이것은 장기전이다. 일희일비할 필요가 없다.

마지막으로, 즉각적인 결과를 추구하다 보면 그 결과를 얻기 위해 다른 사람들의 고쳐야 할 점들이 자꾸만 도드라져 보인다. 그래서 은근히 혹은 대놓고 주변 사람들을 변화시키려고 한다. 그렇게 자신이 하나님이 되어 다른 사람들을 통제하려고 한다. 하지만 생각해 보라. 하나님이 우리 생각에 동의하시고 사람들의 행동을 바꾸는 것이 그토록 중요하다고 여기셨다면 그들의 행동은 진작 변했을 것이다. 친구들의 행동이 바뀌어도 욥의 고통은 조금도 줄어들지 않았을 것이다. 욥을 지탱해 준 것은 하나님을 믿는 믿음, 그리고 그 믿음이 낳을 장기적인 결과를 바라보는 눈이었다. 시험의 목적은 욥 주변의 다른 사람들을 변화시키는 것이 아니었다. 우리가 믿음의 사람이며, 우리에게도 욥의 하나님이 계시다는 사실을 명심하라.


## 그리스도 안에서 상황을 이기는 법

신자가 자신의 삶을 비신자의 삶과 비교하면 낙심에 빠지기 쉽다. 우리를 낙담하게 만드는 비교는 언제나 외적인 비교다. 비신자는 현재 좋은 것들을 누리고 신자는 좋은 것들을 기다리고 있기 때문에 격차가 발생한다. 대신 신자는 비신자가 영원히 누리지 못하는 것을 오늘 받는다. 예를 들어, 내적 평안과 하나님과의 교제, 쉼이 그것이다. 많은 신자들이 하나님의 자녀가 되면 무조건 물질적으로 풍요롭고 건강이 좋아지며 주변 사람들에게 존경을 받는다고 착각한다. 그러다가 자신은 그런 면에서 부족하고 비신자는 세상적인 욕구를 다 충족시키며 사는 것을 보면 혼란스러울 수밖에 없다. 이런 경험을 했다면 당신만 그런 것이 아니다.

나는 거의 넘어질 뻔하였고 나의 걸음이 미끄러질 뻔하였으니 이는 내가 악인의 형통함을 보고 오만한 자를 질투하였음이로다 그들은 죽을 때에도 고통이 없고 그 힘이 강건하며(시 73:2-4).

다윗의 진술은 매우 객관적이다. 그렇다. 악인의 삶이 더 낫다.

하늘의 제자도

오늘날 신자들은 '꼭' 가져야만 하는 것들에 관한 온갖 광고와 이미지의 폭격을 당하고 있다. 그래서 자신의 분깃과 비신자들이 가진 것을 비교하고픈 유혹이 그 어느 때보다도 강하다. 덕분에 많은 신자가 자신의 초라함을 인정하고 만다. 자신이 가진 것은 적고, 아픈 곳은 더 많으며, 더 많이 고생한다. 하지만 얻는 것이 있으면 잃는 것도 있는 법이다. 물질적으로 육체적으로 부족함이 없는 삶을 얻으면 사람의 영혼 속에 교만, 폭력, 조롱, 사악, 탐욕, 악의, 거만, 압제, 비방, 폭언 같은 것이 자리를 잡을 수 있다(6-11절 참조).

모든 질병과 일시적인 압박에서 해방되어 편안하기만 한 삶을 살고 싶은가? 자, 내가 당신 앞에 두 사람을 세운다고 상상해 보라. 한 사람은 번듯한 직장에 다니고 매력적인 배우자와 결혼해서 대궐 같은 집에서 사는 비신자다. 그의 자녀는 최고급 스포츠카를 타고 명문대학에 다닌다. 다른 사람은 신자인데, 직장에서 해고를 당했고 그의 자녀는 내내 방황하다가 학교에서 대학에 들어가기 불가능한 성적이라는 말을 들었으며 그의 자동차는 시동이나 제대로 걸릴지 모르게 생긴 고물차다. 설상가상으로 그의 배우자는 병원에서 시한부 선고를 받았다.

둘 중 어떤 사람이 되고 싶은가? 솔직히 말해 보라. 누구를 고르겠는가? 많은 신자가 비신자의 삶을 고르지 않을까 싶다. 적어도 타협하고 싶은 마음이 들 것이다. 예수님을 영접하고 따르는 것은 나중으로 미루고 한동안은 비신자처럼 살고 싶다.

아무리 고난이 교만, 폭력, 조롱, 사악, 탐욕, 악의, 거만, 압제,

비방, 폭언에서 우리를 구해 준다 해도 비신자의 화려한 삶은 도저히 거부하기 힘들 만큼 매력적이다. 내주하시는 그리스도만으로 행복해야 한다는 것을 잘 알지만 완벽히 만족스럽지는 않다. 해법은 무엇일까? 어떻게 해야 신자의 삶이 매력적으로 보일까? 어떻게 해야 고난, 작은 집, 안정된 직장의 부재, 불확실한 미래, 심지어 가족 갈등까지도 매력적으로 보일까? 해법은 하나뿐이다.

> 내가 어쩌면 이를 알까 하여 생각한즉 그것이 내게 심한 고통이 되었더니 하나님의 성소에 들어갈 때에야 그들의 종말을 내가 깨달았나이다(시 73:16-17).

시작하기 전까지는 대체 왜 하는지 이해할 수 없는 일이 많다. 캠퍼스 사역을 할 때 이성을 사귀지 않겠다거나 결혼하지 않겠다는 학생들을 더러 만났다. 하지만 마음에 드는 특별한 사람을 만나고 나서는 다들 이 좋은 연애를 왜 더 빨리 하지 않았는지 모르겠다며 머리를 긁적였다.

그런가 하면 거부당할까 봐 두려워 일자리를 찾지 않으려는 이들도 많이 봤다. 그들은 낙심한 채 집 밖으로 나오질 않았다. 하지만 용기를 내 일자리를 찾아다니기 시작하자마자 그들의 얼굴에 생기가 돌기 시작했다. 실패할까 두려워 학업을 시작하지 않다가 막상 공부를 시작하면 두려움이 희망과 성취욕으로 바뀌는 경우도 심심치 않게 본다. 실제로 도전의 한복판에 들어가면 그 일을 왜 하

하늘의 제자도

는지 비로소 이해되는 경험을 우리는 계속해서 한다. 문제는 그 가치를 알 때까지 시도하지 않는 것이다.

마약 중독자에게 마약을 끊으라고 하면 울상을 지을 것이다. 하지만 일단 마약에서 해방되고 나면 왜 마약을 끊어야 하는지를 분명히 알게 된다. 마찬가지로, 하나님의 것, 하나님의 방식, 하나님의 바람, 신자의 삶, 하나님이 신자에게 주신 것들은 하나님의 한복판에 들어가기 전까지는 잘 이해가 되지 않는다. 다윗도 성소에 들어가기 전까지 혼란스러웠다.

이 구약의 성소는 오늘날의 교회 건물이 아니라 신자의 마음 곧 하나님의 처소를 말한다. 내주하시는 하나님의 영께로 돌아가 그분의 임재 가운데 거하면 그분이 주신 삶, 우리가 걷는 길, 모든 역경이 이해가 간다. 심지어 문제로 인해 행복해지고 자신이 특별하다는 기쁨을 느끼는 수준까지 이를 수 있다. 그래서 바울은 기꺼이 이렇게 고백했다. "내가 내 몸에 예수의 흔적을 지니고 있노라"(갈 6:17).

하늘의 제자도의 목적은 내주하시는 그리스도의 임재 속으로 들어가면 그분 안에서의 삶이 매 순간 가치 있게 느껴진다는 단순한 진리를 가르치는 것이다. 그리스도의 임재 속으로 들어가면, 행복해지고 모든 것을 넉넉히 이기며 죄의 힘에서 해방되고 그분이 가진 모든 것을 함께 나누게 된다. 비신자의 삶에 비해 우리의 삶이 역력히 부족할 때 어떻게 해야 할까? 더 많은 것을 가지기 위해 노력해야 할까? 우리의 상황에 한탄해야 할까? 분노로 하나님께 반항해야 할까? 낙심해서 주저앉아야 할까? 의문을 품어야 할까? 아니다! 오직 그리스도께로 나아가야 한다. 그럴 때 비로소 우리 삶이 특별해진다. 우리가 부름을 받았다는 사실을 새롭게 기억하게 된다. 우리가 이 세상에 속하지 않았다는 사실을 다시금 기억하며 행복해진다.

살면서 좌절할 때마다 과거의 우상으로 돌아가는 사람들을 자주 본다. 독실한 신자들도 비방이나 원망, 분노, 자포자기, 폭력, 정욕, 부도덕, 술, 마약 등으로 돌아가는 일이 비일비재하다. 상황을 초월해 그리스도를 닮아 가는 것에 회의를 느끼고 자포자기한다. 그들의 생각과 태도는 대충 다음과 같다. "노력했지만 변할 수 없어." "기독교에 진저리가 났어. 그리스도인들이 말하는 행복에 관한 이야기는 더 이상 듣고 싶지 않아." "하나님은 아무런 도움이 되지 않아. 아무래도 나는 운 좋은 소수가 아닌가 봐. 그만 포기하는 게 낫겠어." "이 불행한 삶을 잠시라도 잊어버리려면 잠이라도 자야겠어. 나중에 죽으면 이 지긋한 삶에서 완전히 해방되겠지만 그때까지 기다릴 수가 없어." "나는 나를 불행하게 만들려는 자들의 희생자야."

이 모든 말에서 행복과 기쁨이 상황과 얼마나 밀접하게 연결되어 있는지 눈여겨보라. 상황이 좋으면 기분이 좋아지고, 상황이 나빠지면 기분이 나빠진다. 하지만 예수님은 상황을 이기셨다. 그리고 그분 안에서 우리도 상황을 이길 수 있다. 해법은 상황을 바꾸는 것이 아니라 그리스도께 가까이 다가가 그분의 생명을 함께 나누

하늘의 제자도

는 것이다. 이것은 하나의 의견이 아니라 사실이다. 상황으로 인해 행복해지는 사람은 또 다른 상황으로 인해 얼마든지 불행해질 수 있다. 하지만 우리는 하나님을 위해 창조되었다. 하나님이 우리에게 얼마나 많은 것을 주셨는지 생각해 보라. 따라서 참된 행복은 하나님 안에 있을 때만 가능하다. 이는 증명할 수 있는 절대적인 사실이다.

도전을 받아들이라! 앞으로 당신의 불행한 삶이 믿지 않는 사람들의 성공과 비교될 때, 처한 상황으로 인해 화가 날 때, 당신을 짓누르는 육신과 죄와 사탄의 힘이 혐오스러워질 때 그리스도께 더욱 가까이 다가가라. 교제와 기도로 예수님과 시간을 보내고 성경을 펴라. 틀림없이 변화가 일어날 것이다. 과감히 전진하고, 낡은 죄를 던져 버리고, 그리스도와 그분이 주시는 행복 속으로 들어갈 열정이 순식간에 솟아날 것이다. 당신의 삶이 비로소 이해가 될 것이다. 그리스도의 임재가 치유하지 못할 것은 없다! 하나님이 우리에게 쉬운 길을 주시면 우리가 그분을 무시한 채 영이 아닌 육신의 만족을 얻는 삶으로 빠지기 쉽다는 점이 분명히 눈에 들어올 것이다.

우리가 주님 품으로 돌아와 그분의 임재 안에서 살기 시작하면, 곧바로 원수는 유일하게 아직 사용 가능한 무기를 꺼내 든다. 바로 죄책감이다. 주님께로 돌아오면 죄책감이 물밀듯이 몰려오기 쉽다. 주님의 임재가 우리의 닫힌 눈을 열면 육신의 행위, 자기중심주의, 하나님을 의심했던 어리석음, 시간 낭비, 다른 사람들을 잘못

대접했던 일이 모두 분명하게 보이기 때문이다.

우리가 깨달은 것을 아는 원수는, 과거의 어리석음을 신랄하게 지적함으로써 우리의 회복된 상태마저 최대한 이용하려고 한다. 원수는 우리가 죄책감에 빠져 하나님과 곧 닥칠지 모르는 심판을 피해 달아나기를 바란다. 원수의 말에 귀를 기울이지 말라! 조금도 흔들리지 말라! 하나님은 징계가 아닌 사랑을 위해 우리를 가까이 부르신 것이다. 징계는 우리가 하나님의 임재를 피하다가 스스로에게 가한 벌일 뿐, 이제 징계는 끝났다. 지금은 회복과 교제, 용서, 충만함, 사랑의 시간이다.


## 단순하게, 자유롭게, 즐겁게

"자녀들아 내가 너희에게 쓰는 것은 너희 죄가 그의 이름으로 말미암아 사함을 받았음이요 …… 자녀들아 이제 그의 안에 거하라 이는 주께서 나타내신 바 되면 그가 강림하실 때에 우리로 담대함을 얻어 그 앞에서 부끄럽지 않게 하려 함이라"(요일 2:12, 28).

"자녀들아 너희는 하나님께 속하였고 또 그들을 이기었나니 이는 너희 안에 계신 이가 세상에 있는 자보다 크심이라"(4:4).

"자녀들아 너희 자신을 지켜 우상에게서 멀리하라"(5:21).

가끔 이런 말을 듣는다. "너무 심한 단순화 아닌가요? 답이 너무 단순해요. 복잡한 문제를 너무 단순하게 다루는 것 아니에요?" 바로 봤다. 나는 단순함을 원한다. 삶에 관한 예수님의 가르침은 전부 단순했다. 예수님은 복잡한 것도 언제나 단순하게 만드셨다. 하지만 그리스도의 삶이 단순하다고 말하면 오히려 신자들이 가장 먼저 "파울", "피상적", "무지"를 외친다. 왜일까? 단순함은 믿음을 필요로 하는 반면, 불신의 삶은 이해를 요구하기 때문이다. 이해라는 우상을 섬기는 자는 모두 불신의 사람이다. 그런 사람은 행동을 취하기 전에 항상 좀 더 확실한 정보를 원한다. 그렇게 끝없이 지식을 추구하며 행동을 피한다. 불신에 빠진 신자는 애초에 행동할 마음 자체가 없다.

낙심한 신자들을 상담할 때 그들에게 필요한 답은 전혀 복잡하지 않다. 하지만 단순한 답은 낙심한 신자에게 부족한 것, 바로 믿음을 필요로 한다. 따라서 이해를 제자 훈련의 '목적'으로 삼지 않고, 사람들을 믿음으로 이끌기 위한 '출발점'으로 삼는 것이 중요하다. 정보를 아무리 그럴듯하게 제시하고 설명해도 관건은 어디까지나 믿음이다. 가르침에서 믿음이란 요소를 제거하면 그리스도를 제거한 것이나 다름없다. 모든 행동은 그리스도에 대한 믿음의 우물에서 솟아난다. 믿음을 얻는 비결은, 믿어지지 않을 때 예수님께 믿어지게 해 달라고 요청하는 것이다. 그 순간, 하늘과 땅의 모든 힘이 우리를 믿음의 삶으로 떠민다.

우리는 참새처럼 단순하고 자유로우며 즐거운 삶을 살아야 한다. 우리에게는 이런 삶이 맞다. 다른 모든 삶은 우리를 고갈시키기 때문이다. 다행히 참새처럼 되기 위한 열쇠는 하나다. 바로 뿌리지 않고 거두기만 하는 것이다. 참새가 스스로 생계를 책임져야 한다면 늘 불안한 듯 쉴 새 없이 날갯짓을 할 것이다. 그랬다면 아침마다 아름다운 노래를 부르고 모든 비바람을 너끈히 견뎌 내는 삶으로 내게 하늘 아버지의 공급하심과 쉼, 사랑을 가르쳐 주는 단순한 새는 볼 수 없을 것이다. 참새 못지않게 우리도 하나님을 가졌다. 하나님은 우리의 생득권이다! 우리는 참새처럼 살아야 한다.


## 예수께 더 깊이 박히는 과정

"내가 이미 얻었다 함도 아니요 온전히 이루었다 함도 아니라 오직 내가 그리스도 예수께 잡힌 바 된 그것을 잡으려고 달려가노라 형제들아 나는 아직 내가 잡은 줄로 여기지 아니하고 오직 한 일 즉 뒤에 있는 것은 잊어버리고 앞에 있는 것을 잡으려고 푯대를 향하여 그리스도 예수 안에서 하나님이 위에서 부르신 부름의 상을 위하여 달려가노라 그러므로 누구든지 우리 온전히 이룬 자들은 이렇게 생각할지니 만일 어떤 일에 너희가 달리 생각하면 하나님이 이것도 너희에게 나타내시리라"(빌 3:12-15).

나는 자신의 자기중심주의를 새삼 깨닫고서 깊은 자괴감에 빠진 신자들에게서 자주 연락을 받는다. 하나님은 그들에게 버려야 할 부분들을 새롭게 밝혀 주셨다. 그런데 그들은 더 깊은 문제를 밝혀서 치유해 주시는 그리스도의 역사를 기대감으로 받아들이지 않고, 곧바로 들려오는 사탄의 음성에 귀를 기울였다. "어떻게 그렇게 이기적일 수가 있어? 네 행동이 네 아이에게 어떤 악영향을 끼쳤는지 봐. 네 신앙생활은 가짜야. 결국 네 위선이 드러나고 있잖아." 귀를 기울일수록 그리스도의 더 깊은 역사에 대한 기대감은 사그라지고, 전에 없이 육신적으로 보이는 자신으로 인해 후회와 낙심, 좌절감이 솟구친다.

나무에 나사를 박을 때 이전 나사산에 새로운 나사산이 더해져 나사는 계속해서 더 깊이 들어간다. 마찬가지로 우리 삶은 나사산 하나가 더 돌아갈 때마다 그리스도께 더 깊이 박힌다. 이전의 회전에 새로운 회전이 더해질 때마다 그리스도 안에 거하는 삶으로 더 깊이 들어간다. 각 회전은 우리 삶의 모든 드러난 영역에 대한 통제권을 그리스도께 맡기는 것이다. 그러면 예수님은 아직 우리가 남몰래 통제하는 마음의 새 영역들을 계속해서 밝혀 주신다. 자기중심주의, 물질주의, 사랑과 기쁨의 결핍, 자기 몰두, 정죄, 비판 같은 것들은 우리가 스스로 통제하는 영역들에서 나온다. 명심하라. 예수님이 이런 영역을 밝혀 주시는 것은 어디까지나 우리가 이미 그분께 박혔기 때문이다.

나사가 돌아가면서 점점 더 깊은 깨달음을 일으킨다. 새로운 문제를 보자마자 "내가 고칠 수 있어"라고 말하지 않도록 조심하게 된다. 나와 다른 사람들의 기분이 좋아지도록 스스로를 정화시키려는 시도는 실패할 수밖에 없고, 그렇게 되면 결국 절망과 자포자기에 빠져든다. 우리는 "나는 고칠 수 없지만 하나님은 고치실 수 있어"라고 고백해야 한다. 그렇게 항복할 때 나사가 그분의 생명에 더 깊이 박힌다. 그럴 때 해방과 믿음, 기쁨을 경험할 수 있다. 무엇보다도 다음번 깨달음을 맞을 준비가 된다. 회전이 반복될수록 우리는 계속해서 망하고, 우리 안의 생명이 드러나 그분이 흥하신다.

이 회전이 평생 지속되는 것이 주님의 뜻이다. 그러니 좌절할 까닭이 전혀 없다. 많은 사람이 모든 것을 알고 모든 것을 경험하며 모든 장애물에서 즉시 해방되기를 원하지만 기독교는 서서히 펼쳐지는 것이고, 그래서 지루할 틈이 없다. 하나님의 역사가 끝을 모를 정도로 우리 안으로 점점 더 깊이 파고든다. 그와 함께 우리는 육신의 삶에서 벗어나 하나님의 주권 아래로 점점 더 깊이 들어간다.

누군가의 자녀와 배우자와 부모가 된다는 것의 의미가 우리 앞에서 계속해서 펼쳐져서 끊임없이 기대감을 자아내는 것처럼, 그리스도 안에서 우리 삶의 의미도 다 알았다 싶으면 또다시 새로운 면이 나타난다. 주님은 내 안에서 행하신 지난 역사를 바탕으로 내일 또다시 새로운 것을 밝혀 주실 것이다. 오늘 나는 있어야 할 자리에 있지만 내일 더 많은 것이 기다린다. 생명을 주시는 분 안에서의 삶은 지루할 틈이 없다.


## 영성을 쌓기 위해 무엇을 할 것인가

익숙해진 고향에서의 삶과 전혀 다른 삶을 만나면 많은 것을 깨닫게 된다. 한번은 형제와 함께 아마존에서 이런 새로운 삶을 경험했다. 그곳에서는 물과 음식, 잠자리, 운송수단, 환전할 곳 같은 기본적인 것도 찾기 힘들었다. 하루는 길을 걷다 마치 착시처럼 보이는 광경 앞에서 깜짝 놀라 발걸음을 멈추었다. 팔다리도 없고 옷도 입지 않은 사람이 아주 작은 몸에 의지해입에 연필을 물어 작은 종이 위에 꽃을 그리고 있었다. 깊은 슬픔과 연민에 우리는 그 사람 옆에 놓인 작은 그릇에 적잖은 돈을 넣었다.

그 사람을 뒤로하고 걸어가는데 머릿속에 물음표가 맴돌았다. '우리가 매일 집착하는 것들 가운데 몇 가지나 이 사람에게 중요할까? 우리가 상대적으로 쓸데없는 것들로 불평하는 것은 아닐까? 우리가 누군가의 말 때문에 기분이 상한 이야기를 하면 이 사람은 어떤 식으로 반응할까? 우리가 올해 명절 휴가 기간이 짧아서 서운하다고 말하면 그는 뭐라고 생각할까?'

그 사람의 충격적인 모습이 잊히질 않았다. 나는 이 시대 기독교와 교회가 가르치는 것 가운데 얼마나 이 사람이 행하고 이룰 수 있을까 궁금해졌다. 깊은 영성이 우리가 하거나 입는 것, 무릎을 꿇고 하는 기도, 선교 여행, 온갖 종교적 활동에 달려 있다면 그는 어떻게 영성을 얻을 수 있단 말인가? 우리가 가르치는 것들을 이 사람이 이룰 수 없다면, 그 가르침들은 어떻게 보면 불필요하게 복잡한 건 아닐까?

깊은 삶은 믿음을 통해 찾아온다. 즉 육체의 활동이 아닌 혼과 영의 활동을 통해 이루어진다. 행위는 믿음의 결과여야 한다. 따라서 믿음이 더 크다. 그럼에도 불구하고 믿음은 가장 약한 사람까지 누구나 가질 수 있다. 아니, 가장 약한 사람이야말로 하나님을 기쁘시게 하기에 가장 적합하다. 다시 말하지만, 신자는 약한 부분에서는 좀처럼 실패하지 않고 오히려 강하다고 생각하는 부분에서 더 잘 넘어지기 때문이다.

예수님은 시각장애인의 눈이 먼 것이 누구의 죄 때문이냐는 질문에 이렇게 대답하셨다. "죄 때문이 아니라 하나님의 영광을 위해서다"(요 9:2-3 참조).

가끔 밤잠을 이루지 못한 채 아마존에서 본 그 사람을 떠올리곤 한다. 하나님은 아무것도 가지지 못한 그 사람을 통해 믿음의 단순함을 분명하게 깨우쳐 주셨다. 그는 삶을 견뎌 낼 뿐 아니라 예술로 즐기고 있었다. 그런가 하면 재물이 많고 성공이 익숙한 수많은 사람들이 오히려 삶을 견디지 못하고 있다. 생명은 사람의 밖이 아닌 안에 있는 것이 분명하다.

하늘의 제자도

06

## '선악을 알게 하는 나무'를

## 떠나야 한다

신자들을 가만히 보면, 그들이 스스로 평가하는 것보다 훨씬 나은
듯 보일 때가 많다. 왜 그들은 스스로를 실제보다 못나다 여길까?
첫째, 그들은 그리스도께 시선을 고정하기보다는 자신의 잘못된 점
을 골똘히 생각하는 데 너무 많은 시간을 허비하기 때문이다. 둘째,
그들이 정의하는 정상적인 그리스도인의 삶은 좀처럼 하나님의 정
의와 일치하지 않기 때문이다. 그래서 이번에는 하늘의 제자와 관
련된 몇 가지 기본적인 경험들과 개념들을 살펴보겠다.

## 중심으로 돌아가기 위해 지불하는 대가들

"너의 처음 사랑을 버렸느니라"(계 2:4).

우리는 예수님을 찾으면서 그리스도인의 삶을 시작한다. 어떤 교리나 강조점, 활동이 아니라 그리스도를 발견하면서 시작한다. 처음에는 오직 그분만이 우리에게 중요했다. 우리는 그분을 찾았고, 그분은 우리에게 쉼을 주셨다. 그분 안에서의 삶은 바퀴 중심 안의 삶이라고 할 수 있다. 모든 바큇살, 즉 삶의 모든 측면은 그리스도라는 바퀴 중심의 지원을 필요로 한다. 바퀴 중심은 스스로 돌 수 있지만 바큇살들은 중심 없이는 무너져 내린다. 따라서 작은 진리(바큇살들)보다 언제나 더 큰 진리(바퀴 중심)가 우선이다.

그런데 안타깝게도 얼마 지나지 않아 바큇살들(그리스도의 지원을 받는 작은 진리들)이 우리의 관심을 독차지해 버리면서 우리는 그리스도에게서 멀어졌다. 이제 우리는 바퀴 중심이 삶의 주된 초점이 아니라고 믿게 되었다. 우리를 온전하게 만들고 그리스도 안에서의 삶을 지원해 줄 다른 경험들이 필요하다고 믿게 되었다. 예를 들어, 지적 추구, 성경 암송, 전도, 교회 모임 참석, 공식적인 기도와 성경 공부 시간에 보다 초점을 두게 되었다.

그러나 이런 활동이 바퀴 중심을 보조할 때는 훌륭한 바큇살이 될 수 있지만 이것들이 중심이 되면 우리는 진짜 중심에서 멀어져 가장자리 신자로 전락한다. 그뿐만 아니라 가장자리의 삶을 지향하는 다른 사람들과의 경쟁에서 이기기 위해 고군분투하게 된다. 더 이상 중심으로부터 살지 않고, 중심으로 돌아가려는 노력은 매

하늘의 제자도

번 새로운 강조 사항에 발목이 잡힌다. 가장자리에서의 삶은 피상적이다. 어떻게 해야 중심으로 돌아갈 수 있을까?

뇌졸중으로 반신불수가 된 한 그리스도인 형제와 이야기를 나눈 적이 있다. 그는 처음 자신의 상태를 깨달았을 때 느낀 좌절감과 분노, 당혹감을 자세히 묘사했다. 그러고서는 뇌졸중의 최종 결과를 밝혔다. 하나님을 더 깊이 사랑하고 그분의 은혜와 능력을 더 분명히 깨달았으며 예배하고 싶은 열정이 더욱 불타올랐다는 것이다. 그는 "모두가 이런 식으로 주님을 알면 좋을 텐데요!"라는 말로 간증을 마쳤다. 그의 표정을 보다가 문득 내가 이 남자를 강사로 해서 세미나를 열면 만 달러의 등록비를 받아도 강연장이 사람들로 꽉 차겠다는 생각이 들었다. 그러나 만일 하나님 중심으로 돌아오는 데 필요한 지불 비용이 만 달러가 아니라, '본인이 뇌졸중으로 쓰러지는 것'이라고 한다면 등록자는 급감하리라.

하나님 중심으로 돌아가기 위해 치러야 할 등록비는 사람마다 그 종류와 강도가 다르지만 보통 사랑하는 사람을 잃는 경험이나 반항적인 자녀, 힘든 육아, 질병, 불안정한 직업 등이 될 수 있다. 뭐든 하나님만 중심에 모셔야 함을 깨닫게 해 주는 인생의 상황이 다 등록비다. 그런 상황을 통해 우리는 하나님 안에서 쉼을 찾는다. 그분은 그 어떤 시험이나 강조 사항, 교리도 요구하지 않으신다. 더 이상 우리는 다른 것에서 풍성한 삶을 찾지 않게 된다. 다른 사람들이 예수님 외에 다른 것을 강조하며 손짓을 해도 흔들리지 않는다. "곁길로 빠지려면 혼자 빠지세요. 나는 절대 중심을 떠나지 않겠습니다." 이제 우리는 예수님을 따라가야지 앞질러 가면 안 된다는 사실을 똑똑히 배웠다. 이제 우리는 바큇살들의 메아리가 아닌 바퀴 중심을 위한 목소리가 되었다.

언젠가 스위스의 어느 강가에서 쓰레기로 가득 찬 판잣집에서 사는 노인을 보았다. 집 안에는 쓰레기가 너무 많아서 한 사람이 들어갈 공간조차 없었다. 그가 왜 종일 집 밖에 나와 앉아 있는지 이해가 갔다. 안타깝게도 그는 집 앞에서 전혀 쓸데없는 것들을 지키고 있었다. 문득 홍수라는 재난이 이 노인에게는 얼마나 큰 복일까 하는 생각을 해 봤다. 홍수가 나면 그는 탈출할 수 있지만 쓰레기들은 모두 강물에 쓸려 갈 것이다. 그것이 지금의 그 노인에게는 큰 비극이겠지만 사실상 앞으로 그의 삶이 새로워지는 출발점이 될 것이다. 어쩌면 마침내 그가 자신의 삶이 늘 곁에 두었던 쓰레기들보다 훨씬 귀하다는 사실을 깨달을지도 모른다.

바울은 이렇게 말했다.

또한 모든 것을 해로 여김은 내 주 그리스도 예수를 아는 지식이 가장 고상하기 때문이라 내가 그를 위하여 모든 것을 잃어버리고 배설물로 여김은 그리스도를 얻고(빌 3:8).

매주 나는 인생의 풍랑에 휩쓸린 신자들을 본다. 소중히 간직하던 것이 전부 쓸려 간다. 기대가 현실 앞에서 무너져 내린다. 처음에는 그토록 소중히 여기던 것들의 죽음 앞에서 망연자실해진다.

하늘의 제자도

하지만 죽음은 삶의 서곡이다. 죽음은 예수님께 시선을 고정하지 못하도록 방해하는 쓸데없는 쓰레기들을 제거하는 것이다. 알다시피 예수님은 제자들에게 부활의 증거로 죽음의 흔적을 내미셨다. 그분의 죽음이 없었다면 우리는 생명을 얻을 수 없다.

나는 스스로에게 자주 묻는다. '내 친구들이 나를 보면 무엇을 떠올릴까? 내가 무엇을 강조하며 살아왔나?' 이것은 중요한 질문이다. 나는 '그리스도 안에서의 삶, 그분께 다가가는 데 거치는 것이 아무것도 없는 삶'을 전하며 살아온 사람으로 평가받고 싶다. 2천 년간 그리스도인들은 예수님의 발치에 자신들이 중요하다 생각하는 것들을 놓고는 그것들에 관심을 쏟으라고 사람들에게 요구해 왔다. 더는 예수님의 발치 아래에 놓인 것에 주목하지 말고 예수님을 예배해야 하지 않을까?

## 당신은 그리스도 안에서 완전하다

"그의 신기한 능력으로 생명과 경건에 속한 모든 것을 우리에게 주셨으니 이는 자기의 영광과 덕으로써 우리를 부르신 이를 앎으로 말미암음이라"(벧후 1:3).

"우리는 십자가에 못 박힌 그리스도를 전하니 유대인에게는 거리끼는 것이요 이방인에게는 미련한 것이로되"(고전 1:23).

그리스도를 가졌다면 더 이상 아무것도 필요하지 않다. 바울은 골로새서 1장 28절에서 이렇게 말했다. "우리가 그를 전파하여 각

사람을 권하고 모든 지혜로 각 사람을 가르침은 각 사람을 그리스
도 안에서 완전한 자로 세우려 함이니."

그리스도 안에 있는가? 그래서 완전한가? 그렇다면 그 완전에
내가 무엇을 더할 수 있겠는가. 내가 그리스도 안에서의 완전에 관
해 강연할 수는 있을지 몰라도 그 완전에 더할 만한 것은 내게 전혀
없다. 하늘의 제자도는 신자가 그리스도 안에서 완전하다는 사실
을 바탕으로 이루어진다.

광고에는 상품에 대한 관심을 끌고 상품을 돋보이게 만들며 심
지어 욕망의 대상으로 만들어 줄 미끼가 필요하다고 배웠다. 안타
깝게도 언제부터인가 기독교는 하나의 상품으로 전락했다. 저마다
그럴듯한 미끼를 그리스도보다 오히려 더 부각시키는 수백 가지
브랜드가 서로 경쟁하는 형국이다. 어떤 이들은 여러 지역을 위해
기도하면서 그 지역의 땅을 직접 밟기 위해 세계를 돌아다닌다. 어
떤 이들은 극적으로 회복했다. 어떤 이들은 중독을 단번에 완벽하
게 끊었다. 물론 그리스도 안에서의 완전하심 안에서 이런 현상들
이 나타날 수는 있다. 그러나 이런 것들이 우리를 특별하게 만들거
나 완전에 더 가깝게 만들어 주지는 않는다.

특별한 것들을 신앙의 기준으로 격상시키는 것은 다 피라미드
설교라고 할 수 있다. 피라미드 설교는 한 사람이 피라미드 꼭대기
에 서서 아래에 있는 신자들의 무리를 내려다보며 자신의 신앙적
우월함과 아래 신자들의 열등함을 강조하는 것이다. 피라미드 설
교자들은 사람들을 지치게 만든다.

하늘의 제자도

당신이 만일 이제 막 발을 뗀 새 신자라면, 하나님으로 마음이 벅차오르는 경험을 한 적이 한 번도 없는 신자라면, 하나님이 자신이나 사랑하는 사람의 건강을 회복시켜 주실 줄 믿었지만 결국 실망만 한 신자라면 이렇게 말해 주고 싶다. "당신은 그리스도 안에서 완전합니다."

그리스도를 영접한 순간 당신은 피라미드의 꼭대기로 격상되었다. 이제 당신은 그분 안에서 모든 것을 가졌기 때문에 다른 사람이 가진 그 어떤 것도 필요치 않다.

믿음이야말로 우리가 하나님께 드릴 수 있는 최고의 영광이다. 하나님께는 우리의 영적 체험이나 '우리가 엄청나게 대단하다 여기는' 영적 활동보다도 우리의 믿음이 더 귀하다. 그러니 믿음을 드리라. 불신의 사람에게 믿음을 키워 주는 기적이 필요하다. 원수를 사랑하고 역경 속에서도 흔들리지 않고 자신이 그리스도 안에서 완전하다는 것을 아는 것이 바로 진짜 기적이며, 이는 믿음의 결과다. 믿음의 배경 안에서 놀라운 일이 일어난다면 하나님을 찬양하라. 진정한 믿음은 하나님이 일으키시는 놀라운 사건보다 그리스도 자체를 알리는 데 더 힘을 쏟다.

믿음 안에서 기뻐하라! 당신은 그리스도 안에서 완전하다. 그분 안에서 당신은 당신이 생각하는 것보다 훨씬 나은 사람이다!

## 죄 사함을 받아들이지 않는 것도 교만이다

하루는 무신론자 친구가 내게 "자네, 나를 어떻게 생각하는지 한번 말해 보게"라고 말했다. 나는 그가 훌륭한 아버지요 충실한 남편이며 존경받는 사장이요 정직하기로 소문난 시민이라고 솔직하게 말해 주었다. 그러고 나서 비신자에게는 한 번도 해 본 적이 없는 말을 했다. "심지어 자네는 죄를 짓지도 않는 것 같네." 그 말에 친구는 득의양양한 얼굴로 나를 쳐다봤다. 하지만 내 말은 거기서 끝이 아니었다. "그런데 미안하지만 사람들은 교만 때문에 지옥에 가지. 자네한텐 교만이 가득하네!"

그 말에 친구 얼굴에서 웃음기가 싹 가시었다. 로마서 5장 6절은 이렇게 말한다. "우리가 아직 연약할 때에 기약대로 그리스도께서 경건하지 않은 자를 위하여 죽으셨도다." 고린도전서 15장 3절 말씀도 보자. "내가 받은 것을 먼저 너희에게 전하였노니 이는 성경대로 그리스도께서 우리 죄를 위하여 죽으시고."

예수님이 인류의 죄 문제는 이미 십자가 위에서 해결하셨다. 그리스도가 죄인들을 위해 죽지 않으셨는가! 인간이 영원한 멸망을 당하는 것은 바로 교만 때문이다. 첫 인류가 첫 시험에 넘어간 원인도 교만이었다.

예수님이 부활 후에 처음 나타나셨을 때 제자들은 그분을 알아보지 못했다. 이에 예수님은 그들에게 십자가형을 당한 상처를 보여 주셨다. 예수님을 못 알아보게 만들었던 십자가의 상처가 이제는 오히려 그분을 알아보게 만드는 증거가 되었다. 로마인들은 십

하늘의 제자도

자가 처형을 집행하기 전에 열두 가닥의 가죽으로 된 채찍(주로 양면에 유리 조각이 박혀 있고 끝에 갈고리가 달려 있었다)으로 죄수의 등을 서른아홉 번 때리고 얼굴을 한 번 때렸다. 예수님은 누군지 알아볼 수 없을 만큼 상처를 입으셨고, 그 흔적을 영원히 지니고 계실 것이다. 아버지의 우편에는 상처 입은 예수님이 앉아 계신다. '하나님의 말씀'이 사람이 되어 치르신 대가를 우리는 절대 다 알 수 없다. 하지만 막대한 대가라는 사실만큼은 확실히 안다. 우리가 하늘에서 죽음 당하신 어린양을 보면 어찌 엎드려 경배하지 않을 수 있겠는가.

죄 문제는 예수님께서 이미 해결하셨다. 이제 우리는 하나님 우편에 앉아 계신 예수님을 믿기만 하면 된다. 예수님의 희생에 힘입어 신자는 낙담할 필요가 없다. 죄를 지으면 언제라도 상처 입으신 예수님께 나아가 깨끗함과 용서를 받을 수 있다. 계속해서 죄책감과 수치심에 빠져 있는 것은 어디까지나 교만일 뿐이다. 정말로 하나님이 우리에게 완벽을 기대하셨다고 생각하는가? 하늘의 제자로서 우리는 계속해서 우리 죄를 바라보지 말고 상처 입으신 예수님을 바라보며 그분께 더 가까이 다가가야 한다. 그러면 죄는 자연스럽게 우리에게서 떨어져 나간다.

### '자기 의'와 '불의'의 함정

아담과 하와가 선악을 알게 하는 나무 열매를 먹으면서 인류는 두 부류로 나뉘었다. 선을 강조하는 사람은 '자기 의'의 부류에 속한다. 이런 사람은 위로 올라가지만 하나님에게서는 멀어진다. 반대로 악에 초점을 맞추는 사람은 '불의'의 부류에 속한다. 그러면 밑바닥으로 내려가면서 하나님에게서 멀어진 사람이 된다. 예수님은 타락한 인류가 이 두 범주로 나뉜다는 점을 다시 상기시켜 주셨다.

누가복음 18장 9-14절을 보면 알 수 있다. "또 자기를 의롭다고 믿고 다른 사람을 멸시하는 자들에게 이 비유로 말씀하시되 두 사람이 기도하러 성전에 올라가니 하나는 바리새인이요 하나는 세리라 바리새인은 서서 따로 기도하여 이르되 하나님이여 나는 다른 사람들 곧 토색, 불의, 간음을 하는 자들과 같지 아니하고 이 세리와도 같지 아니함을 감사하나이다 나는 이레에 두 번씩 금식하고 또 소득의 십일조를 드리나이다 하고 세리는 멀리 서서 감히 눈을 들어 하늘을 쳐다보지도 못하고 다만 가슴을 치며 이르되 하나님이여 불쌍히 여기소서 나는 죄인이로소이다 하였느니라 내가 너희에게 이르노니 이에 저 바리새인이 아니고 이 사람이 의롭다 하심을 받고 그의 집으로 내려갔느니라 무릇 자기를 높이는 자는 낮아지고 자기를 낮추는 자는 높아지리라 하시니라."

어떤 이들은 자신을 하나님 위에 두고는 다른 사람들을 내려다본다. 다른 사람들 위로 올라가 하나님에게서 멀어진다. 반대로 어떤 이들은 자신을 벌레로 본다. 감히 위를 올려다보지도 못하고 앞으로 나아가지도 못한다. 그래서 아래로 내려가 하나님에게서 멀어진다. 신앙생활에서 둘 다 뚜렷한 특징들을 갖고 있다.

아래로 멀어진 사람들은 자신과 자신의 실패에 몰두한다. 자신

하늘의 제자도

의 불행한 상태를 분석하고 그런 상태에 일조한 다른 사람들을 탓하는 데 많은 시간을 허비한다. 그들은 다른 사람들의 거부나 자신의 실패 및 모든 상황을, 자기 감정을 무시하는 구실로 사용한다. 그래서 더 이상 전진하거나 자신의 힘든 상황을 솔직히 점검하거나 개선하려는 노력을 하지 않는다. 그들은 온 세상을 적으로 보는 희생자들이다. 그들은 삶을 별로 살 가치가 없는 것으로 여긴다. 자신의 불행한 상태를 체념하며 받아들이고, 다른 사람들은 단순히 하나님의 복을 받고 태어난 것이라고 생각하며 자위한다. 그들에게 쓴소리를 하면 곧바로 삐쳐서 우리를 피하고, 침묵으로 일관하며, 우울증과 자포자기, 자기 형벌에 빠져든다.

그들은 외적인 삶이 아직 그렇지 않더라도 자신의 행동으로 결국 자신의 삶을 그렇게 만든다. 수동적인 태도, 술, 온갖 마약, 텔레비전, 게으름, 다양한 우상으로 자신의 외적 삶을 내적 삶에 일치시켜 나간다. 그들은 자기 자신과 함께 살아갈 수 없고, 그래서 다른 누구와도 함께 살아갈 수 없다.

이런 부정적인 행동이 심해지면, 첫째, 그들은 자신이 실제로는 자신의 생각만큼 혹은 겉으로 드러난 행동만큼 나쁘지는 않다는 말을 다른 사람들에게서 듣기를 원한다(물론 그런 말을 들어도 믿지는 않는다). 둘째, 거부당하기 전에 먼저 다른 사람들을 거부한다. 셋째, 자살을 떠올린다. 넷째, 다른 사람들이 자신에게 저지른 모든 잘못을 곱씹는다. 다른 사람들을 탓함으로써 개인적인 책임을 회피하려고 한다. 다섯째, 자신이 그런 것은 어쩔 수 없다며 하나님에 대한 반역을 정당화하려고 한다. 아무런 희망도 없고 진정으로 신경 써 주는 사람도 없고 자신은 이미 패배한 사람이니 애쓸 필요도 없다고 생각한다. 다시 말하지만, 그들은 이 모든 것을 마태복음 5장의 원칙들에 순종하지 않는 데 대한 자기방어로 사용한다.

신자는 하나님과 교제가 깊어질수록 자신을 더 분명히 알게 된다. 하지만 아래로 내려가 하나님과 멀어진 사람들은 하나님이 자신에게 전혀 관심이 없는데 왜 그분과 이야기해야 하는지 되묻는다. 그들은 하나님이 자신에게 조금이라도 관심이 있다면, 삶은 늘 평탄해야 하고 하나님이 자신들의 변덕스러운 기분에 매번 맞춰 주셔야 한다고 생각한다. 그렇게 늘 될 대로 되라는 식으로 살아간다. 관계도 아예 포기하고 살아간다. 노력하고 자신을 희생해 봐야 소용없을 것이므로 관계를 가꾸려고 애쓸 필요도 없다고 생각한다.

그들은 최악의 비관주의자들이다. 모든 희망은 자기 자신에게 있다고 굳게 믿으니 희망이 없고, 그래서 매사에 냉소적이다. 그들은 자기 밖으로 눈을 돌려 하나님을 본 적이 없다. 그래서 모든 인간 속에 있는 낙심만을 찾을 뿐이다.

아래로 멀어진 사람들은 예측할 수가 없다. 뭐든 다른 사람들의 반응에 따라 결정을 내리기 때문이다. 그들은 행동하기 전에 먼저 위를 보지 않고 주변을 두리번거린다. 그들의 모토는 '어떤 경우에도 사람들의 비위를 맞추자'이다. 다른 사람들을 너무 아껴서가 아니라 다른 사람들을 행복하게 해 주면 자신의 자존감이 올라가기 때문이다. 그러니 원수가 심어 주는 자살 충동에 쉽게 넘어가는 것

하늘의 제자도

도 무리가 아니다.

아래로 멀어진 사람들은 늘 미룬다. 내면에 열등감과 패배의식이 가득 자리한 탓에 모든 책임과 일을 미룬다. 그들은 함께 살아가기에 너무 힘든 사람들이다.

위로 올라가 하나님과 멀어진 사람들은 자기 의, 자기 의존, 자기중심주의에 빠져 있고, 모든 것을 아는 체하며, 다른 사람들의 문제점 찾기를 즐긴다. 그러면서 누군가 그들에게 개선해야 할 점을 지적하면 난리가 난다. 그 어떤 비판도 받아들이지 못한다. 다른 사람들에게 배울 생각이 전혀 없다. 자신이 누구보다도 많은 지혜를 갖고 있다고 생각하기 때문이다.

그들은 재정적으로나 개인적으로나 가정적으로나 영적으로나 자신이 우월하다고 생각한다. 그들은 자신의 뜻을 완벽히 따르면 모든 일이 잘 풀린다고 확신한다. 다른 사람들의 비판은 참지 못하지만 자신은 늘 다른 사람들을 비판한다. 자신이 항상 옳다고 생각하니 그럴 수밖에! 그들은 다른 사람들을 참아 주질 못하며, 그들이 생각하는 문제 해결의 핵심은 다른 사람들이 바뀌는 것이다. 그들과 대화를 시작하면 다른 사람들의 이견(異見)을 인정하지 않고 끝까지 자신의 의견을 관철시키려고 하기 때문에 좀처럼 결론이 나질 않는다.

그들에게서는 사과나 용서를 기대하지 않는 편이 좋다. 그들은 자신의 왕좌에 앉아 다른 사람들이 참회할 때까지 기다린다. 그들이 참회한 뒤에야 그나마 인간 대접을 해 준다. 위로 올라가 하나님과 멀어진 아내는 남편과 대화할 때마다 그가 영적이지 못한 남편이요 못난 아빠이며 집안의 골칫거리라는 점을 각인시켜 주는 표현을 남발한다. 그러다 결국 남편이 밖으로 나돌면 "이럴 줄 알았어!"라고 분노한다. 어디까지나 자신이 희생자다. 자신이 남편을 그렇게 만들고선 희생자처럼 구니 황당할 따름이다. 오랫동안 최선을 다했는데도 아내의 눈에 들지 못한 남편은 포기하고 반항한다. 더 이상 노력할 가치를 느끼지 못한다.

나는 위기의 부부를 상담할 때면 각자 자신이 잘못한 점 다섯 가지씩을 말하게 한다. 위로 멀어진 사람은 40년 넘게 배우자와 함께 살아왔으면서도 자기 잘못을 단 한 가지도 생각해 내지 못한다. 내가 계속해서 추궁하면 결국 문제점을 고백하지만 곧바로 자신을 변호한다. "남편(아내)의 말을 듣지 말았어야 하는 건데." "오죽하면 제가 그렇게까지 했겠어요." 위로 멀어진 사람은 어떤 잘못도 인정하지 않는다.

영적 수준을 1에서 10까지로 봤을 때, 위로 멀어진 사람은 배우자를 1로밖에 보지 않는다. 배우자가 아무리 잘해도 그의 성에는 절대 차지 않는다. 그의 눈에 여전히 배우자는 존경이나 애정을 받을 만한 가치가 없는 존재다. 아이들 앞에서 배우자를 높여 줄 생각은 추호도 없다. 그들에게 의에 관해 물으면 자신은 늘 진리 안에서 행하고 성령 충만한 신자로서 행한다고 확신에 차서 말한다. 자신은 창피할 일이 하나도 없다고 자신한다. 그들은 함께 사는 배우자에게는 희망이 없다고 판단하고서 오직 예수님만 자신의 필요를

하늘의 제자도

채워 줄 수 있다는 결론을 내린다. 그래서 그들은 마태복음 5장의 원칙을 자신의 배우자에게 적용할 생각이 없다.

그들은 속으로 자신은 오직 예수님과만 결혼했다고 생각하며, 거추장스러운 짐과 같은 배우자 없이 천국에서 살 날만을 기다린다. 그들은 실제로 심판의 날에 예수님이 자신을 보며 이렇게 말씀하시리라 믿는다. "아이고, 불쌍한 것! 저런 육체의 가시와 사느라 얼마나 고생했느냐! 내가 네 배우자를 심판하는 동안 저쪽에서 쉬어라. 네 배우자가 역겹니? 내가 보기에도 그렇구나!"

사탄은 뭐든 극단으로 치우치게 만드는 선악과를 좋아한다. 선악과를 먹으면 중용을 잃고 만다. 사탄은 제자들을 인색하게 만드는 데 실패하면 있는 것을 다 나눠 주라고 유혹해서 제자들의 가족들을 길에 나앉게 만든다. 사탄은 우리를 거짓말하게 만드는 데 실패하면 아무 말도 하지 말라고 권한다. 우리가 정욕을 거부하면 사탄은 모든 성욕을 죽이려는 생각을 심어 주려고 한다. 우리가 형제를 비방하지 않으면 사탄은 아무나 무조건 칭찬하라고 부추긴다. 세상은 이 나무의 열매를 먹고서 계속해서 옳고 그름을 극단적으로 정의한다. 그로 인해 우리는 이 극단에서 저 극단으로 오락가락하고 있다.

위로 올라가 하나님과 멀어진 사람의 해법은 아래로 옮겨 가는 것이 아니다. 반대로, 아래로 내려가 하나님과 멀어진 사람의 해법도 위로 옮겨 가는 것이 아니다. 해법은 완전히 다른 나무 곧 생명나무로 가는 것이다. 예수님이 그 나무시며, 신자들은 그 생명나무

에 접붙여져 있다. 신자들은 아래로 멀리 있지도 않고 위로 멀리 있
지도 않다. 신자들은 예수님 안에 있다. 그분의 생명을 조사하면 우
리가 누구인지를 발견할 수 있다. 선악을 알게 하는 나무의 멀리까
지 뻗어 나가는 긴 가지들을 조심하라.


### '하나님과의 사귐' 없는 지성은 부질없다

많은 사람들이 하나님의 모든 행사를 분석과 질문을 통해 파악
하려고 한다. 이런 활동은 사실만 갖고 생명은 갖지 못한 제자들을
양산한다. 하늘의 제자들은 하나님에 관해 이미 알려진 모든 사실
을 단순하게 받아들이는 믿음의 마음으로 하나님께 다가간다. 꽃
을 분석하면 꽃에 관해 많은 것을 알 수 있을지는 몰라도 그러는 사
이에 그 아름다움은 파괴된다.

우리의 관계도 마찬가지다. 배우자의 모든 행동을 일일이 분석
하면 곧 그를 향한 사랑이 식는 것을 느낄 수 있을 것이다. 교회에
서도 지성이 너무 많은 자리를 차지하고 있다. 배우자를 알 듯 하나
님을 알아야 한다. 나는 아내에게서 편지를 받고, 지갑에 아내 사진
을 넣어서 다니고 가끔 전화 통화를 하는 것만으로는 만족할 수 없
다. 나는 아내가 실제로 곁에 있는 것을 원한다. 단, 그냥 함께 있는
것은 원하지 않는다. 아내는 한쪽에 조용히 앉아 있고 나는 홀로 아
내가 써 준 편지나 분석하고 있다면 함께 있는 것이 무슨 의미가 있
는가. 나는 매일 아내와 진정으로 교제하기를 원한다.

하늘의 제자도

믿음이 적은 신자들은 그리스도인의 삶을 너무 어렵게 만든다. 이유는 간단하다. 그리스도의 단순하고 명쾌한 명령들을 따를 생각이 없기 때문이다. 믿음이 적은 신자들은 늘 "그렇게 단순할 리가 없어. 더 많이 알아야 해"와 "균형이 필요해"라는 식의 말을 한다. 소위 엘리트 집단이라고 하면서, 정작 하나님과 이웃을 사랑하라는 예수님의 말씀을 전혀 깊이 없는 이야기라고 치부해 버리는 경우가 많다. 하지만 그 말씀을 믿는 자들에게는 그 말씀이 영원히 마르지 않는 생명수 강이 된다.

그리스도를 가진 사람은 누구나 깊이가 있다. 그리스도를 가진 사람은 세상에서 가장 지혜로운 사람이다. 그리스도를 가지면 마음이 날마다 새로워진다. 그리스도를 가진 사람은 세상을 이끈다. 그리스도를 가진 사람은 생명의 길을 가졌다.

한 신학교 관계자가 나를 멈춰 세우더니 자신의 학교에서 여러 사람이 나를 작가로서 훌륭하지 못하며 강연할 때마다 문법이 틀리는 지적이지 못한 사람으로 평했다고 말했다. "저도 잘 압니다. 그래서 그분들이 저에 대해 어떤 결론을 내렸습니까?" 하고 내가 묻자, 그는 이렇게 대답했다. "이렇게 약점이 많은 사람이 하나님께 그토록 크게 쓰임받는 것을 도무지 이해할 수 없다는 것이었습니다."

그 말에 나는 껄껄 웃고 나서, 그들처럼 나도 내 약점을 정확히 알지만 그들과 달리 나는 더 많은 교육을 통해 그 약점을 없애려 하지 않고 대신 그 모든 약점을 하나님 앞에 다 내려놓고 빈 자루로 살아간다고 설명했다. 지적이고 풍성한 삶으로 가는 길은 바로 예수 그리스도와의 관계다.


## 다리를 무너뜨리실 때

두 벼랑이 큰 틈(죄)으로 분리되어 있다. 한쪽 벼랑 위에는 사람이 살고, 다른 쪽 벼랑 위에는 하나님이 계신다. 예수님은 분리되어 있던 두 벼랑 사이를 연결시키는 다리다. 하지만 대개 회심한 지 몇 주 만에 신자들은 예수님이 다리라는 사실을 잊어버리고 자신만의 다리를 만들기 시작한다.

우리가 말씀을 읽거나 기도하거나 예배를 드릴 때만 우리의 말을 들으신다고 믿는 신자들이 많다. 그들은 예수님이 아닌 다른 것으로 하나님께 가는 다리를 놓았다. 어떤 이들은 자신의 행동으로 다리를 놓는다. 즉 술이나 담배, 마약을 하지 않고 성적으로 문란하게 살지 않을 때만 하나님이 자신을 받아 주신다고 생각한다. 예수님 외에 다른 모든 다리는 그냥 다리일 뿐 진짜 다리는 아니다. 어떤 이들은 자신이 영적 훈련을 통해 올바른 생각과 말, 행동을 하기 때문에 위태로울 때에 하나님이 자신을 도와주실 것이라고 생각한다. 물론 언제나 건너야 할 다리가 더 남아 있다. 하나님이 예수님 외에 다른 다리들을 무너뜨리실 때 어떤 표정을 짓는지 보면 그 사람이 자신만의 다리를 짓는 사람인지를 쉽게 확인할 수 있다.

나는 신자들이 넘어질 때 유심히 관찰한다. 그들이 즉시 은혜의 보좌 앞으로 돌아가는지, 낙심해서 하나님에게서 멀어지고 더 이상 하나님께 자신 있게 구하지 않는지 유심히 살핀다. 하늘의 제자로서 우리는 하나님께 가는 다른 다리들을 놓지 말아야 한다. 우리에게는 영원히 서 있을 예수님이라는 다리가 있기 때문이다. 우리가 다른 다리를 놓으려는 유혹에 굴복하면 은혜로우신 하나님은 우리가 진짜 다리로 돌아올 수 있도록 모조품 다리들을 전부 무너뜨려 주신다.

도덕적인 실패를 경험한 뒤에 하나님이 자기를 내치셨다는 말을 입에 달고 살던 형제가 기억난다. 나는 그의 눈을 똑바로 쳐다보며 이렇게 말했다. "형제님, 형제님의 문제는 자기 의에 빠져 있다는 겁니다."

그는 자신의 행동이 일정한 수준 아래로 떨어지지 않을 때만 하나님이 자신을 받아 주신다고 착각하며 살아왔다. 그는 예수님이 아닌 다른 기초 위에 다리를 세웠다. 다행히 하나님은 그가 자기 의가 아닌 오직 그리스도 위에 다시 설 수 있도록 그가 무너지도록 허락하셨다. 에베소서 3장 12절은 이렇게 말한다. "우리가 그 안에서 그를 믿음으로 말미암아 담대함과 확신을 가지고 하나님께 나아감을 얻느니라."

다른 다리가 아닌 오직 그리스도를 믿는 믿음을 통해서만 하나님께 나아갈 수 있다.

## 믿음과 율법

"그리스도께서 우리를 위하여 저주를 받은 바 되사 율법의 저주에서 우리를 속량하셨으니 기록된 바 나무에 달린 자마다 저주 아래에 있는 자라 하였음이라 이는 그리스도 예수 안에서 아브라함의 복이 이방인에게 미치게 하고 또 우리로 하여금 믿음으로 말미암아 성령의 약속을 받게 하려 함이라"(갈 3:13-14).

율법은 우리가 개인적인 힘과 노력, 의지력, 재능과 능력으로 하나님과 동행할 수 있다고 가르친다. 반면, 은혜는 하나님께서 우리와 동행하기로 뜻을 세우셨다고 가르친다. 하나님은 우리와 동행하기를 원하시는데, 그 걸림돌은 단 하나 바로 인간의 노력 곧 율법이다. 하나님이 먼저 우리를 찾으신다. "그들이 그날 바람이 불 때 동산에 거니시는 여호와 하나님의 소리를 듣고 아담과 그의 아내가 여호와 하나님의 낯을 피하여 동산 나무 사이에 숨은지라 여호와 하나님이 아담을 부르시며 그에게 이르시되 네가 어디 있느냐"(창 3:8-9).

지금 당신에게 묻고 싶다. "당신은 어디에 있는가?" 율법을 지키려다가 실패해서 하나님과 동행할 자격이 없다고 생각하여 숨어 있는가? 하나님이 바라시는 건 바람이 불 때 당신과 함께 거니시는 것이다. 그럼에도 불구하고 지금 당신은 그분과 거닐 자격을 얻기 위해 모든 '할 일'을 완성할 날을 기다리는가? 율법을 준수한다고 해서 하나님과 교제할 만한 거룩한 자가 되는 것은 아니다. 그리스도께서 이미 그 일을 완성하셨다. 하나님과 동행하기 위해 거룩해

하늘의 제자도

지고 의로워지고 자유로워져야 하는 것이 아니라, 하나님과 동행해야 거룩해지고 의로워지고 자유로워진다. 풍성한 삶을 얻기 위한 길은 하나밖에 없으며, 우리의 애씀으로는 결코 그 삶을 얻을 수 없다!

믿음의 행위는 이 땅에서 사는 동안 하늘의 영토에 들어가게 해주는 반면에, 율법의 행위는 이 땅에서 지옥을 경험하게 만든다. 물론 행위 없는 믿음은 죽은 것이다. 하지만 야고보는 노력을 통한 율법의 완성과 유익이 아니라 믿음의 행위를 말한다. 율법은 은혜를 무효화한다. 믿음으로써 하늘의 삶을 얻는다는 말보다 노력하면 용서받을 수 있다는 말이 받아들이기가 더 쉽다. 하지만 우리가 온 힘을 다한다고 해도 그리스도의 삶을 흉내 낼 수 없고, 오직 믿음으로만 그 삶에 참여할 수만 있다는 사실이 계속해서 증명되어 왔고 지금도 증명되고 있다.

그리스도 안에서 새로 태어나기 전까지 자신의 노력으로 하늘의 삶을 살 수 없었건만, 왜 우리는 그리스도 안에서 새로 태어난 뒤에도 자신의 노력으로 그 삶을 이룰 수 있다고 생각하는가? 많은 사람이 시도했지만 모두가 실패했다. 아무리 애를 써도 우리의 노력으로는 하늘의 삶을 살 수 없었다. 하지만 우리는 그 이유를 물어야 한다.

우리가 그리스도를 닮기 위해 충분히 노력하지 않았기 때문일까? 우리의 육신이 문제일까? 우리가 사는 타락한 세상이 문제일까? 아니면 하나님이 믿음의 행위를 통해서만 주시는 것을 우리가 율법의 행위로 얻으려고 노력했기 때문일까? 우리가 거하는 육신으로부터, 우리가 사는 세상으로부터, 악한 환경으로부터 매일 구원받는 것은 믿음의 행위로 주시는 선물로써만 가능하다. 잊지 말라. 죄나 사탄, 우리의 몸, 세상, 환경, 정신, 의지, 감정이 우리가 하나님에게서 받은 새로운 영 곧 성령보다 크다면 결국 예수님이 패하신 것이다.

물론 예수님은 이 모든 것을 이기셨으며, 믿음으로 구하는 모든 이에게 성령을 거저 주신다. 문제는 우리가 충분히 알지 못하거나(우리는 이미 아는 것도 행하지 않고 있다), 충분히 노력하지 않거나, 충분히 바라지 않는 것이 아니다. 문제는 우리가 하나님과 동행하면 우리가 개선된다는 사실을 믿지 못하는 것이다. 하지만 예수님이 제자들을 부르시고, 공급하시고, 직접 가르치시고, 동행해 주시자 그들이 달라졌다. 자, 다시 묻겠다. 우리가 아들을 얻기 위해 개선되고 있는가, 아니면 우리의 가장 큰 소득인 아들이 우리를 개선시켜 주시는가?

세상적인 제자도는 우리가 어떻게 자신을 개선해야 하는지를 가르친다. 세상적인 제자도는 우리 자신을 바라보라고 가르친다. 하지만 그렇게 율법의 행위로 애를 써 봐야 우리는 조금도 변하지 않는다. 많은 사람의 생각처럼 신자가 천국을 향해 가는 불쌍한 죄인이라면(비성경적인 개념), 이 불쌍한 죄인이 이 땅에서 하늘의 삶을 살거나 하나님의 아들처럼 살 가능성은 얼마나 될까? 그토록 많은 사람이 포기하는 것도 무리는 아니다.

예수 없는 사람은 분명 타락의 상태에 있다. 하지만 거듭난 신

하늘의 제자도

자도 그런 상태에 있다고 말하는 것은 비성경적이며 불신의 말이요 자기 의의 말이다. 성경은 신자는 타락한 상태가 아니라고 더없이 분명하게 말한다. 인간의 육신(여기서 육신은 인간이 그리스도가 아닌 다른 것의 통제를 받는 상태를 뜻한다)의 타락은 계속해서 이어질 수밖에 없다. 육신을 따라 사는 삶은 절대 하나님을 기쁘시게 할 수 없기 때문이다. 그러나 아담의 영적 타락은 거룩하신 그리스도의 영으로 대체되었으며, 이 대체는 영구적이다.

신자가 육신에 따라 살 수도 있고 그리스도의 영으로 살 수도 있는 것을 보면 분명 신자도 타락할 수 있지만 그리스도의 영으로 살면 타락의 상태에서 해방될 수 있다! 신자도 타락한 상태라고 가르치면서 동시에 그리스도인으로서 '해야 할 일들'을 가르치는 것은 모순이다. 우리가 타락한 상태를 어떻게 개선할 수 있는가? 노력해서 무슨 소용이 있는가? 이것이 세상적인 제자도의 가장 큰 맹점이다. 그렇지 않아도 매일 지옥을 경험하는 사람에게 지옥의 경험을 더해 줄 뿐이기 때문이다. 그리스도를 삶의 초점으로 삼고 그분과 매일 동행할 때, 이 땅에서 승리의 삶을 사신 그리스도를 믿을 때, 비로소 우리는 모든 것을 넉넉히 이길 수 있다.

그리스도인의 삶은 왜 그토록 단순한가? 그리스도의 삶은 왜 믿음의 행위를 중심으로 이루어질까? 왜 예수님을 삶의 중심에 놓기만 해도 삶이 그토록 풍성해지는가? 그것은 정상적인 상태에서 인간이 한번에 두 가지를 생각할 수 없기 때문이다. 한 번에 여러 가지에 초점을 맞추려고 하면 이도저도 제대로 못하기 마련이다. 따

제자도의 기본

라서 한 번에 하나에만 초점을 맞추고, 선택 사항을 자신이냐 그리스도냐, 이렇게 두 가지로 좁혀야 한다. 하나님은 우리에게 필요한 모든 것을 한 가지 곧 그리스도 안에 두셨다. 따라서 그리스도를 우리의 초점으로 삼을 때 우리 삶은 건강해진다.

제자 훈련에 수많은 시간을 투자하면서 동시에 육체를 따라 사는 사람 중에 행복한 사람을 본 적이 없다. 하지만 그리스도께 집중하는 사람들에게서는 평안이 보인다. 하늘의 제자도는 문제, 개인적인 실패, 힘든 상황, 부족함, 걱정되고 낙심되는 상황까지 모든 상황을 그리스도를 바라볼 기회로 삼는다. 그리스도께 초점을 맞추면 신기하게도 나머지 모든 것이 희미해지고, 모든 것을 넉넉히 이길 수 있다는 확신이 현실로 이루어진다.

세상적인 제자도는 예수보다, 갈등 해결, 걱정 줄이기, 주변 사람의 행동 변화, 지긋지긋한 죄에서의 해방을 목표로 삼는다. 그 결과는 예수 없는 '교정'에 불과하다. 하나님이 되려는 욕망을 버리지 않는 인간의 육신으로서는 답답한 상황에서 그 정도만 벗어나도 만족스럽겠지만, 과연 이것이 진정한 개선인가?

제자도의 목표를 정해야만 한다. 예수가 목표인가, 아니면 육신의 냄새가 풍기는 무언가가 목표인가? 최상의 제자 훈련 프로그램도 처음에는 예수로 잘 시작했다가 육신으로 끝날 수 있다. 예를 들어, 성경을 암송하는 목적은 무엇인가? 성경 암송을 왜 그토록 강조하는가? 예수님은 이 점을 분명히 말씀하셨다. "너희가 성경에서 영생을 얻는 줄 생각하고 성경을 연구하거니와 이 성경이 곧 내게 대하여 증언하는 것이니라"(요 5:39).

하지만 성경 읽기만을 강조하는 여러 제자 훈련 프로그램을 보노라면 '과연 인쇄기가 발명되기 전에는 사람이 하나님을 알거나 구원을 받을 수 있었을까' 하는 의문까지 든다. 사람이 하나님과 가까워질 수 있도록 그리스도가 보내심을 받았지만 마치 성경이 인쇄되기 전에는 그 목표를 이룰 수 없었던 것처럼 보일 지경이다. 어느 운 나쁜 영혼이 자신의 성경책을 잃어버리면 그 즉시 그리스도 안에서의 성장이 멈출 것처럼 보인다. 비신자들에게 성경책을 전해 주는 것이 그들에게 그리스도를 전해 주는 것과 동등한 것처럼 보인다. 성경을 전해 주는 능력이 생명을 발산하는 능력과 동일한 것처럼 보인다.

오해하지는 말라. 성경은 분명 귀중하다(딤후 3:16 참조). 하지만 제자들이 세미나에 참석해서 자신의 성경 암송 능력을 자랑하는 강사의 강연을 듣고 단순히 성경 암송의 열정을 얻고 세미나장을 나오는 것은 문제가 있다. 우리의 약함과 그리스도의 강하심을 기뻐하는 모습은 어디로 갔는가? 성경 지식은 그토록 많으면서 사랑은 그토록 적은 사람들이 왜 이렇게 많은가? 머리만 꽉 차고 마음은 텅 빈 사람들이 왜 이렇게 많은가? 성경 지식에는 해박하면서 불친절한 말, 비판, 경쟁, 비방 같은 작지만 중요한 영역에서는 좀처럼 승리하지 못하는 사람들이 왜 이렇게 많은 것인가?

그것은 성경의 저자보다 성경 자체를 더 알려고 하기 때문이다. 육신을 따라 욕심으로 성경을 읽으면 육신이 강해지지만, 성경의 저자이신 하나님은 육신의 욕심을 억누르신다. 세상적인 제자도의 종국은 '서로 물어뜯고 잡아먹는' 것이다(갈 5:15 참고, 새번역). 하늘의 제자도의 목표는 단순하다. 그것은 바로 예수 그리스도다. 그리스도와 단 15분만 교제하면 거룩한 제정신이 돌아와 용서가 당연하게 보일 뿐 아니라 바람직하고 충분히 가능하게 보인다. 그리스도의 임재 안에서는 용서할 능력과 하나로 연결되기 때문이다. 이것이 하나님 나라의 경험이다.

한 나라 안에는 무형의 법과 규칙이 존재한다. 신약 시대의 이스라엘은 여러모로 자치권을 누렸지만 어디까지나 로마 제국 아래서 기능해야 했다. 그래서 삶의 모든 면이 로마 제국의 영향을 받았다. 이제 신자 속에는 하나님 나라가 있다. 신자의 삶은 모든 면에서 하나님 나라의 영향을 받고, 그 나라 왕의 지배를 받는다. 우리는 비록 이 땅에서 살지만 하나님 나라의 영향을 받고 그 나라의 원칙에 따라 산다. 믿음의 행위에 참여한 사람들은 하나님 나라의 법과 규칙을 지켜야 한다. 모든 율법은 우리가 풍성하고도 기쁜 삶을 살 수 있도록 주어진 것이다.

우리가 배우자가 어떤 행동을 하든 상관없이 사랑해 주라는 명령을 받은 것은 그렇게 하면 우리 삶을 가장 불행하게 만드는 자기중심주의가 치명타를 입기 때문이다. 잘 생각해 보라. 삶이 힘들다 느껴지는 것은, 우리를 거부하는 배우자 때문이 아니라 하나님처럼 되려는 우리의 자아 때문이다. 경배를 받으려는 자아의 욕심 때문에 우리는 다른 사람들에게 속박된다.

하늘의 제자도

원수를 사랑하라는 명령은 사실상 원수가 아닌 우리 자신이 행복해지기 위해 주어진 것이다. 원수를 사랑하면 자아를 버려야 한다. 자신의 보좌를 떠나 하나님의 발치에 무릎을 꿇어야 한다. 그러면 그분의 발치에서 우리의 영이 공급하심을 받는다. 하지만 우리 자신의 보좌에 앉아 있는 한, 그렇게 될 수 없다. 참된 길에 순종할 때 우리의 영이 살찐다. 이 하나님 나라의 법은 이 땅에서 우리를 행복하게 만든다.

우리 아들이 어릴 적에 코가 피범벅이 되어서 집에 왔다. 자신보다 훨씬 작은 아이에게 코를 세 대나 맞았다고 했다. 나는 권투를 썩 잘하는 아들이 맞은 이유가 궁금해서 물었다. "녀석의 주먹을 막았니?" 아들은 "아니요"라고 대답했다.

"그럼 어떻게 했니?"

"언제든지 우리 집에 놀러 와도 좋다고 말했어요!"

일주일 뒤 아들은 자신을 친 아이의 행동이 이상하다고 말했다. "다른 아이들에게는 자기가 저를 때려눕혔다고 자랑하고 다니면서, 정작 저를 보면 오히려 저한테 얻어맞은 사람처럼 황급히 길을 건너가 숨어 버려요."

우리가 원수 사랑 같은 하늘의 법칙에 순종하면 원수보다 우리 자신에게 더 유익하다. 사랑하면 원수를 통제함으로 자유를 얻을 수 있다. 반대로, 복수를 추구하면 원수처럼 되거나, 마치 종처럼 원수에게 속박되게 된다. 하나님 나라의 명령을 지켜야 하나님이 우리를 받아 주시는 것은 아니다. 하나님은 오직 그리스도로 인해서 우리를 받아 주셨다. 하지만 그 명령들은 우리를 행복하고 자유롭게 만들어 준다. 내가 하나님의 명령들을 사랑하는 것은 그것들이 율법이기 때문이 아니라 생명이기 때문이다.

신자들이 하나님을 향한 열정을 이야기하는 것을 자주 본다. 하지만 그 열정의 근원이 세상인가, 하늘인가? 하나님을 향한 열정은 그분이 해 주신 일에 은혜를 갚으려는 시도에서 발생하는 경우가 많다. 다시 말해, 언젠가 우리가 천국에 갈 수 있게 하기 위해 예수님이 오셨으니 이제 우리가 감사 표시로 열심히 노력하는 것이다. 그런데 얼마나 많이 노력해야 충분해질까? 그런가 하면 하나님은 위대하시고 우리는 벌레와 같기 때문에 우리가 할 수 있는 것은 뭐든 해야 한다는 관념에서 열정이 비롯할 수도 있다. 또 다른 이들은 규칙을 만들고 지키는 일 자체에서 열정을 느낀다. 하지만 참된 열정은 우리 안의 생명에서 나와야 한다. 이 생명은 우리를 성과가 아닌 사랑에 근거한 관계로 이끈다.

나는 하나님과 함께하고 싶다. 내게 이보다 더 좋은 것은 없다. 하나님도 나와 함께하기를 원하신다! "나는 내 사랑하는 자에게 속하였고 내 사랑하는 자는 내게 속하였으며"(아 6:3). "그 사랑은 내 위에 깃발이로구나"(2:4). 이렇게 하나님과 함께 있을 때 내 안에 그 아들의 생명이 풀려난다. 그럴 때 그분의 명령을 지키는 것이 자연스럽고 즐거우며 말할 수 없는 기쁨이 된다.

하나님이 직접 우리를 찾아와 말씀하신다. 그때 주를 찾는 모든 이들이 이렇게 응답해야 한다. "내가 여기 있나이다 …… 말씀하옵

하늘의 제자도

소서 주의 종이 듣겠나이다"(삼상 3:4, 10).

하나님이 누구를 찾으시는가? 모든 사람이다! "하나님은 모든 사람이 구원을 받으며 진리를 아는 데에 이르기를 원하시느니라"(딤전 2:4).

노력이 관계의 근원이 되어서는 안 된다. 믿음을 바탕으로 율법을 지키려 노력해야 한다. 관계는 사랑에 뿌리를 두고 있으며 행함이 없는 믿음은 죽은 것이다. 우리의 믿음이 구체적 행동으로 이어져야 한다. 그런데 믿음의 가장 중요한 행위는 하나님을 적극적으로 기다리는 것이다. 이것은 어떤 이들이 말하는 것처럼 활동하지 않는 것이 전혀 아니다. 기다림이라는 가장 중요한 활동이 없으면 신자는 그리스도의 생명이나 성령의 열매(갈 5:22-23 참조), 하나님의 공급하심, 하나님 나라를 경험할 수 없다.

### '진짜 목소리'로 살라

어릴 적에 변장 놀이를 했던 기억이 난다. 카우보이나 어른, 군대 장교로 변장했다가 특정한 무리를 대변하는 목소리인 척하기도 했다. 많은 이들이 어른이 되어서도 환경주의자, 히피, 극단주의자, 지성인, 운동가, 종교인, 보수 혹은 진보 정치인으로서 계속해서 변장을 한다.

많은 사람들이 본래 모습을 버리고 그저 세상에서 들은 것을 앵무새처럼 흉내 내는 메아리가 되었다. 자신이 믿는 것이 진짜 세상에서 통하지 않는다는 것을 알고 자신의 본모습과 다른 옷을 입고 다른 행동을 하고 다른 말을 하며 진정한 삶을 회피한다. 진정한 신념을 표현하는 목소리가 아니라 메아리로 산다. 많은 사람이 다른 사람들의 경험을 통해 자신의 생각을 형성한다. 심지어 텔레비전 드라마나 영화, 토크쇼를 보며 자신의 생각을 형성한다. 세상은 목소리보다 메아리, 리더보다 추종자, 환한 빛보다 평범한 무리가 되는 편을 선호한다.

하지만 우리는 남을 흉내 내는 사람이 아니라 세상을 향해 외치는 목소리가 될 수 있다. 세상으로부터 도망치지 않고 나아가 세상을 취하는 목소리로 진정한 삶, 자신만의 삶을 살 수 있다. 세례 요한이 바로 그런 사람이었다. 요한복음 1장 23절에서 그는 이렇게 말했다. "나는 …… 주의 길을 곧게 하라고 광야에서 외치는 자의 소리로라."

그리스도가 우리 안에 계신다. 우리 안의 생명을 표현할 때 우리는 메아리가 아닌 진짜 목소리가 된다. 그리스도는 생명이시다. 그분이 우리를 창조하셨다. 모든 것을 그분이 지탱하신다. 그분은 우리 안에 사신다. 우리는 그분의 작품이다. 우리는 그분의 의다. 우리는 모조품이 아니다. 우리는 저마다 독특한 그분의 목소리다. 성부께서 성자를 통해 자신을 표현하셨지만 성자께서는 메아리가 아닌 것처럼, 성자께서는 그분의 백성을 통해 자신을 표현하기를 원하신다. 이 표현을 위해 기꺼이 자신을 내어놓을 때 우리는 메아리가 아닌 목소리가 된다. 우리는 그리스도를 흉내 내는 것이 아니

하늘의 제자도

라, 그분의 생명에 참여하는 것이다. 우리는 가지에 접붙여져서 성자의 생명을 받고 있다. 그 생명이 곧 우리의 생명이 되었다. 골로새서 3장 4절은 이렇게 말한다. "우리 생명이신 그리스도께서 나타나실 그때에 너희도 그와 함께 영광 중에 나타나리라."

목소리가 되려면, 무리에서 벗어나려면, 흉내 내기를 멈추려면, 온전한 삶을 살려면 방법은 단 하나다. 바로 그리스도 안에 거하는 것이다.


## 당신이 그분의 기적이다

초자연적인 것을 갈망하는 신자들이 많다. 하나님의 초자연적인 반응이 곧 그분의 인정을 의미한다고 배워 왔기 때문이다. 하나님이 계속해서 우리를 위해 초자연적으로 역사하신다는 것은 곧 우리가 지구상의 무의미한 점 하나가 아닌 특별한 존재라는 증거라는 것이다.

이렇게 배운 신자들은 다음과 같은 진술을 믿거나 때로는 대놓고 말하기도 한다. "하나님이 나를 특별히 여기셨어! 나는 가치 있는 존재야." "하나님이 나를 찾아오셨어. 나는 결혼하거나 목사가 되거나 다른 곳으로 이사할 생각이 전혀 없었지. 나는 '하나님, 저를 원하신다면 직접 찾아오셔야 해요!'라고 말했어. 그러자 하나님이 내게 말씀하시고 나를 찾아오셨지. 하나님이 말 그대로 내 차의 핸들을 돌려 주셨어." 다시 말해 "나는 특별해. 하나님이 나를 원하셔. 하나님이 초자연적으로 나를 이끌고 계셔."

초자연적인 것을 강조하면 '복을 덜 받은' 사람들은 다음과 같이 말하게 된다. "하나님은 나를 눈여겨보시지 않아. 하나님은 내가 어떻게 되든 신경 쓰시지 않아. 하나님이 내 삶에는 역사하시지 않아." "더 이상 하나님을 믿지 않겠어. 아내는 암으로 죽고, 아들은 반항하고, 딸은 혼전임신을 하고, 나는 파산을 하고…… 이렇게 우리 가정이 깨지고, 내 목회까지 실패하게 놔두신 하나님을 어떻게 믿을 수 있겠어!"

이런 논리대로라면 인생이 잘 풀리는 사람들은 하나님께 사랑과 복을 받는 사람들이고, 고난이 잇따르는 사람들은 하나님께 벌을 받는 악인들이다. 초자연적인 일로 우리의 삶이 편해지고 우리의 기분이 좋아질수록 하나님이 우리를 더 아끼시는 것이다. 좋은 일은 하나님이 기뻐하신다는 신호이고 나쁜 일은 하나님이 불쾌해하신다는 신호다.

이런 사고방식은 하나님께 반(反)하는 것이다. 둘째, 이것은 선악을 알게 하는 나무를 먹는 것이다. 이런 논리는 신자에게 초자연적인 역사를 경험할 수 있는 방식으로 행동하고 말해야 한다는 막대한 부담감을 안겨 준다. 그런 역사를 경험하지 못하면 하나님을 기쁘시게 못한 자신을 미워하는 동시에 자신을 주목하시지 않은 하나님께 화를 내게 된다. 하나님의 편애가 싫지만 하나님을 비난하는 자신이 싫어서 겉으로는 그렇지 않은 척하며 살아간다.

잠시 초자연적인 것에 관한 생각은 접어 두고, 하나님의 자연적

하늘의 제자도

인 역사 쪽으로 방향을 바꿔 보자. 낙심한 제자를 훈련시킬 때 나는 이런 질문을 자주 던진다. "지난 5년 혹은 5주, 아니면 5일 동안 성경을 읽거나 설교를 듣거나 좋은 책을 읽다가 갑자기 '하나님, 신앙 생활을 잘하게 해 주세요. 가정을 화목하게 해 주세요'라는 기도를 한 적이 있나요?"

그러면 모든 신자가 "그렇다"라고 대답한다. 그러면 나는 이렇게 말해 준다. "바로 그것이 문제입니다. 우리가 변하지 않고 편한 상태로 남아 있기를 원하면 하나님은 그런 소원을 들어주기 위해 우리 삶의 자연적인 것들을 사용하시지 않습니다."

마태복음 5-7장 산상수훈의 팔복을 보면 그리스도의 생명이 우리의 생명이 되는 것이 하나님의 목표다. 그런데 원수를 사랑하려고 노력해 봤다면 그렇게 할 수 있는 것이 얼마나 초자연적인 것인지를 잘 알 것이다. 우리를 기분 나쁘게 한 배우자에게 다가가 입맞추는 데는 물 위를 걷는 것보다 더 많은 초자연적인 역사가 필요하다. 하늘 아버지는 자연 세계를 창조하신 뒤에 그 안에 인간을 두셨다. 그 자연 세계 안에서 정신과 감정, 몸을 통해 우리에게 오는 모든 자연적인 것은 우리 안에 초자연적인 것을 만들어 내기 위해 오는 것이다.

자연적인 것이 초자연적인 것을 낳는다. 초자연적인 것이 초자연적인 것을 낳는 것이 아니다. 천사들은 언제까지나 천사일 뿐이다. 반면, 흙으로 이루어진 사람들은 자연적인 땅에서 거하면서 하나님의 아들딸이 될 수 있다. 이 얼마나 초자연적인가! 자연적인 것이 우리를 초자연적으로 만드는 과정을 설명하는 것은, 출산을 묘사하는 것과도 비슷하다. 직접 경험해 보기 전까지는 제대로 이해할 수 없다. 몇 가지 예를 들어 보겠다.

우리가 돈도 직업도 희망도 없는 자연적인 경험을 하게 될 수 있다. 그러면서 하나님만 바라보고, 그분의 임재 안으로 들어가 우리가 진정한 부에 참여하고 있음을 깊이 깨닫는다. 그러면 힘든 세상의 한복판에서도 더는 돈 걱정을 하지 않게 된다. 이 얼마나 초자연적인가!

형편없는 정책을 내놓는 정부를 보며 답답해할 수 있다. 처음에 우리는 육신의 힘으로 육신을 변화시키려고 시도한다. 그다음에는 낙심한다. 마침내 하나님께 답답한 심정을 시시콜콜 다 아뢰며 기도하면 그분의 임재 안에서 위로를 얻는다. 그분이 역사하심으로 우리 안에 확신을 가득 채우고, 그분의 사랑이 희망을 일으킨다. 모든 것이 그분의 손을 거친다는 사실을 더 확신하게 된다. 그때부터 우리는 평안과 믿음으로 우리의 진짜 사명을 감당하기 시작한다. 무너져 가는 세상에서 초자연적으로 살게 된다.

매일 밤 뉴스에서 학대에 관한 비극들을 전한다. 그럴수록 우리는 점점 더 절망적이고 부정적으로 변한다. 부정적인 태도가 세상과는 잘 맞을지 모르지만, 신자의 경우에는 맥이 빠진다. 우리는 하나님께 가까이 다가가야 긍정적으로 될 수 있다. 우리는 긍정의 최고봉인 예수님을 경험함으로써 세상의 빛이 될 수 있다.

우리가 사건의 목적을 처음부터 온전히 아는 것은 불가능하다.

자연적인 사건이 나중에 알고 보니 하나님의 초자연적인 역사로 드러날 경우가 정말 많다. 살다 보면 좋은 일도 일어나고 나쁜 일도 일어나지만 그 자체로 하나님이 기뻐하시거나 진노하신다는 신호는 아니다. 하나님은 신자의 삶에서 초자연적인 역사를 행하기 위해 모든 자연적인 상황을 종합적으로 사용하신다. 따라서 결과가 나타나기 전까지 함부로 이렇다 저렇다 말해서는 안 된다. 가정이나 관계, 건강, 재정적으로 실패할 때 성급하게 우리 마음대로 결론을 내려서는 안 된다. 하나님은 언제나 자연적인 것들 속에서 역사하신다.

이것은 시편과 신명기의 가르침에 반하는 것이 아니다. 순종이 복을 가져오고 불순종이 저주를 가져오는 것은 분명 맞다. 하지만 우리가 그리스도 안에 거해도 세상은 사방에서 우리를 공격한다. 그래서 욥기는 선한 사람에게 나쁜 일이 일어나는 것이 그 사람이 사실상 악하기 때문이라는 오해를 바로잡아 준다.

실패했다고 해서 반드시 심판을 받아 그런 것이라고 말할 수는 없다. 오히려 하나님이 악을 선하게 사용하시는 것일 수도 있다. 욥의 친구들은 잘못된 관념을 갖고 있었다. 그들은 하나님의 방법이 얼마나 경이로운지를 잘 몰랐다. "하나님을 사랑하는 자 곧 그의 뜻대로 부르심을 입은 자들에게는 모든 것이 합력하여 선을 이루느니라"(롬 8:28).

하늘의 제자를 위한 기적은 부흥회에서 선전하는 화려한 기적보다 훨씬 더 중요하다. 모세가 행한 기적들은 바로의 마술사들도 너끈히 흉내 낼 수 있었다. 하지만 신자의 기적들은 모방하기가 불가능하다. 그 어떤 비신자나 사이비 교도도 신자의 기적들을 모방할 수 없다. 나는 전 세계를 돌며 다양한 종교를 접해 보았지만 이런 유형의 기적에 관한 간증은 한 번도 들은 적이 없다. 많은 사람이 이런 기적을 경험하는데 이 기적을 알아보는 사람이 별로 없다는 현실이 안타깝다. 이런 기적이 하나님께 더 큰 영광이 되고, 절대 반박할 수 없는 확실한 기적인데 말이다. 이런 기적은 오직 하늘의 제자만 경험하는 기적이며, 그리스도를 따르는 것도 여기 포함된다.

한 자매가 외도한 남편을 용서했다. 한 할아버지는 "아내가 세상을 떠났을 때 외로웠지만 혼자는 아니었다. 하나님이 부족한 것을 채워 주셨다"라고 고백했다. 한 남자가 술로 자기 인생과 가정을 망가뜨렸다. 하지만 결국 그는 그리스도를 영접했다. 오랜 시간이 지난 뒤 존재조차 몰랐던 그의 딸에게서 전화가 걸려 왔다. 딸은 몇 년 동안 찾은 끝에 비로소 아버지와 연락이 닿은 것이었다. 딸은 그리스도인이었고, 하나님은 그녀에게 아버지를 찾는 일을 멈추지 말라고 말씀하셨다. 이 남자는 잃었던 것을 거저 돌려받았다.

한 아들이 마약 문제로 아버지와 연을 끊었다. 그 아버지는 하나님도 버리고 삶의 미련도 버렸다. 그런데 지금 이 아들은 목회자다. 동성애에 빠졌던 한 형제가 그리스도를 만났다. 현재 그는 그 굴레에서 완전한 자유를 얻었다. 한 의사가 한밤중에 한 환자에게 무례하게 굴었다. 이에 환자는 이 의사의 면허를 취소시키려고 했

하늘의 제자도

다. 그런데 병원에 정식 항의를 하기 전에 환자가 그리스도를 영접했고, 결국 그는 의사를 찾아가 화해했다. 둘은 함께 기쁨의 눈물을 흘렸다. 한 형제가 자살을 시도했는데, 다른 형제가 그 소식을 듣고 그리스도를 영접했다.

이 모두가 기적이지 않은가? 이것들은 삶에 영원한 영향을 미치는 기적들이다. 그리스도 안에서는 하루하루가 기적이다. 신자에게는 하루하루가 자연적인 것을 통해 초자연적으로 될 수 있는 기회다.

## 회심하는 두 가지 길

최근 오래된 신앙서적 한 권을 읽었다. 거기서 내가 발견한 것과 똑같은 내용의 글을 발견했다. 그리스도께로 들어가는 길이 두 가지라고 한다. 하나는 우울증이나 걱정, 심각한 실패 후에 이어지는 큰 폭발을 통해서다. 다른 하나는 오랜 시간 머리에서 가슴으로 내려오는 이해의 여정을 통해 서서히 그리스도께로 들어가는 것이다. 그 책은 그리스도께 천천히 이른 사람들은 자신을 내려놓고 그리스도를 영접한 정확한 날짜와 시각을 잘 기억하지 못한다고 짚었다. 하지만 그들의 삶을 보면 그런 일이 일어났음을 분명히 알 수 있다.

폭발을 경험하지 못한 사람들은 자신이 다른 사람들처럼 진정으로 구원을 받았는지 수시로 의심할 수밖에 없다. 위의 책에서 가장 흥미로운 대목은, 조사 결과 신자들의 60퍼센트가 서서히 그리스도께로 왔고, 폭발을 통해 온 신자들은 40퍼센트라는 점이었다.

둘 중 어떤 길을 통하든 문제는 없다. 중요한 것은 그리스도를 만나고 영접했다는 사실 자체다. 하지만 폭발을 경험한 적이 없다고 해서 폭발을 기다리는 데 시간을 낭비하지 말라. 계속해서 그리스도께로 더 깊이 들어가면 된다.


## 일과 영성

데살로니가전서 4장 11절은 이렇게 말한다. "또 너희에게 명한 것같이 조용히 자기 일을 하고 너희 손으로 일하기를 힘쓰라."

"사역을 멈추지 마세요. 때가 가까이 왔습니다. 최선을 다하고 있나요? 사람들이 죽어 가고 있습니다. 선교를 위한 당신의 비전은 어디에 있습니까? 일어나십시오! 쉬지 말고 복음을 전하세요. 구원받아야 하는 이웃들이 수없이 많습니다. 식당에 앉아 밥을 먹을 여유가 어디 있나요? 주변에 죄인이 가득한 것을 모르나요? 시간이 많지 않습니다. 사역 외에 그 무엇에도 시간을 낭비하지 마십시오."

보통 다른 직업을 갖지 않은 '전임 사역자들' 사이에서 들을 법한 말들이다. 그런데 전 세계를 다녀 보니 평신도가 '세속' 분야에서 정식 직업을 갖고 자신이 하는 모든 일을 사역의 연장선으로 보는 사람들이 꽤 많다. 사역이란 무엇인가? 사역의 의미를 다시 정의해야 하지 않을까? 사역은 끝없는 말로 이루어져 있지 않다! 물론 세상은

하늘의 제자도

복음을 들어야 한다. 하지만 세상은 복음을 보기도 해야 한다.

기독교의 최대 장점은, 일하는 현장에서 부흥을 이룰 수 있다는 점이다. 우리는 꼭 세상의 일을 떠나 성직자라는 하늘의 일을 할 필요가 없다. 우리의 신앙은 우리가 일하는 현장에서 우리가 하는 모든 일로 세상에 영향을 미칠 수 있다. 우리가 그리스도 안에서 살고 그분이 우리를 통해 사시기 때문에 우리의 모든 활동은 그분으로 가득 차 있다. 고린도전서 10장 31절은 이렇게 말한다. "그런즉 너희가 먹든지 마시든지 무엇을 하든지 다 하나님의 영광을 위하여 하라."

바울은 우리의 일을 성속으로 나누지 않았다. 오히려 그는 "다"라는 표현으로 두 가지 종류의 일을 합쳤다. "다 하나님의 영광을 위하여 하라." 신자가 하는 모든 일이 계층화되어 있다 보니 세속 분야에서 일하는 많은 사람이 자신을 이류 신자로 여겨 언젠가 전적으로 사역에 집중할 날을 꿈꾸고 있다.

예수님 생애의 처음 30년은 어땠을까? 예수님 앞에는 시급한 사역이 놓여 있었다. 하나님 나라를 시작해야 하고 제자들을 훈련시키고 온 인류를 구원해야 했다. 하지만 예수님은 목수로 계속해서 일하셨다. 이를 통해 우리는 하늘의 삶과 이 땅의 삶이 일상적인 일에서 하나로 합쳐질 수 있다는 사실을 확인할 수 있다.

영광은 곧 활동이라는 가르침에 빠졌던 시절이 기억난다. 당시 나는 만나는 모든 사람에게 전도를 하지 않으면 죄책감을 느꼈다. 하지만 노력의 열매는 좀처럼 나타나지 않았다. 그러다가 하나님의 손과 뜻 안에서 쉼을 발견했고 그분의 영광을 위해 살려는 마음이 점점 강해졌다. 나는 구원의 결심을 종용하기보다는 사랑할 방법을 찾기 시작했다. 물론 지금도 한 번도 전도를 하지 않고 한 주를 지나가는 일은 거의 없지만 지금은 내 힘으로 하지 않기 때문에 전도하는 일이 자연스럽고 많은 열매를 맺는다.

### '좋은 일'과 '나쁜 일'의 기준

"자랑하는 자는 주 안에서 자랑할지니라"(고후 10:17).

지난 크리스마스에 다음과 비슷한 내용의 크리스마스카드를 받은 사람들이 있을 것이다.

> 사랑하는 친구들. 이번에 우리 아들이 검사를 했는데 천재로 판명이 났어. 사실, 우리는 벌써 그런 줄 알고 있었지. 두 살 때 6학년 수준의 글을 읽었거든. 참, 이번에 우리 남편이 승진하면서 연봉이 올라 비싼 집을 사서 이사했어. 작년에는 유럽 전역을 여행했지…….

나는 다음과 같은 내용의 크리스마스카드도 받았다.

> 올해도 선하시고 신실하신 하나님의 기적들을 마음껏 경험한 한 해였습니다. 알다시피 우리 딸은 다운증후군이라서 평생 글을 읽

하늘의 제자도

지도 쓰지도 못할 줄 알았습니다. 하지만 열심히 기도하고 노력한 끝에 이제 녀석은 2학년 수준의 글을 읽어 냅니다. 하나님이 정말 선하시지 않으요? 남편은 일자리를 잃었지만 하나님의 공급하심을 기대감으로 기다리고 있습니다. 하나님은 지금까지 저희 가족에게 너무도 많은 것을 해 주셨습니다. 그러니 어찌 그분을 믿지 않을 수 있겠어요? 거센 비바람 뒤에 지저귀는 참새를 보며 "이 풍랑이 지나가면 너도 노래하게 될 것이다"라는 하나님의 음성을 느꼈습니다.

어느 가족이 복을 받은 것인가? 어느 가족이 하나님을 이야기하는가? 어느 가족이 하나님과 가까운가? 이 카드들을 읽으면서 두 가지 생각이 들었다. 첫째, 정신지체나 실직이 나쁜 것인가? 우리 눈에는 나쁘게 보여도 하나님이 보시기에는 그렇지 않을 수도 있다. 둘째, 반항적인 자녀나 장애가 있는 자녀, 학습이 부진한 자녀를 보며 자신이 저주를 받았다고 생각하는 사람이 많다. 그 원인은 비교다. 하지만 나쁜 일이나 좋은 일이나 상관없이 우리에게 일어난 모든 일은 우리를 유일한 복의 자리인 아버지의 발치로 이끌어 주기 위해 계획된 일이다.

똑똑한 자녀는 분명 하나님의 선물이지만 그로 인해 하나님이 영광을 받으시는 경우가 얼마나 되는가. 모든 자랑은 하나님에 관한 자랑이어야 한다. 아픈 아이도 하나님의 선물이다. 다시 말하지만 우리는 오직 하나님만 자랑해야 한다. 우리 그리스도인들은 성공에 관한 다른 사람들의 정의를 따라가지 말고, 하나님과의 관계 안에서 통해 좋고 나쁨에 관한 우리의 제한된 시각을 바로잡아야 한다. 그리고 언제나 하나님만을 자랑해야 한다.

## 영과 혼 사이에 찔러 넣으시는 검

많은 사람이 영과 혼이 분리되는 과정에 있다. 생명은 영 안에서 찾아야 하는데, 많은 사람이 혼에서 일어나는 일을 통해 영의 상태를 가늠한다. 예수님은 우리 삶으로 들어오실 때 성공적인 삶에 필요한 모든 것을 가득 담은 보물 상자를 들고 들어오셨다. 그 상자 안에는 받아 주심, 사랑, 확신, 안정, 헌신, 매일의 도움이 들어 있다. 그 상자는 영 안에 있지만 미성숙한 신자는 계속해서 영 밖에서 만족을 찾는다.

영 안의 생명을 혼 안에서 찾을 수 있다고 믿는 사람이 많다. 과연 자신의 행동을 다 이해하고 나면 자신의 이성으로 그 생명을 찾을 수 있을까? 강한 의지로 의를 이루고 우리가 미워하는 것을 변화시킴으로써 그 생명을 찾을 수 있을까? 영 안의 생명이 감정 변화, 즉 사랑과 인정을 받는다는 기분을 통해 찾아올 수 있을까? 그런가 하면 열심히 노력하여 자녀나 배우자, 친구, 가족, 부모, 동료들에게서 받는 칭찬에서 생명을 추구하는 사람도 있다. 직함과 직업도 우리의 공허함을 채워 줄 것이라고 약속한다.

당신이 하나님이라면 신자의 영과 혼이 분리되어 그리스도 안에 있는 모든 보화를 발견할 수 있도록 하기 위해 어떤 방법을 사용하겠는가? 신자가 자기 안의 참된 생명을 발견할 수만 있다면 그의 밖에 있는 무엇도 그를 파괴할 수 없을 것이다. 그렇다고 해서 신자가 외부의 영향을 전혀 받지 않고 살 수는 없겠지만, 심지어 감옥 안에서도 찬송을 부를 수 있다.

내가 하나님이라면 먼저 신자의 모든 지식이 실패하고 모든 감정이 무너지며 육체적 매력이 사라지게 만들 것이다. 그다음에는 삶이 신자의 뜻대로 풀리지 않게 만들 것이다. 마지막으로, 신자가 믿는 세상과 그 안의 모든 사람이 그의 가장 깊은 욕구를 채워 주지 못하게 만들 것이다. 바로 이것이 하나님이 혼과 영 사이에 찔러 넣으시는 검이다. "하나님의 말씀은 살아 있고 활력이 있어 좌우에 날선 어떤 검보다도 예리하여 혼과 영과 및 관절과 골수를 찔러 쪼개기까지 하며 또 마음의 생각과 뜻을 판단하나니"(히 4:12).

이 구절에서 "하나님의 말씀"은 바로 예수님을 가리킨다. 예수님이 직접 쪼개는 작업을 하고 계시며, 그분으로 인해 쪼개지는 경험은 지독히 힘든 경험이다. 그래서 많은 사람이 분노와 걱정, 혼란, 절망, 원망에 가득 차서 육신의 즐거움을 돌려 달라고 아우성치게 된다.

하지만 힘을 내야 한다. 이 경험을 통해 믿음이 자라서 굳건한 믿음의 사람이 되기 때문이다. 이 경험을 통해 영 밖에 있는 어떤 것도 궁극적으로는 우리를 파괴할 수 없다는 사실을 배운다. 자유를 발견한다. 우리가 하나님을 의지할 수밖에 없는 존재지만 그분으로 인해 충분함을 배운다. 이 과정이 완성되면 궁극적인 생산성에 이른다. 우리가 영 밖에서는 아무것도 소유하지 않고 아무것도 우리를 소유하지 않는 수준에 이른다. 진정한 겸손을 얻게 되며, 영 밖에 있는 그 무엇도 우리를 방해할 수 없게 된다.

이런 경험을 꼭 해야만 한다. 아직 경험하지 못했다면 언젠가 영 밖에서 힘든 상황을 만날 것이다. 숨이 막히고, 생명을 옥죄는 듯 괴로울 것이다. 세례 요한은 이런 과정 전체를 예수님의 불 세례로 불렀고, 이 세례를 거치면서 과거의 찌꺼기는 모조리 타서 없어진다.

영 밖의 삶을 추구하는 것이 얼마나 허망한가! 우리가 의지했던 덜 중요한 것들이 타 버리고, 하나님의 가장 깊은 역사를 경험하게 된다. 그때부터 다른 사람들에게 이 과정을 거쳐 성령 안에서의 삶을 배우라고 날마다 외친다. 자기 안의 생명을 발견한 우리는 이제 자유롭다. 보물 상자 안에 있는 것을 실천하고, 또 감사하며 산다.


## 할수록 늘어나는 할 일들

히브리서에는 하나님의 쉼 안으로 들어가지 못한 신자들에게 주는 경고가 담겨 있다. 갈라디아 신자들(갈 3-4장 참조)과 마찬가지로 그들도 그리스도의 사역을 한쪽으로 치워 버린 채 자신의 능력만을 믿었다.

육신적인 사람은 하나님이 이미 우리를 기뻐하시기 때문에 일

하늘의 제자도

하는 것이 아니라 하나님을 기쁘시게 하기 위해서 일한다. 우리에게는 하나님을 기쁘시게 하기 위해 일하는 것이 자연스럽게 느껴진다. 어릴 적부터 원하는 것이 있다면 열심히 노력해서 다른 사람들에게 얻어 내야 한다고 배우며 자랐기 때문이다. 선악을 알게 하는 나무는 이런 왜곡된 시각을 부추긴다. 이 나무는 악을 행하면 거부를 당하고, 선을 행하면 의와 인정을 받을 수 있다고 가르친다.

이런 거짓 신학으로 성경에 접근하면 오로지 해야 할 일 목록밖에 보이지 않는다. 문제는 인간이 하나님의 인정을 받을 만큼 완벽한 행위에 이른 적이 없다는 것이다. 그래서 우리에겐 그리스도가 필요하다. 우리가 행위가 믿음을 대신할 수 있다고 믿으면 하나님은 훨씬 더 많은 할 일을 주신다. 그래서 우리가 실패해 아들의 역사를 통해 그분께로 돌아올 수밖에 없게 만드신다. 그렇게 우리는 하나님의 선하심을 경험하게 된다. 그리고 그 경험은 우리로 하여금 그리스도를 더 깊이 알고 내주하시는 성령의 역사에 순종하게 만든다.

구약에 흥미로운 구절 하나가 있다. 이 구절은 사람이 하나님의 역사 안에서 안식하지 않을 때 어떤 일이 벌어지는지를 알려 준다.

전에 그들에게 이르시기를 이것이 너희 안식이요 이것이 너희 상쾌함이니 너희는 곤비한 자에게 안식을 주라 하셨으나 그들이 듣지 아니하였으므로 여호와께서 그들에게 말씀하시되 경계에 경계를 더하며 경계에 경계를 더하며 교훈에 교훈을 더하며 교훈에 교훈을 더하고 여기서도 조금, 저기서도 조금 하사 그들이 가다가 뒤로 넘어져 부러지며 걸리며 붙잡히게 하시리라(사 28:12-13).

우리가 알아서 쉬지 않으면, 하나님은 수많은 해야 할 일들로 우리가 지치게 놔두신다.

## 순서가 중요하다

그리스도께서 처음에는 우리에게 사람에게서 벗어나고 누구에게도 우리 자신을 주지 말라고 명령하시고서, 막상 우리가 그렇게 하고 나면 이번에는 밖으로 나가 모든 사람에게 우리 자신을 내주라고 명령하시니 이상한 노릇이다. 아무래도 모순이 아닌가?

그렇지 않다. 첫째, 우리는 다른 사람들에게서 필요한 것을 짜내는 데 너무 익숙해져 있다. 우리는 오직 하나님만 채워 주실 수 있는 필요를 다른 사람들을 통해 채우려고 해 왔다. 그래서 끝내 만족하지 못하면 세상적인 삶의 또 다른 영역에서 탐구를 계속했다. 하나님은 우리의 이런 행동을 치유해 주기를 원하신다.

하나님은 사랑이시기 때문에 우리가 그분 밖에서 벌인 일이 처절하게 실패해서 결국 그분께로 돌아오게 만드신다. 내주하시는 그리스도와 우리에게 필요한 모든 보화를 찾고 나면, 더 이상 다른 사람들이나 세상에서 만족을 찾지 않는다. 그래서 이제 우리는 세상으로 돌아갈 수 있다. 이제 우리는 세상에서 자신을 위한 것을 추

하늘의 제자도

구하지 않고, 혹 거부당하지 않을까 하는 두려움 없이 다른 사람들의 구속을 위해 우리 자신을 내줄 수 있다. 우리는 전혀 다른 사람이 되어 세상으로 돌아간다. 전에는 가난했지만 지금은 우리 안에 흐르는 생명의 강물을 마음껏 퍼서 나눠 줄 수 있다.

단, 하나님이 우리의 필요를 채워 주셨다는 사실을 이해하기 전까지는 자신을 누구에게도 내주어서는 안 된다. 그것을 이해한 뒤에야 자신을 내주어야 한다. 바로 이 부분에서 문제가 발생한다. 먼저 아무에게도 자신을 주지 않는 경험을 하지 않고도 세상으로 나가 모든 사람에게 자신을 내줄 수 있다고 생각하는 사람이 교회 안에 많다는 것이다. 그 결과, 그리스도 안에서 모든 것을 발견하지 못한 채로 자신을 주고, 남들에게도 받으려고 하는 교회가 생겨났다. 이는 육신이 육신을 목회하려는 꼴이다. 그런 목회는 불가능하다!

우리는 그리스도의 몸인 교회가 되기 전에 먼저 우리 각자가 그분 몸의 일부라는 사실부터 깊이 깨달아야 한다. 그분을 떠나서는 아무것도 할 수 없고, 그분에게 적용되는 것이 우리에게도 적용되며, 옛 사람, 옛 본성, 옛 삶은 이제 십자가에 못 박혔다는 사실을 먼저 깨달아야 한다. 우리가 옛 자아의 모든 것을 잃고 그리스도 안에서 새 생명의 모든 것을 얻었다는 사실을 깨달은 뒤에야 비로소 교회의 연합을 위한 우리의 희생이 가치가 있다. 그제야 비로소 우리는 다른 사람들의 공격에 사랑으로 대응할 수 있다. 이것이 교회의 연합이 이루어지는 기초다.

## 사람이 사람의 필요를 다 채울 수 없다

예수님은 자신이 누구며, 어디에서 와서 어디로 가는지, 자신의 아버지가 어떤 분이신지, 심지어 제자들이 자신을 부인하리라는 것까지 다 아셨다. 다 아신 그분은 어떻게 하셨는가? 수건을 들어 제자들의 발을 씻겨 주셨다! 다른 사람들의 행동이 예수님의 반응에 아무런 영향도 미치지 못했다. 다른 사람들의 행동에 영향을 받지 않는 이러한 자유야말로 진정한 자유다. 다른 사람들의 행동에 따라 반응하는 사람이 얼마나 많은가. 그들은 삶을 사는 것이 아니라 단순히 삶에 반응할 뿐이다.

우리 삶은 처음에는 이 땅의 문제를 중심으로 돌아간다. 오직 하나님만 채워 주실 수 있는 가치, 인정, 안정, 사랑, 헌신 같은 영적 욕구를 다른 사람들에게서 채우려고 한다. 그러다가 다른 사람들도 각자의 욕구를 채우기를 원한다는 사실을 발견한다. 그들도 우리의 욕구를 채워 줄 수 없는 것이다. 결국 우리는 배우자나 목사, 자녀에게 화를 낸다. 우리의 분노는 거기서 멈추지 않고, 다른 사람들의 사랑과 인정을 구걸하는 자신을 미워하기 시작한다. 다른 사람들이 힐끗거리는 눈길, 다른 사람들이 무심코 던진 불친절한 말, 우리에게 관심이 없는 모습, 우리를 은근히 얕잡아보는 태도에 감정의 롤러코스터를 오르내리는 자신이 미워지기 시작한다.

우리는 자유롭지 못하고 다른 사람들의 통제를 당하며 매일 다른 사람들에게서 인정과 안정, 확신을 구걸하는 자신을 미워한다. 감정적인 거머리가 되어 버린 것이 싫다. 한편, 우리는 다른 사람들

하늘의 제자도

이 우리의 악한 감정을 만들어 냈다고 믿고 싶어 한다. 하지만 사실, 다른 사람들이 그런 감정을 만들어 낸 것이 아니라 우리에게 이미 있는 감정을 끄집어냈을 뿐이다.

속사람의 갈증을 채워 줄 물이 없는 우물가에서 갈증을 채우려고 하는가? 상사나 배우자, 부모를 바라보며 그들에게 없는 것을 달라고 구걸하는가? 그렇다면 당신의 불행은 자초한 것이다. 그로 인한 미움은 당신을 위한 하나님이 되어 주지 못한 이들을 향할 뿐 아니라 그런 한심한 상황에 처한 자신을 향하게 된다.

뭐든 하나님 외에 인간의 가장 깊은 욕구를 채워 줄 것처럼 보이는 것은 다 우상이다. 이런 우상은 결국 우리를 실망시킨다. 오늘날 정부를 우상으로 삼아 오직 하나님만 주실 수 있는 안정을 요구하는 사람이 너무도 많다. 육신에 따라 사는 이들은 그 신(정부)에게 자신 외에 모든 사람의 삶에 개입하여 자신의 욕구를 채우게 해 달라고 요구한다. 하지만 예수님 외에 그 무엇도 마음 가장 깊은 곳의 욕구를 채워 줄 수는 없다.

예수님은 아무도 그 갈망을 채울 수 없도록 인간의 삶을 창조하셨다. 예수님은 우리 모두가 그분을 위해 살도록 우리를 창조하셨다. 그래서 우리는 그분 안에서 생명을 찾아야 한다. 그리스도인의 삶에서 모든 답이 다 그렇듯 이 문제의 답도 단순하고 약한 자들을 위한 것이다. 세상을 자기 쪽으로 끌어들이거나 자신이 세상 쪽으로 갈 힘을 잃고 환멸에 빠진 자들은 결국 겸손해져서 이렇게 고백한다. "제게는 하나님이 계십니다. 그분의 이름은 예수님이십니다.

그분이 제 모든 필요를 채워 주십니다."

복권을 사는 사람들은 다른 사람들이 오랜 세월에 걸쳐 얻은 것을 단번에 얻으려 한다. 우리는 복권 그리스도인이 되어서는 안 된다. 교리, 사람들, 배우자, 선생, 직업 때문에 실망한 경험 없이 영적으로 성숙한 사람이 되기는 어렵다. 하나님은 버섯 신자가 아닌 떡갈나무 신자를 만드신다. 버섯 신자는 금방 자라지만, 떡갈나무 신자는 평생에 걸쳐 형성된다. 세상이 우리의 필요를 채우지 못한다는 사실을 깨닫는 것은 유쾌한 경험이 아니며, 또한 깨닫기까지 꽤 많은 시간이 걸린다.

그리스도가 사람의 모든 필요를 채워 주신다는 사실을 발견하고 믿고 경험했다고 해서 이후부터는 사람들을 멀리해서는 안 된다. 오히려 사람들에게로 다가가야 한다. 단, 전과는 전혀 다른 태도로 다가가야 한다. 생명을 구걸하기 위해서가 아니라 우리를 통해 흘러나가는 그리스도의 생명을 전하기 위해 사람들에게 달려가는 것이다.

나를 믿는 자는 성경에 이름과 같이 그 배에서 생수의 강이 흘러나오리라(요 7:38).


## 집착의 덫

"끝으로 형제들아 무엇에든지 참되며 무엇에든지 경건하며 무엇에든지 옳으며 무엇에든지 정결하며 무엇에든지 사랑받을 만하며 무엇에든지 칭찬받을 만하며 무슨 덕이 있든지 무슨 기림이 있든지 이것들을 생각하라"(빌 4:8).

지금 당신이 앉아서 이 책을 읽는 곳이 당신의 삶 전체를 상징한다고 상상해 보라. 방 안의 모든 것에 당신의 과거와 현재, 미래가 담겨 있다. 그중 가장 덜 중요한 것을 집어 보라. 이를테면 연필이나 동전, 소금 그릇 같은 것을 집어 천천히 눈 쪽으로 가까이 대보라. 그렇게 하다 보면 결국 그 물건이 당신 세상의 절반을 가린다. 이제 다른 사람들에게는 전혀 중요하지 않은 뭔가가 당신에게는 가장 중요한 것이 되었다. 물론 시야의 절반을 가린 채로 살기란 여간 힘들지 않다. 그런데 바로 이것이 원수가 신자들에게 하는 짓이다.

원수는 우리의 과거나 현재, 미래와 관련된 무언가를 집어 우리를 그것에 집착하게 만든다. 그러면 결국 우리는 그 하나의 문제를 해결하기 전까지는 아무것도 할 수 없다고 믿는다. 어떤 이들은 그 문제에 너무 오래 집착한 나머지, 그 문제가 너무 커서 자살밖에 답이 없다는 원수의 거짓말에 넘어가고 만다.

집착에는 근본적으로 두 가지 문제점이 있다. 첫째, 마태복음 5장 36절은 "네가 한 터럭도 희고 검게 할 수 없음이라"라고 말한다. 즉 우리는 과거나 현재, 미래를 통제할 수 없다. 둘째, 과거를 후회하는 일은 비신자들에게나 어울린다. 과거의 어리석은 실수를 계속해서 떠올리며 괴로워하는 신자들을 보면 안타깝기 그지없다.

우리에게는 우리의 모든 죄를 짊어지신 예수님이 계시며, 그분이 그 모든 죄를 깨끗하게 해 주셨다. 따라서 우리는 날마다 오직 그분께만 시선을 고정해야 한다.

내가 발견한 기쁜 삶의 비결은 나보다 큰 무언가에 마음을 쏟는 것이다. 우리가 집착하는 대상은 우리에게 자신을 내주신 분보다 크지 않다. 아니, 하나님보다 큰 것은 아무것도 없다. 사탄은 예수님이 자신에게 경배(예배)하기를 원한다. 여기서 경배에 해당하는 단어는 '관심을 쏟다'라는 뜻이다. 예수님은 하늘 아버지가 아닌 다른 것에 관심을 쏟기를 거부하셨다. 집착하는 대상을 경배하는 것은 가장 무익한 짓이다.

## 우리는 언제나 하나님 안에 있다

"우리가 그를 힘입어 살며 기동하며 존재하느니라 너희 시인 중 어떤 사람들의 말과 같이 우리가 그의 소생이라 하니"(행 17:28).

내 친구 한 명은 어디서 하나님과 함께 시간을 보내느냐는 질문에 "저는 덴버에 있습니다"라고 대답했다. 그 말에 우리는 한바탕 웃으면서도 한편 큰 깨달음이 왔다. 나는 "매일 하나님과 얼마나 많은 시간을 보냅니까?"라는 질문을 자주 듣는다. 우리가 하나님과 시간을 보낸다는 것은 잘못된 생각이다. 그것은 하나님의 임재를 우리의 시공간에 가두는 것이기 때문이다. 그보다는 우리가 하나님 안에서 시간을 보낸다는 표현이 더 정확하다.

　　　　　　　하늘의 제자도

참으로 놀라운 비밀이다! 하나님의 임재는 우리가 찾아야 하는 것이 아니다. 시편 139편 7절은 이렇게 말한다. "내가 주의 영을 떠나 어디로 가며 주의 앞에서 어디로 피하리이까."

하나님의 임재는 단순히 우리가 믿음으로 인정해야 하는 것이다. 나는 그 임재 안에서 살고 그 임재를 즐긴다. 하나님은 말이 내 입에 있는 것만큼이나 늘 우리 가까이 계신다. 오늘도 내일도 언제나 우리는 하나님 안에 있다!


## 무엇으로 나를 규정하는가

창세기 1장 27절은 이렇게 말한다. "하나님이 자기 형상 곧 하나님의 형상대로 사람을 창조하시되."

사람은 주변 환경과 구별된 정체성을 원한다. 즉 독립을 원한다. 하지만 모든 사람이 어떤 식으로든 누군가와 연결되어 있다. 매번 인간은 모든 피조물 중에서 가장 의존적인 존재임을 여실히 드러낸다. 우리의 의존성은 워낙 강해서, 일단 정체성을 확고히 하고 나면 그 안에서의 반응만을 찾는다. 정해진 행동과 원하는 반응의 굴레에 갇혀 다른 모든 것을 피하게 된다.

운동가는 자신이 저항하는 대상과 하나로 연결되어 있다. '운동가'라는 정체성을 받아들이고 난 뒤에는 문제가 전혀 없는 환경에서 살기가 매우 힘들어진다. 하나의 저항이 성공해도 운동가의 조직은 해산되지 않는다. 저항할 또 다른 대상, 혹은 자신이 원하는 반응을 제공해 줄 또 다른 대상을 찾기 시작한다. 원한을 품은 사람은 미워할 사람이 필요하다. 도둑은 훔칠 무언가가 필요하다. 깡패는 심약한 사람을 찾는다. 편협한 사람은 비판할 또 다른 편협한 사람을 찾는다. 정당은 다른 정당을 필요로 한다. 수많은 사람들이 자신이 경멸하는 대상에 의존하고 있다. 이 얼마나 불쌍한 삶인가!

20년간 성폭력 상담 치료를 받아 온 여성이 있었다. 나는 그녀에게 이렇게 물었다. "제가 한 여성을 데려와 당신의 사연을 듣고 6개월 동안 밤낮으로 당신이 당한 일을 생각하라고 하면 어떻게 되겠습니까?" 그녀는 그 여성의 삶이 지독히 괴로울 것이라고 대답했다. 이에 나는 이렇게 말했다. "바로 그렇습니다. 심지어 자신이 당한 일이 아닌데도 지독히 괴롭겠지요. 성폭력을 당한 일에 대한 집착이 실제 성폭력보다도 당신을 더 괴롭히고 있습니다."

그녀가 받은 피해와 고통을 축소하고 싶은 마음은 눈곱만큼도 없다. 하지만 그녀는 '성폭력 피해자'를 자신의 정체성으로 삼았고 그것을 바꿀 생각이 조금도 없었다. 과거 속에서 사는 것은 오늘을 살기를 거부하는 것이다. 사탄은 이 점을 너무도 잘 안다.

우리는 하나님에 의해, 하나님을 위해 창조되었다. 그래서 그분 안에서 우리의 진정한 정체성을 발견할 수 있다. 본래 우리는 의존적인 존재이기 때문에 항상 뭔가를 섬긴다. 우리는 자신이 누구이며 무엇이 필요한지를 선택할 수 있다. 나는 하나님의 자녀이기를 선택했고, 그래서 내게는 하나님이 필요하다. 내가 행동하면 하나님이 반응하신다. 하지만 세상을 섬기는 이들과 달리 이 순환은 나

하늘의 제자도

를 다른 사람들의 종으로 만들어 고갈시키지 않는다. 오히려 나는 세워지고 자유로워지며 메아리가 아닌 진짜 목소리가 된다. 그리스도인이 되길 정말 잘했다!


## 변명을 멈추고 자기 상태를 인정하라

한 사람이 오렌지를 들고서 물었다.

"이 오렌지 안에 무엇이 들어 있나요?"

사람들이 대답했다. "오렌지즙이요."

그런데 오렌지를 짜자 예상했던 달콤한 즙 대신 검고 찐득한 뭔가가 나왔다. 우리 삶을 오렌지로 생각할 수 있다. 우리가 그리스도인의 삶을 사는 내내 다른 사람들이 우리를 짠다. 그럴 때 우리 안에 달콤한 것이 있는지, 아니면 자기중심주의라는 검은 것이 있는지가 드러난다.

"그러므로 너희는 하나님이 택하사 거룩하고 사랑받는 자처럼 긍휼과 자비와 겸손과 온유와 오래 참음을 옷 입고 누가 누구에게 불만이 있거든 서로 용납하여 피차 용서하되 주께서 너희를 용서하신 것같이 너희도 그리하고 이 모든 것 위에 사랑을 더하라 이는 온전하게 매는 띠니라"(골 3:12-14).

다른 사람들이 우리를 짜내서 육신의 삶이 드러난다고 했을 때, 우리는 무엇에 초점을 맞추는가? 우리를 짠 사람들, 그 부당함과 잘못된 방식에 초점을 맞추는가, 아니면 우리 자신의 육신적인 반응에 관심을 기울이는가? 대부분 다른 사람들의 행동을 비판하고 우리의 행동을 정당화하는 데 집중한다. 하지만 신자라면 절대 자기중심적인 행위를 변명하지 말아야 한다. 우리는 어떤 경우에도 사랑하지 못한 것에 대해 변명할 수 없다는 영적 원칙에 따라 사는 사람이다.

인도 무굴제국의 한 왕에 관한 흥미로운 이야기가 있다. 왕이 은퇴를 하고 싶은데 자식이 없어 후계자를 찾기 위해 제국 내에서 무려 500명의 청년을 한자리에 모았다. 왕은 그 자리에 모인 모든 청년에게 씨앗을 하나씩 나누어 주고는 1년간 정성껏 가꿔서 가져오라고 명했다. 1년 뒤에 결과물을 보고 차기 왕을 뽑겠다고 했다. 그중 한 청년이 씨앗을 받아 집에 가져왔다. 그는 씨앗을 심고 물과 거름을 주며 밤낮으로 정성껏 돌보았다. 그런데 아무리 정성을 기울여도 씨앗은 자라지 않았다.

1년이 다 지날 무렵, 청년은 아버지에게 빈 화분을 들고 왕 앞에 서기가 너무 창피하다고 대답했다. 그러자 아버지는 최선을 다했으니 창피할 것이 전혀 없고 결과가 좋든 나쁘든 왕에게 정직하게 결과물을 보여야 한다고 말했다. 그리하여 청년은 빈 화분을 들고 왕 앞에 섰다. 하지만 다른 사람들은 저마다 열매를 주렁주렁 맺은 바나나 나무와 망고 나무, 아름다운 꽃다발을 들고 서 있었다. 왕은 유일하게 빈 화분을 들고 있는 청년 앞에서 잠시 멈췄다가 유심히 보고는 다시 검사를 계속했다. 이윽고 왕은 빈 화분을 들고 있는 청년 앞으로 돌아와 "자네가 차기 왕이네!"라고 선포했다.

하늘의 제자도

청년은 당연히 어리둥절한 표정으로 물었다. "왜 아무것도 가져오지 못한 저를 선택하신 겁니까?"

그러자 왕은 대답했다. "씨앗을 나눠 주기 전에 싹이 날 수 없도록 팔팔 끓였다네. 오직 자네만 정직하게 결과물을 있는 그대로 내놓았네. 그래서 자네가 차기 왕이네."

예수님께 아들을 치유해 달라고 요청한 사람이 기억나는가? 예수님이 "믿는 자에게는"이라고 말씀하시자 그 사람은 자신을 있는 그대로 내보였다. "내가 믿나이다 나의 믿음 없는 것을 도와주소서"(막 9:24).

결국 그의 아들은 치유를 받았다. 우주의 왕께서는 정직한 자에게 상을 주시고 겸손한 자를 높이신다. 대개 신자가 해야 할 일은 아주 간단하다. 변명하지 않고 있는 모습 그대로 가감 없이 하나님 앞에 서는 것이다. 다른 사람들이 우리를 짜서 검은 것이 나오면 우리를 짜는 자들을 보지 말고 우리의 상태를 인정해야 한다.

사랑과 친절, 자기희생, 칭찬, 용서로 배우자와 결혼에 골인했지만 시간이 지나 배우자가 자신의 가장 깊은 욕구를 채워 줄 수 없다는 사실을 발견하고서 불평과 정죄, 이기주의, 분노, 원망, 비난, 육욕으로 흐르는 부부를 자주 본다. 이럴 때 신자는 하나님 앞에 나아가 육신적인 행위를 고백할 수도 있고 어떻게든 변명할 방법을 찾을 수도 있다. 변명하는 사람은 돋보기를 들고서 자신이 육신적인 반응을 할 수밖에 없게 만든 배우자의 잘못을 찾는다.

이런 영적 상태는 텅 빈 중심을 거세게 도는 토네이도와 같다.

토네이도는 주변에서만 모든 피해가 발생하고 중심에서는 아무런 일도 일어나지 않는다. 많은 사람이 텅 빈 자신을 중심으로 회오리를 일으켜 자기 밖의 모든 것을 파괴하고 자신은 계속해서 텅 빈 채로 남아 있다. 이런 부류에서 탈피하고 싶다면 파괴와 변명을 멈추고 자신의 진정한 상태를 인정해야 한다. 그러면 "그 배에서 생수의 강이 흘러나오리라"(요 7:38)라는 진리를 경험할 것이다.

## 영이 만족할 때

내가 정말 존경하는 샘 존스가 몇 년 전에 내 사무실을 방문했다. 당시 존스는 해외 선교에 매진하고 있었다. 오전 한때를 함께 보내고서 헤어졌는데 잠시 후 그가 다시 돌아와 사무실 문을 열고 고개를 쑥 내미는 게 아닌가. 그러고는 의미심장한 한마디를 남겼다. "마지막으로 하나만 더, 절대 자신의 왕국을 세우지 마세요."

그 말이 어찌나 마음에 와 닿던지, 지금도 내 머릿속에서 "절대 자신의 왕국을 세우지 마세요"라는 작은 목소리가 문득문득 속삭이곤 한다.

한 중세의 성을 방문했을 때 그 성이 세워지게 된 이야기를 듣고 깊은 인상을 받았다. 한 농부가 농사를 즐겼다. 그렇게 좋아하는 일을 하니 성공이 따라왔고, 성공은 큰 수입으로, 큰 수입은 큰 집으로 이어졌다. 나중에 커질 대로 커진 집은 적들의 시샘거리가 되었다. 집을 보호해야 할 필요를 느낀 농부는 그때부터 성을 쌓았고,

불을 쬐러 오는 친구들까지 의심하기 시작했다. 성벽을 아무리 쌓아도 취약해 보였고, 점점 더 많은 사람이 성을 노리는 것처럼 느껴졌다.

결국 농부는 좋아하는 농사를 즐기기보다는 성을 쌓고 보호하는 일에만 몰두하기에 이르렀다. 어느새 근면과 자연 사랑의 정신은 사라지고 성 유지를 위한 강박관념만 자리를 잡았다. 하나님이 창조하신 자연을 사랑하는 일보다 인간이 만든 영토가 주가 되었다. 이런 초점의 변화는 갖가지 신경증을 일으켰고, 그 정신이 자자손손으로 이어져 결국 가문은 폭삭 망하고 말았다. 순간, 샘 존스의 말이 다시 기억났다. "절대 자신의 왕국을 세우지 마세요!"

다른 사람들이 높은 산 위에 지은 것들을 보며 우리의 낮은 상태와 비교하지 말아야 한다. 앞의 농부처럼 우리도 성안으로 들어가 그것을 보호하는 데 몰두하게 될 수 있기 때문이다. 우리가 성밖에서 가지고 있는 것이 인간이 지은 왕국보다 훨씬 더 크고 귀하다. 우리는 바로 하나님을 갖고 있다. 하나님이 우리의 마음에 그분의 왕국을 세워 통치하고 계신다. 그분의 왕국에 있는 우리는 매우 중요한 약속들을 받았다.

너희 염려를 다 주께 맡기라 이는 그가 너희를 돌보심이라(벧전 5:7).

까마귀를 생각하라 심지도 아니하고 거두지도 아니하며 골방도

없고 창고도 없으되 하나님이 기르시나니 너희는 새보다 얼마나
더 귀하냐(눅 12:24).

백합화를 생각하여 보라 실도 만들지 않고 짜지도 아니하느니라
그러나 내가 너희에게 말하노니 솔로몬의 모든 영광으로도 입은
것이 이 꽃 하나만큼 훌륭하지 못하였느니라(27절).

나는 세상의 왕국을 원치 않는다. 나는 오직 하나님만을 원한
다. 나는 성 안에서 안위를 추구하는 삶을 원하지 않는다. 나는 만
물이 하나님을 선포하는 밖의 삶을 원한다. 밖에서는 사람들이 계
속해서 가시를 가리키지만 그럴 때마다 하나님은 내게 이렇게 속
삭이신다. "여자들 중에 내 사랑은 가시나무 가운데 백합화 같도
다"(아 2:2). "그런즉 우리도 그의 치욕을 짊어지고 영문 밖으로 그에
게 나아가자"(히 13:13).

데살로니가전서 5장 23절은 이렇게 말한다. "평강의 하나님이
친히 너희를 온전히 거룩하게 하시고 또 너희의 온 영과 혼과 몸이
우리 주 예수 그리스도께서 강림하실 때에 흠 없게 보전되기를 원
하노라."

사람은 영, 혼, 육으로 구성되어 있다. 이 세 가지가 각각 무엇
을 필요로 하는지 생각해 보자. 예를 들어, '육'은 음식, 섹스, 어루
만짐, 햇빛을 필요로 한다. '혼'은 이해, 선택, 다양한 감정을 필요로
한다. '영'은 사랑, 인정, 확신, 안정, 헌신 같은 것을 필요로 한다.

하늘의 제자도

우리 존재의 각 부분은 특정한 것으로만 만족시킬 수 있는 필요로 갖고 있다. 영과 혼, 육체의 필요는 서로 다르며, 이 중 하나를 만족시킬 것이 다른 것을 만족시킬 수는 없다.

오늘날 많은 사람이 영적으로 공허함을 느낀다. 그런데 안타깝게도 많은 사람이 육체나 혼의 활동으로 그 공허함을 채우려고 한다. 누가 내 몸을 안아 준다고 해서 안정을 바라는 영의 필요가 채워지지는 않는다. 독서로 고픈 배를 채울 수 없고, 음식이 운전면허시험을 통과하게 해 주지는 못한다. 심리학은 영의 존재와 영의 필요를 인정하지 않기 때문에 계속해서 헛다리를 짚고 있다. 육체나 혼의 활동으로 영의 필요를 채우려고 하면 계속 실패해 결국 고갈된 기분과 불만족에 시달릴 수밖에 없다. 육체와 혼이 줄 수 없는 것을 그것들에서 찾고 있으니 찾을 리가 없다.

세속의 작가들은 물론이고 기독교 작가들도 올바른 관계를 안정과 행복, 하나님의 복, 훈훈한 대화를 제공해 줄 만병통치약으로 선전한다. 하나같이 부부 사이의 올바른 관계가 성적 만족과 사랑, 온전한 헌신을 만들어 낼 것처럼 이야기한다. 하지만 많은 사람이 좋은 관계에서도 불만족에 빠져 자꾸 뭔가가 더 필요하다고 느낀다. 결국 그들은 배우자나 친구, 가족, 동료에게 계속해서 뭔가를 요구하는 부담스러운 존재로 전락한다.

인생이 허전하다는 말에, 많은 사람이 짝을 만나지 못해서 그렇다는 조언을 내놓는다. 그래서 그들은 좋은 배우자를 찾는 데 혈안이 되거나, 마음에 드는 배우자를 찾지 못했을 때 아예 결혼을 포기해 버린다. 결국 결혼을 한 사람이든 안 한 사람이든 여전히 허전함에 시달린다. 문제는 성경이 옳은 관계를 해답으로 제시하지 않는다는 것이다. 정상적인 관계들도 우리를 짜내는 시험대가 될 때가 많다. 좋은 관계 안에서도 '불평하거나 원망하지 않고 용서해야 할' 상황이 얼마든지 일어날 수 있다. 어떤 관계든 우리를 그리스도 안에서 자라도록 만든다. 따라서 관계를 즐기되 상대방이 줄 수 없는 것을 요구해서는 곤란하다.

삶도 마찬가지다. 사람들이 삶에서 너무 많은 것을 바란다. 그들은 삶에서 진정한 만족과 기쁨, 안정, 위로를 찾지만 삶은 우리에게 그런 것을 줄 수 없다. 광고 속 수많은 제품과 서비스가 우리의 영을 만족시켜 줄 듯이 선전하지만, 실상은 전혀 그렇지 못하다. 육체와 혼의 활동은 영의 진정한 욕구를 채울 수 없다. 우리의 가장 깊은 만족은 육체와 혼의 욕구가 채워질 때 찾아오는 것이 아니라, 오직 성령을 통해서만 찾아온다. 우리는 엉뚱한 곳에서 옳은 것들을 찾고 있다.

시편 63편 5절은 이렇게 말한다. "골수와 기름진 것을 먹음과 같이 나의 영혼이 만족할 것이라 나의 입이 기쁜 입술로 주를 찬송하되."

여기에 비결이 있다. 영이 만족하면 육체와 혼은 저절로 만족한다. 영이 만족하면 허무함이 사라지고 육신의 아우성이 잦아들며 지식욕이 믿음으로 대체된다. 믿지 못하겠다면 한번 해 보라. 미래가 암담하게 느껴질 때면 아침에 평소보다 30분 일찍 일어나 시편

하늘의 제자도

139편을 펴서 읽어 보라. 단어 하나하나가 존재 깊이 스며들도록 천천히 읽고 하나님의 음성에 귀를 기울여 보라. 마음이 가벼워지는 것을 느낄 수 있을 것이다. 하나님 안에서 영이 만족되면서 모든 면에서 만족이 찾아올 것이다.

## 나에게 온전히 헌신하신 분

왜 다른 사람들이 생각만큼 우리에게 헌신하지 않는다고 화를 내는가? 다른 사람들이 우리에게 관심을 기울여 주지 않거나 우리의 말에 귀를 기울이지 않거나 마음이 아플 때 곁에서 위로해 주지 않을 때 왜 우리는 쉽게 우울증에 빠지는가? 심지어 원망하고, 신세 한탄을 넘어 현실도피나 자살까지 떠올린다.

우리는 온전한 헌신을 원한다. 우리는 다른 사람들이 우리의 고통을 함께 느끼고 아파하고 울며, 우리가 쓰러질 때 열 일 제치고 달려오기를 원한다. 하지만 현실은 전혀 그렇지 못하다. 대부분의 사람들이 다른 사람들의 고난에 별로 신경을 쓰지 않는다. 낙담한 사람을 향한 연민은 시간이 갈수록 줄어들어 결국은 무관심으로 변한다. 처음에는 열심히 돕던 사람들도 시간이 지나면 지쳐서 각자의 삶으로 돌아간다. 그럴 때 낙심한 사람은 더 깊이 절망한다. 우리는 친척의 빚 소식을 듣기 부담스러워 하고, 그가 오늘 밤 밥을 먹든 굶든 상관없이 이미 정해 놓은 휴가 계획을 바꾸지 않는다.

우리를 섬기기 위해 다른 사람들이 존재하는 것이 아니다. 오히려 그리스도인인 우리가 종이 되어야 한다. 우리 안에 있는 그리스도의 생명은 받기를 기대하는 생명이 아니라 주는 생명이다. 다른 사람들이 내게 뭘 해 주기를 바라면 불행해질 수밖에 없다. 좌절감이 심해지면 아무것도 못할 지경에 빠질 수도 있다. 분노를 이기지 못하고 그저 발로 땅바닥을 쾅쾅 칠 수 있다. 하지만 신자의 발은 앞으로 나아가야 한다. 힘겹더라도 낙심과 자기중심주의에서 벗어나 한 발씩 앞으로 내딛어야 한다.

내가 가르치는 것이 너무 단순하고 아주 잠깐 동안밖에 효과가 없다는 말을 자주 듣는다. 하지만 잠깐이라도 효과가 있는 것이라면, 그 효과를 평생 가도록 할 수도 있다. 문제는 우리가 노력을 멈추는 것이다. 매일 하나님의 임재와 역사를 받아야 하는데 이것을 멈추는 것이 문제다. 이것은 우리가 꼭 해야만 하는 수고다. 그런데 너무도 많은 신자가 선한 싸움을 치르지 않고 있다.

집 안에 앉아 있는데 느닷없이 문이 열리고 곰 한 마리가 우리를 잡아먹기 위해 쳐들어온다고 상상해 보자. 그 곰이 우리를 잡아먹으려고 하는데 다른 사람들이 도와주지 않고 쳐다보기만 하면 너무 무섭고 절망스러울 것이다. 다른 사람들에게 화가 날 수도 있다. 이런 반응은 지극히 정상이다.

하지만 낙심과 공포, 좌절감, 분노에 벌벌 떨다가 차에 타서 곰들을 찾아 돌아다니는 것은 비정상이다. 그것은 어리석은 행동이다. 자신이 모두가 싫어하는 무가치하고 어리석은 실패자라는 생각에 하루 종일 발로 땅을 쾅쾅 치며 돌아다니는 것이 바로 그런 것

하늘의 제자도

이다. 거짓된 감정에 휘둘릴수록 마음이 괴로워진다. 다른 사람들이 뭔가를 해 주기를 바랄수록 자신과 자신의 환경의 잘못된 점이 자꾸 눈에 띈다. 물론 그럴수록 점점 더 비참해진다. 거짓된 감정에서 벗어나려면 족히 3-5년은 걸린다. 언제 자유를 향해 한 발을 내딛기 시작하려는가? 지체할수록 시작하기가 더 힘들어진다.

온전한 헌신은 인간의 욕구다. 우리는 우리에게 전적으로 헌신하는 누군가를 만나도록 창조되었다. 사랑 노래를 들어 보라. 사랑에 관한 글을 읽어 보라. 천생연분을 찾는 사람들의 말에 귀를 기울여 보라. 이 모든 것이 온전히 헌신해 줄 사람에 대한 인간 본연의 절실한 갈망을 확인시켜 준다.

온전한 헌신에 대한 갈망은 안전, 사랑, 인정, 확신의 욕구와 밀접한 관련이 있다. 온전한 헌신을 갈망하는 것은 우리가 매일 도움이 없이는 살아갈 수 없는 존재임을 알기 때문이다. 우리는 물과 음식을 마시고 먹도록 지음을 받았다. 그래서 그것들을 공급받지 못하면 분노하고 좌절한다. 우리에게 그것들이 필요하지 않다고 말하는 것은 전혀 잘못된 말이다. 온전한 헌신에 대해서도 마찬가지다.

온전한 헌신을 받고 싶은 욕구는 합당하다. 우리는 자족할 수 있는 신이 아니라 창조된 존재다. 그래서 우리에게는 우리보다 큰 누군가가 우리에게 전적으로 헌신한다는 확신이 필요하다. 그 확신이 없다면 창세기부터 요한계시록까지 계속해서 가르치는 주님 안에서의 안식으로 절대 들어갈 수 없다. 온전한 헌신을 얻지 못하면 우리 존재의 기초가 흔들려 두려움과 걱정, 근심, 의기소침에 시달린다. 자, 그럼 누가 우리에게 온전히 헌신해 줄 수 있을까?

그 누군가는 항상 우리를 도울 만반의 준비가 되어 있어야 한다. 우리가 사랑받지 못할 때마다 달려와 안아 주고 용서하고 사랑해 주며, 우리가 실패를 거듭하는 것을 똑똑히 보면서도 우리를 버리지 않고, 우리 말에 귀를 기울이고, 치유의 손길을 내밀어 주고, 우리가 약할 때 격려해 주고, 우리의 어려움을 공감하고 연민을 표현해 주며, 우리 삶의 소소한 부분들에 세심히 신경을 써 주는 사람이어야 한다. 우리는 제자가 온전히 헌신해야 한다는 말을 자주 하는데, 먼저 우리에게 온전히 헌신해 주시는 분을 찾기 전까지는 그것이 불가능하다.

예수님은 길이시다! 그런 예수님이 우리에게 전적으로 헌신하신다. 예수님은 우리의 모든 것을 채워 주신다. 성경 용어 사전에서 다음과 같은 표현을 찾아보라. "내가 하리라." "내가 도와주리라." "내가 구속하리라." "내가 사랑하노라." "그분이 직접 하시리라." "그분이 경고하셨다." "그분이 용서하시리라." "그분은 더 이상 기억하시지 않는다." "내가 이기리라."

예수님은 우리에게 전적으로 헌신하시며, 우리는 그런 예수님을 사랑한다. 우리는 하나님을 가졌으니 다른 사람들로 인해 낙심하거나 실망하거나 공허함에 시달릴 필요가 전혀 없다!

우리에게 온전히 헌신하시는 주님으로 인해 우리의 또 다른 큰 필요가 채워진다. 그 필요는 바로 우리가 누군가에게 온전히 헌신하는 것이다. 주님 덕분에 이제 다른 사람들에게 온전히 헌신하는

하늘의 제자도

삶이 쉽고 즐거워진다. 더 이상 부담스럽지 않다. 주님이 먼저 우리를 사랑해 주셨기 때문에 기꺼이 다른 사람들을 사랑할 수 있다.


## 불량배에 대처하기

"일어나 동네 밖으로 쫓아내어 그 동네가 건설된 산 낭떠러지까지 끌고 가서 밀쳐 떨어뜨리고자 하되"(눅 4:29).

세상에는 갖가지 종류의 불량배가 존재한다. 다른 사람들 위에 군림해서 위협할 수 있는 능력이 다양한 형태로 약자를 괴롭히는 불량배를 양산한다. 물리적인 불량배들은 강한 힘으로 사람들에게 공포감을 조성한다. 지적 불량배들은 다른 사람들의 어리석음과 열등함을 지적한다. 물질적인 불량배들은 재물 축적이 최고라는 생각을 우리에게 심어 준다. 종교적인 불량배들은 자신의 의를 가리키며 다른 사람들을 비참한 죄인이요 실패자로 몰아간다. 언어의 불량배들은 말을 속사포처럼 내뱉어 다른 사람들을 꿀 먹은 벙어리로 만든다. 정치적 불량배들은 온 세상의 모든 복잡한 문제를 아는 척하며 다른 사람들의 의견을 어리석은 것으로 폄하한다. 마지막으로, 외모의 불량배들은 자신의 아름다움이나 옷을 자랑하며 우리는 추악하니 알아서 자세를 낮추라는 생각을 은근히 심어 준다.

약자를 괴롭히는 불량배에 관해 논할 때 두 가지를 꼭 이해해야 한다. 첫째, 약자를 괴롭히는 자가 우리에게 힘을 발휘하는 것은 그

들처럼 우리도 사람의 위대함이 힘이나 아름다움, 지성, 물질, 자기
의, 재빠른 머리에 있다고 착각하기 때문이다. 결국 우리 스스로 약
자를 괴롭히는 자를 윗자리에 앉히고, 그들이 벌인 퍼레이드에 자
진해서 꽃을 던지는 셈이다. 그 증거는 바로 이런 말이다. "무서워
서 맞서지 못하다니. 나는 겁쟁이야."

누가 사악한 육신의 삶을 사는 자들에게 맞서지 못하면 겁쟁이
라고 말했는가? 바로 약자를 괴롭히는 불량배, 그리고 그들 앞에서
벌벌 떠는 당신이다. 하지만 틀린 말이다. 무엇이 약하고 무엇이 강
하며 무엇이 지적이고 무엇이 종교적인지 그들이 내린 정의를 따
라갈 필요가 전혀 없다. 그들의 정의는 거짓 정의일 뿐이다.

둘째, 영적인 사람들은 스스로 기준을 세운다. 영적인 사람은
아무에게도 판단을 받지 않고 오히려 모든 것을 판단한다("신령한 자
는 모든 것을 판단하나 자기는 아무에게도 판단을 받지 아니하느니라"-고전 2:15). 영
적인 사람은 육적인 사람이 세운 기준에 따라 판단받기를 거부하
며, 다른 사람들 위에 군림하려는 불량배들의 방식을 따라가지도
않는다. 오히려 그는 다른 사람들 앞에서 자신을 낮춰 겸손한 자신
과 불량배들의 차이점을 적나라하게 보여 줌으로써 불량배들을 심
판한다.

영적인 사람은 이런 다양한 불량배들에게 맞서지 않고 오히려
사랑하고 섬긴다. 지적 불량배에게는 "우리는 그다지 지혜롭지 못
해요"라고 말한다. 물질적 불량배에게는 "우리는 참새와 백합화처
럼 살아요"라고 말한다. 언어의 불량배에게는 "축복합니다"라고 말

　　　　　　　　　　　　　하늘의 제자도

한다. 종교적 불량배에게는 "우리는 우리의 행위가 아닌 그리스도의 역사를 믿어요"라고 대응한다. 약자를 괴롭히는 불량배 수준으로 내려가 드잡이를 하지 않고 스스로 몸을 낮추어 그 아래로 내려가면 모든 것을 넉넉히 이길 수 있다. 약자를 괴롭히는 불량배에게 주눅들지 말라. 그렇게 하면 그들의 잘못된 인생관에 굴복하는 것이다.


## 진리는 절대적인 것

로데오 경기를 할 때 기수는 발가락을 바깥쪽으로 하고 박차를 안쪽으로 두고는 박차로 황소나 말을 긁어야 한다. 이 기술을 사용하면 짐승을 더 잘 부릴 수 있고 더 많은 점수, 나아가 더 많은 돈을 받을 수 있다. 젊은 시절에 로데오 챔피언이었던 내 친구는 몇 주간 우승을 하지 못해 슬럼프에 빠졌다. 결국 궁지에 몰린 친구는 아버지에게 전보를 보내 재정적인 도움을 요청했다. "아버지께, 빌리 보냄. 비상 상황, 도움 요망. 음식과 돈이 다 떨어짐. 즉시 돈 필요. 우승을 못하고 있음."

아버지에게서 다음과 같은 답장이 왔다. "사랑하는 아들 빌리에게. 발가락을 바깥쪽으로 향해라. 사랑하는 아버지가."

즉시 빌리는 인생이 풀리지 않을 때 기본으로 돌아가야 한다는 사실을 다시 기억해 냈다.

패배감에 젖어 있는가? 모두가 당신에게 등을 돌리고 비난을 퍼붓는 것만 같은가? 아무도 당신에게 신경을 써 주지 않는가? 아무도 당신을 이해하고 받아 주지 않는가? 사랑하고 용서하기가 너무나 힘든가? 인생이 잘 풀리지 않는가? 그렇다면 당신도 기본으로 돌아가야 할 때다. 누가복음 9장 23절은 우리에게 매일 그리스도의 십자가를 지라고 명령한다. 예수님이 그 말씀을 하실 때 그분 곁에 있던 모든 사람은 그 의미를 분명히 이해했다. 로마인들은 죽어 마땅한 자라는 표시로 죄인에게 자기 십자가를 짊어지게 했다.

우리는 십자가에 못 박힌 옛 삶을 매일 부인하며 살아가야 한다. 옛 삶은 우리에게 도움이 되지 않는다. 하지만 새 삶은 모든 것을 넉넉히 이기는 삶이다. 예수님께 시선을 고정하고, 잠시 기도하고, 시편 139편을 읽고, 하나님의 음성에 귀를 기울이고, 다른 사람들이 하는 기분 나쁜 말이나 행동을 기꺼이 받아들이는 십자가를 지라. 그러면 진정한 부를 찾을 것이다. 우리가 생명을 잃는 것은 기본적인 것들을 잊어버리기 때문이다.

"그리스도 안에서 거하는 삶이 듣기에는 그럴듯하지만 내게는 별 효과가 없었어요."

이런 말을 수도 없이 들었다. 그때마다 내 대답은 한결같다. "그리스도를 삶의 초점으로 삼은 것이 전혀 도움이 되지 않았다는 뜻인가요?"

그러면 대개는 그렇지는 않다는 대답이 돌아온다. "그렇지는 않지요. 며칠간은 도움이 되었어요. 아니, 몇 주는 효과가 있었던 것 같아요. 하지만 오래가지는 않았어요."

하늘의 제자도

우리를 5분간 자유하게 할 수 있는 진리라면 우리를 평생 자유하게 할 수도 있다. 진리는 절대적인 것이다. 따라서 전등 스위치처럼 수시로 껐다가 켰다가 할 수가 있는 것이 아니다. 진리를 한 번 먹으면 평생 가만히 앉아서 그 효과를 누릴 수 있는 만병통치약으로 생각하면 문제가 발생한다. 진리를 이렇게 생각해서는 안 된다. 진리는 가만히 있는 신자를 발전시켜 주고 이끌어 주는 장치가 아니다. 우리가 진리 안에서 살아가야 한다.

진리와 믿음은 협력하여 실질적인 경험을 만들어 낸다. 믿음은 우리가 진리를 받고 그 안에서 살아가게 해 준다. 그리스도께 시선을 고정해서 효과를 보지 못했다고 말하는 사람은 실제로 그리스도께 시선을 고정해 본 적이 없는 사람이다. 실제로 진리 안에서 사는 사람은 진리의 힘을 안다. 실제로 그리스도 안에 거하는 사람이 효과가 없었다고 말하는 것은 한 번도 본 적이 없다.

진리 안에서 살지 않기로 결심하는 것은 곧 반역이다. 이렇게 우리가 반역할 때 마음의 거리낌을 완화해 주는 것 가운데 하나가 분노다. 그래서 우리는 분노할 이유와 대상을 찾기 시작한다. 예를 들어, 결혼하고 싶으나 솔로인 현실, 직장, 자녀나 배우자, 실망스러운 일, 과거, 인간관계, 재정 등에 분노를 쏟는다. 순서를 정리하자면, '반역→분노→분노의 정당화' 순으로 진행된다. 분노의 대상이 된 사람은 자신이 어떤 행동을 하지 않았다면 상대방이 반역하지 않았을 것이라는 죄책감을 느낄 수 있다. 그는 반역을 일으킨 것을 자책하며 마치 반역자를 육신의 늪에서 건져 내는 것이 자신의 책임인 것처럼 자신의 말이나 행동을 어떻게든 바꿔 보려고 애를 쓴다.

하지만 반역의 책임은 언제나 당사자에게 있다. 그가 성령 안에서 행하지 않기로 선택한 것이지 누가 그를 성령 밖으로 끌어낸 것이 아니다. 그런데도 그는 진리 안에서 행하지 않는 것을 두고 다른 사람들의 행동을 탓하고, 심지어 진리가 자신을 이끌어 줄 힘이 없다고 탓한다.

우리 스스로 선택한 것이다. 우리의 뜻이 꺾인 것이 아니다. 오늘, 원수와 배우자, 친구를 사랑함으로 진리 안에서 살아가라. 모든 이기적인 생각을 뿌리치면 진리의 능력을 경험할 수 있다. 요한복음 15장은 진리다. 이 진리는 분명한 효과가 있으니 그 안에서 살아가라. 그러면 그 진리가 반드시 힘을 발휘할 것이다! 그러면 당신의 영이 날아오를 것이다! 당신의 현재 상태를 일일이 다 뜯어고친 다음에 진리 안에서 살겠다고 생각하지 말라. 진리는 절대적인 것이다. 진리는 뭔가가 바뀌어야만 비로소 힘을 발휘할 수 있는 것이 아니다.

> 그러므로 너희가 그리스도 예수를 주로 받았으니 그 안에서 행하되(골 2:6).

하늘의 제자도

## 계속 전진하기를 바라신다

포도나무의 가지치기를 할 때는 전년도에 가장 많은 열매를 맺은 가지를 잘라 낸다. 좋은 가지를 잘라 내지 않으면 해를 거듭할수록 그 가지는 점점 더 많은 양분을 빨아들이는데, 열매는 오히려 적게 낸다. 이처럼 많은 신자가 과거에 잘 통했던 방식에 안주해 있다. 그 공식을 따르면 반드시 열매가 나타났기 때문이다. 문제는 자신도 모르는 사이에 그리스도보다 공식을 더 믿는다는 것이다.

하나님은 우리가 계속해서 전진하기를 원하신다. 그래서 우리는 지금까지 통했던 방식의 편안함에서 끌어내신다. 하늘의 제자는 지금까지 큰 성공을 거두었던 사역이 현재는 아무런 열매를 맺지 못하고 있다 해도 낙심하거나 실망하지 말아야 한다. 하나님은 우리가 새로운 영역에서 그분을 믿고 전진하도록 어느 영역에서는 실패를 경험하게 하신다.

이스라엘 백성은 바위에서 나온 물을 마셨을 때 하나님이 이미 떠나셨다는 사실을 깨닫지 못했다. "여호와께서 우리 중에 계신가 안 계신가 하였음이더라"(출 17:7). 하나님 자신보다 하나님이 해 주시는 일이 예배의 대상이 되는 경우가 비일비재하다. 그럴 때는 하나님이 이동하신다. 겨울에 나무는 뿌리로 돌아가 영양분을 공급받는다. 이 원칙은 제자에게도 똑같이 적용된다. 메마른 계절은 제자들이 뿌리, 곧 자기 안에 계신 그리스도에게로 돌아가야 하는 시간이다. 봄이 반드시 돌아오겠지만, 겨울 없이 봄은 오지 않는다.

# Part 3

# 삶의 면면,
# 예수 생명이 흘러넘치다

매일 한 걸음 더,

끝까지 가는

제자

HEAVENLY

DISCIPLESHIP

07

# 예수 안에 있으면,

## 고난도
## 생명을 낳는다

고난은 신자에게 가장 혼란스러운 주제다. 전도서 저자도 이 주제
에 관해 딱히 좋은 답을 내놓지는 못했다. "내가 해 아래에서 행하
는 모든 일을 보았노라 보라 모두 다 헛되어 바람을 잡으려는 것이
로다"(1:14). 욥기 5장 7절도 비슷한 말을 한다. "사람은 고생을 위하
여 났으니 불꽃이 위로 날아가는 것 같으니라."

어떤 사람이 자살하면서 남긴 유서에 이런 대목이 있었다. "미
안하오. 바꿀 수가 없었소. 애써 봤지만 결국 포기했소."

스스로 자기 목숨을 끊는 사람들은, 자신의 안팎에서 매일 일어

나는 비극을 접하면서 인생은 끔찍한 사건의 연속일 뿐이라는 결론을 내린다. 손금을 보는 점쟁이들은 누가 찾아오든 기본적으로 똑같은 말로 상대방을 구워삶는다. "겉으로는 행복해 보이시는데 속이 썩어 가고 있군요." 이 말 한마디면 어떤 날이든 최소한 인류의 절반에게는 먹혀든다.

그리스도인이 고난을 겪는 이유를 다룬 책 한 권을 우편으로 받은 적이 있다. 그 책의 저자는 우리가 고난을 받는 것은 하나님이 우리의 믿음, 순종, 헌신, 말씀에 관한 지식을 시험하시기 때문이라고 기술한다. 하나님은 실망스러운 일로 우리의 인내를 시험하신다. 그 책을 읽고서 가슴이 답답해졌다. 기껏 극심한 불행을 경험하자고 하나님께 가까이 다가간단 말인가? 시험을 견뎌 내지 못하면 하나님이 나를 거부하실까? 그리스도인의 고난을 설명하려다가 자칫 위험한 결론으로 끝맺는 경우가 허다하다. 그럼에도 불구하고 고난 자체는 합당한 질문들을 낳는 합당한 주제다.

고난이라는 주제에 관해서 내가 받은 질문 몇 가지를 소개해 보면 이렇다.

"두 선교사 부부의 자녀가 병에 걸렸는데 왜 한 아이는 죽고 한 아이는 살았나요?"

"제 누나는 하나님을 사랑했는데 하나님은 출산 중에 누나를 구해 주시지 않았어요! 왜인가요?"

"제 남편은 베트남 전쟁에 참전했어요. 남편은 신자였어요. 저는 매주 친구들과 함께 남편이 무사하기를 기도했는데, 기도 친구

하늘의 제자도

들 중에 남편을 잃은 사람은 저뿐이에요! 도대체 왜 그러신 건가요?"

"저희는 농장을 잃었어요. 열심히 일하고 하나님을 찾을수록 상황은 더 나빠졌어요. 결국 농장을 잃었죠. 하나님은 저희를 도와주시지 않았어요. 이유가 뭔가요?"

"저희는 딸을 위해서 기도했어요. 딸에게 성경 말씀도 열심히 가르쳤고요. 그런데 녀석이 얼굴도 모르는 남자의 애를 가졌지 뭡니까? 그동안 뭐하러 힘들게 기도하고 성경을 가르쳤나 모르겠어요."

많은 신자들이 이와 비슷한 질문을 안고서 예배당 안에 앉아 있다. 회중 앞에 나가서 이런 이야기를 털어놓는 사람이 별로 없기 때문에 그들은 자신만 그런 의문을 품고 있다고 생각한다. 그러다가 다음과 같은 간증을 들으면 그 생각이 더욱 굳어진다.

"병원에서는 아이가 장애를 안고 태어날 거라고 했죠. 그렇지만 저희는 의료진의 말을 믿지 않고 오직 예수님만 믿었어요. 보세요. 아이는 이렇게 건강하답니다."

"농장을 잃기 직전까지 갔죠. 하지만 하나님을 믿고 기다렸더니 기적이 일어났어요! 농장을 지켰을 뿐 아니라 이젠 이웃 농장까지 인수했답니다! 할렐루야!"

이런 간증 후에는 온 성도가 박수를 친다. 그런데 알고 보니 간증한 사람이 인수한 이웃 농장은 바로 다른 성도가 잃어버린 농장이었다. 이런 유의 간증을 들은 사람들은 속으로 다음과 같은 결론을 내린다. '하나님을 기쁘시게 하는 사람들은 고난을 받지 않고, 고난을 받는 사람들은 뭔가 잘못한 것이 있는 사람들이다.'

고난과 제자

이런 논리는 근본적으로 틀렸다. 왜냐하면 복음서들은 하나님을 기쁘시게 하면 자녀가 죽지 않고, 사랑하는 사람이 교통사고로 떠나지 않고, 자녀가 절대 반항하지 않고, 가정에 전혀 갈등이 없고, 돈이 부족할 날이 없을 것이라고 가르치지 않기 때문이다.

성경이 불의한 자들만 고난을 겪는다고 가르치는가? 비신자들만 고난받는 세상이 도대체 어디에 있는가? 잠깐 상상을 해 보자. 한 비행기가 고장이 난다. 그 즉시 하나님이 중력의 법칙을 잠시 중단시키고, 그 사이에 다른 비행기가 옆으로 붙는다. 다른 비행기의 문이 열리고 조종사가 외친다. "의인들은 어서 이쪽으로 넘어오세요!" 의인이 모두 넘어오자 조종사는 문을 닫아 버리고, 죄인만 탄 비행기는 다시 추락한다. 많은 신자가 자신에게 고난이 닥칠 때마다 하나님이 이런 식으로 개입하셔야 한다고 믿는다.

당신이 성경 구절을 암송하고, 전도하고, 큐티를 열심히 하고, 성경 원칙에 따라 행동하고, 하나님께 전적으로 헌신하는 식으로 모든 행동을 똑바로 하면 절대 아프지 않고 늘 풍족하며 사고와 재난을 당하지 않고 가족이 죽지 않는다고 믿는가? 그렇다면 당신은 하나님에게서 편안한 삶을 얻어 내기 위해 경건한 삶을 살려고 애쓰는 것일 뿐이다. 하지만 우리 인생의 진정한 초점은 우리 자신과 안위가 아니라 십자가 위의 인자시다.

욥기 22편 21절에서 욥의 친구들은 이런 기만에 빠져 있음을 여실히 보여 주었다. "너는 하나님과 화목하고 평안하라 그리하면 복이 네게 임하리라."

하늘의 제자도

마태복음 27장 43절은 고난받는 사람들이 하나님의 진노를 사서 그렇게 된 것이라는 가르침을 꾸짖는다. "그가 하나님을 신뢰하니 하나님이 원하시면 이제 그를 구원하실지라 그의 말이 나는 하나님의 아들이라 하였도다 하며."

사람들은 예수님이 고난에서 구원을 받으면 그것이 하나님에게서 왔다는 증거가 된다고 생각했다. 하지만 하나님은 예수님을 구해 주시지 않았다. 대신 더 좋은 일을 행하셨다. 바로 고난에서 생명을 끌어내셨다.


## 잘 믿을 테니, 아무 고난 없게 해 주세요

나는 교제하고 사랑할 누군가가 필요하다. 우리는 하나님의 형상을 따라 지음을 받았다. 사랑이신 하나님은 교제하고 사랑할 대상을 원하셨다. 그래서 우리를 창조하셨다. 그런데 그전에 먼저 세상을 창조하셨다. 세상은 전도를 위한 최고의 도구다. 세상은 사람을 짜내어 하나님 없이는 살 수 없다는 깨달음으로 인도하기 때문이다.

세상이 가하는 고통은 사람을 하나님께로 이끈다. 풍랑 속에서 열심히 배를 저었지만 소용없이 어두운 바다에 고립되어 있었던 제자들이 좋은 예다. 예수님이 배에 타시자 제자들은 곧 해변에 이르렀다. 그리스도 없이 사는 것은 어두운 바다 한가운데서 헛힘을 쓰는 것과도 같다. 하지만 모든 것을 내려놓고 그리스도를 삶에 모시면 아무런 노력 없이 뭍에 이를 수 있다.

왜 어린 자녀가 주일 아침마다 현관 앞에 서서 "아빠, 아빠, 오늘 주일 맞죠? 주일이었으면 좋겠어요. 어서 교회에 가서 말씀을 듣고 싶어요"라고 재촉하지 않는지 모르겠다며 한숨을 쉬는 부모가 많다. 왜 오랫동안 성경 말씀으로 키운 자녀가 그리스도에 관해 열광하지 않을까? 부모로서는 가슴 아프지만, 아이가 자라면서 세상이 아이를 짜면 그간 아이 안에 농축된 말씀과 훈련이 밖으로 나와 그리스도가 필요함을 깨달을 것이다. 나는 아이를 그리스도께 인도해 주는 고마운 고난을 무조건 막으려고만 하는 그리스도인 부모가 참 많다고 뼈 있는 농담을 종종 한다.

하나님께 세상이 더 이상 고난의 돌을 던지지 않게 해 달라고 요청하는 것은 곧 전도를 멈춰 달라고 요청하는 것이나 다름없다. 그런데 이 점을 깨닫자마자 우리는 다음번 요구를 한다. 이번 요구는 우리를 당장 세상에서 데려가 달라는 것이다. 물론 하나님은 이 요구도 들어주시지 않는다. 대신 하나님은 우리와 교제하고 우리에게 사랑을 베풀며 계속해서 우리를 깨우쳐 주신다. 따라서 우리가 세상 사람들과 동일하게 짓눌림을 당한다 해도 두 부류 사이에는 큰 차이점이 하나 있다. 이제는 세상이 주는 고난이 우리 안에 있는 하나님의 생명을 짜낸다. 그래서 많은 사람이 영적인 사람들을 닮고 싶어 한다.

하지만 영적인 사람이 되는 경험을 직접 원하는 사람은 별로 없다. 그리스도의 생명을 가져 보기 전까지 그 생명이 원수도 사랑하

하늘의 제자도

게 만들어 주는 줄 어떻게 알겠는가? 사랑하는 사람을 잃어 보기 전까지 위로의 하나님을 어떻게 알겠는가? 재정이 바닥이 나기 전까지 자신이 정말로 하늘의 참새처럼 살 수 있는지 어떻게 알겠는가?

나쁜 일이라고 생각했던 모든 것이 그리스도 안에 거하는 신자에게는 좋은 일이다. 고난은 영광스러운 결말로 이어지게 마련이다. 히브리서 2장 9절을 보라.

죽음의 고난받으심으로 말미암아 영광과 존귀로 관을 쓰신 예수.

부처는 인생이 곧 고통이며, 무(無)로 돌아가 고난도 무로 만들어야 한다고 가르쳤다. 하지만 그리스도인의 고난은 정반대다.

그런즉 사망은 우리 안에서 역사하고 생명은 너희 안에서 역사하느니라(고후 4:12).

그리스도 안에 있으면 고난조차도 목적이 있다. 바로 생명을 낳는 것이다. 욥은 고난을 즐기지는 않았지만 하나님에 관한 그의 지식이 고난보다 컸다. "우리가 하나님께 복을 받았은즉 화도 받지 아니하겠느냐"(욥 2:10).

나는 내가 그리스도인라서 너무도 좋다. 최악의 상황조차 내 안에서 승리의 삶을 더 풀어놓는 촉매제 역할을 하니까 말이다. 그래서 나는 정치권이 난장판이 되어도 분노하지 않는다. 오히려 정치인들을 위해 기도하고 그들에게 그리스도를 전한다.

그리스도인들은 두 가지 문제를 한 가지 문제로 취급하는 버릇이 있다. 예를 들어, 한 여인이 아무리 노력해도 눈물이 멈추지 않는다며 내 사무실을 찾아왔다. 내가 왜 우는지 묻자 여인은 3주 전에 남편이 세상을 떠났다고 말했다. 그 말에 나는 집에 가서 계속 울라고 말했다. 그러자 여인은 고개를 저었다. "계속 울 수는 없어요. 성경에서 기뻐해야 한다고 가르치잖아요."

맞는 말이다. 하지만 배우자가 죽었을 때 우는 것은 전혀 다른 문제다. 그 여인은 별개의 두 가지 문제를 하나의 문제로 취급했다. 그 결과, 머리와 가슴이 충돌했다. 뒤섞인 두 가지 문제를 풀어내야 했다. 남편의 죽음 앞에서는 슬퍼해야 마땅하다. 하지만 그 고통 가운데서도 희망과 기대, 평안, 위로를 경험할 수 있어야 한다. 두 가지 다 필요하다.

한편, 같은 고난을 겪어도 사람마다 반응이 다를 수밖에 없기 때문에 한 가지 특정한 방식으로 애통하는 것이 옳다는 식으로 말해서는 안 된다. 어쨌든 우리는 고난에 반응하는 동시에 영과 혼의 깊은 곳에서는 그리스도 안에서 깊은 평안과 기대감을 품어야 한다. 이 둘은 별개의 문제다.

자신의 어리석음에서 비롯한 고난도 있다. 제자는 자유의지를 갖고 있기 때문에 그 자유의지로 어리석은 결정을 숱하게 내릴 수밖에 없다. 세상적인 제자도 그런 실패를 보자마자 "형벌!"이라고 외친다. 하지만 하나님은 득달같이 달려가 벌을 내리시는 분이

하늘의 제자도

아니다. 오히려 하나님은 우리의 모든 경험을 구속해 주신다. "우리가 알거니와 하나님을 사랑하는 자 곧 그의 뜻대로 부르심을 입은 자들에게는 모든 것이 합력하여 선을 이루느니라"(롬 8:28).

## 그리스도 안에서 쉬라

신앙이 빨리 성장하기를 원하는가? 확실한 방법이 있다. 지식이나 신학교, 노력, 강한 결단을 통해서가 아니다. 답은 바로 쉼이다! 고난, 어둠, 감정의 요동, 깨진 관계, 이루지 못한 꿈의 한복판에 있는가? 그리스도 안에서 안식하라.

백발이 성성한 할머니가 장성한 아들의 장례식장에서 전한 설교를 들은 적이 있다. 그 아들은 평생 어머니 속을 썩였다. 그런데 그 어머니는 방황하는 아들로 인해 자신이 그리스도께로 점점 더 가까이 다가갈 수 있었다며 감사했다. 그녀는 하나님이 아들을 구원해 주실 줄 믿고서 그분 안에서 쉬었다. 결국, 아들은 어머니가 돌아가시기 몇 주 전, 어머니에게 전화를 걸어 그리스도를 영접했다는 소식을 전했다.

우리가 하나님 역할을 하려고 하면 쉴 수가 없다. 하나님은 항상 일하시기 때문이다. 수동적인 삶을 두려워하는 사람들에게는 예수님이 해야 할 일을 주신다! "예수께서 대답하여 이르시되 하나님께서 보내신 이를 믿는 것이 하나님의 일이니라 하시니"(요 6:29).

외국에서 강연할 때 일이다. 맨 앞자리에 앉은 여인이 강연 내

내 울었다. 그 여인은 2주 내내 찾아왔는데 한 번도 울음을 그치지 않았다. 집회가 끝나는 날, 그녀에게 그토록 우는 연유를 물었다. 알고 보니 딸이 아홉 달 전에 자살을 한 것이었다.

나는 내가 자살 유혹을 느꼈던 시절에 관한 이야기를 해 주면서 다음 질문을 던졌다. "제가 밤낮으로 자살을 떠올렸을 때 제 곁을 맴돌면서 제 자살을 막아 준 분은 누구일까요?"

그러자 여인은 답했다. "하나님이십니다."

나는 다음 질문을 했다. "따님 곁을 맴돌면서 따님의 자살을 끝내 막아 주시지 않은 분은 누구일까요?"

여인은 잠시 머뭇거리다가 대답했다. "하나님이십니다."

"왜 하나님은 저한테는 개입해 주시고 따님한테는 개입하시지 않았을까요? 하나님이 보시기에 제가 따님보다 더 귀해서일까요?"

나는 이렇게 묻고서 뒤이어 직접 답했다. "우리는 이유를 다 알 수 없습니다. 확실한 건 제가 따님보다 더 귀하지는 않다는 거예요. 또한 아무리 그럴듯한 답을 얻더라도 부인의 고통은 조금도 줄어들지 않는다는 겁니다. 확실한 답은 오직 하나님만 아십니다."

나는 눈물 그렁그렁한 그녀의 눈을 똑바로 쳐다보며 말을 이어 갔다. "따님의 생전에는 하나님이 따님 곁을 맴도셨지만 지난 아홉 달 동안은 부인이 하나님처럼 굴면서 이미 떠난 따님 주위를 맴돌며 자책해 왔습니다. '내가 전화를 했더라면, 편지라도 보냈더라면, 즉시 비행기를 타고 찾아갔더라면, 동생한테 언니에게 좀 찾아가 보라고 말했더라면…….' 지금까지 부인은 하나님의 역할을 하려고 했습니다. 이제는 하나님께 속한 왕의 자리에서 내려와 쉬셔야 할 때입니다."

그제야 그녀의 얼굴에서 안도의 빛이 스치고 지나갔다. 우리가 고난의 모든 것을 알 수는 없다. 오직 하나님만이 아시며, 믿음은 우리에게 그분 안에서 쉬라고 요구한다. 안식이 수동적인 것이라고 생각한다면, 일단 한번 시도해 보라!

HEAVENLY

DISCIPLESHIP

08

성경,

# 답이신 예수를
# 가리키다

요한복음 5장 39절은 이렇게 말한다. "너희가 성경에서 영생을 얻는 줄 생각하고 성경을 연구하거니와 이 성경이 곧 내게 대하여 증언하는 것이니라."

갈등과 역경 속에서 자신의 마음에 직접 말씀하시는 답을 찾기 위해 성경을 폈지만, 아무런 답도 찾지 못했다고 말하는 신자들이 많다. 당신도 그런 경험을 한 적이 있는가? 고통과 혼란 속에서 방향을 찾아 성경을 폈지만 필요한 위로와 방향은 찾지 못했다. 혹시 당신에게 꼭 필요한 구절이 눈앞에 펼쳐질 거라 기대하고서 절박한 심정으로 성경책을 펴 본 적은 없는가? 물론 하나님이 이 방법으로 우리의 필요를 채워 주실 때도 있지만 그보다는 또 다른 절박한 영혼들의 이야기가 담긴 구절이 펴질 가능성이 더 높다.

'말씀'에 관한 지식을 만병통치약인 양 선포하는데, 왜 그토록 많은 사람이 힘든 시기에 그 안에서 아무것도 찾지 못하는가? 그들이 잘못된 마음으로 성경을 펴기 때문인가? 왜 성경 연구를 통해 교리에 관한 논쟁들이 해결점을 찾지 못하는가? 왜 성경에는 세례나 성령의 은사들, 예정론에 관한 분명한 가르침이 없는가? 성경에서 옳고 그름에 관한 목록을 분명히 제시하고 있는데 왜 교단 분열은 점점 더 심해지기만 하는 것일까? 왜 성경을 통째로 암송한 사람이 큰 시험의 한복판에서 결국 굴복하고 마는가? 성경을 옳은 마음으로 읽고 묵상하지 않아서일까? 마음이 올바르지 않을 때는 성경이 위로를 주지 않는다면 우리의 마음 상태가 사실상 성경보다 크다고 결론을 내릴 수밖에 없다. 하지만 성경은 인간이 하거나 만들 수 있는 그 무엇보다도 큰 것이 아닌가?

가장 성공한 거물부터 가장 가난한 극빈자까지 모든 인간이 마음 깊은 곳에서 지독하고도 지긋지긋한 공허함을 느끼고 있다. 대부분의 사람들이 이건 아니라는 느낌, 만족스럽지 못한 느낌, 뭔가가 어긋난 느낌에 시달리고 있다. 그런데 우리는 이런 공허함의 근원에 관해서는 논하지 않고 그것을 없앨 방법만을 끝없이 논한다.

우리 대부분은 공백을 채우기 위해 매일같이 새로운 방법을 찾아 헤맨다. 하지만 무언가 잘못되었다는 찜찜한 기분은 계속된다.

하늘의 제자도

거의 5천만 명의 미국인이 우울증에 시달린다고 한다. 2천만 명이 주의력결핍장애를 앓고 있고, 3천만 명이 근심과 걱정에 사로잡혀 있다는 통계를 봤다. 이렇게 계속 이어지는 통계 자료를 보노라면 보통 사람이 적어도 세 가지의 분명한 문제점을 안고 있다는 결론을 내릴 수밖에 없다. 이유가 무엇일까?

우리가 그리스도 안에 거하면 심지어 꽃들도 긍정적으로 반응한다. 사람은 예수 그리스도를 통한 하나님과의 관계를 필요로 한다. 온갖 육체적, 정신적 문제를 일으키는 마음 깊은 곳의 허전하고 답답한 공간은 바로 그리스도의 생명이 들어가야 할 공간이다. 타락 전 아담과 하와는 인간의 육신과 혼을 가졌으면서 동시에 하나님과 교제하는 영을 지녔다.

오늘날 그리스도의 영과 생명을 품은 '새 영'이 인간의 창조를 완성한다. 그리스도는 새 피조물, 새 사람의 첫 열매셨다. 따라서 인간이 완전해지기 위해서는 그리스도와 관계를 맺어야 한다. 인간의 창조, 인간에게 진정으로 필요한 것, 그리고 인간을 향한 하나님의 바람을 이해하면 많은 의문이 풀린다. 인간의 창조 목적이 거룩함, 충성, 순종, 성경 지식, 올바른 행동, 사랑과 자비, 자기 부인이라고 믿는 사람들이 많은데 그것은 오해다. 이런 품성과 행동은 모두 하나님과 맺은 친밀한 관계의 결과이지, 원인이 아니다.

성경의 목적은 '답'을 가리키는 것이다. 그리스도와의 관계를 대신할 것은 아무것도 없으며, 그분을 떠나서는 모든 것이 소용이 없다. 하나님의 아들과의 관계 안에서 성경책은 아름다우며, 머리에서 가슴으로 내려가는 지식으로 가득 차 있다. 그리스도와의 관계 안에서만 우리는 "모든 성경은 하나님의 감동으로 된 것으로 교훈과 책망과 바르게 함과 의로 교육하기에 유익하니"라는 사실을 경험으로 배울 수 있다(딤후 3:16).

## 예수가 먼저 되실 때 성경은 생명을 발산한다

현재가 AD 700년이라고 해 보자. 전도자들이 당신이 사는 마을을 찾아와 당신을 비롯한 몇몇 마을 사람들이 그리스도를 구주로 영접했다. 하지만 성경책을 받는 것은 불가능하다. 전도자들은 이미 떠나서 더 이상 교육을 받을 수도 없다. 하나님의 도를 더 많이 배운 사람이 언제 또 마을을 찾아올지는 미지수다. 이제 당신은 어떻게 해야 할까? 당신의 상황은 절망적인가? 성장은 불가능한가? '성경의 보화를 캐지' 않고서 무엇을 배울 수 있을까? 큐티 시간에 뭘 해야 할까? 어떻게 하나님의 말씀을 가슴에 새길까?

오늘날 많은 사람이 마치 예수님이 AD 29-33년 즈음에 돌아가신 뒤 인쇄기가 세상에 나올 때까지 아무도 구원을 받지 못했다는 것처럼 말한다. 예수님이 성경보다 더 크신가? 물론이다. 하지만 성경책은 가까이했지만 구주는 가까이하지 못한 신자들이 수없이 많은 것을 역사가 증명한다. 지금 어떤 결과가 나타났는지 보라. 완벽한 신학은 그리스도를 닮은 신자들을 만들어 내지 못했다.

한번은 내 사무실에서 한 목사가 신약의 기적들을 보고 싶지만

하늘의 제자도

우리가 "하나님 말씀"에 깊이 빠져들기 전까지는 그런 기적이 일어날 수 없다고 말했다. 그가 보고 싶은 기적은 죽은 자가 살아나고 물 위를 걷는 것 같은 기적이었다. 하지만 우리가 하나님의 아들을 가까이할 때 일어나는 기적은 뿌루퉁한 배우자에게 다가가 입 맞추는 것 같은 단순한 기적일 수도 있다. 이런 작은 기적은 그리스도와 교제함으로 우리 안에서 그분의 생명이 흘러넘칠 때만 일어날 수 있다.

나는 사람들을 가르칠 때마다 성경을 의지하지만 성경을 펼 때마다 "너희가 성경에서 영생을 얻는 줄 생각하고 성경을 연구하거니와 이 성경이 곧 내게[예수에] 대하여 증언하는 것이니라"(요 5:39)라는 사실을 새삼 깨닫는다. 예수님은 성경책보다 크시다! 예수님이 먼저가 되실 때 성경책은 생명을 발산한다. 반면, 예수님이 나중이 되시면 성경책은 생명을 잃는다.


## 성경에서 '살아 계신 예수'를 만나야 한다

말씀이 '글이 되신' 것이 아니라 말씀이 '육신이 되신' 것이다. 다시 말해, 요셉이 포대기를 걷어 갓난아기를 봤을 때 그는 책이 아닌 사람을 본 것이다. 한 한국인 작가가 스물일곱 명의 천사에 둘러싸인 예수님을 그리면서 그런 그림이 유행했다. 각 천사는 신약의 한 책을 상징한다. 그래서 각 천사 밑에는 잉크로 해당 성경의 제목이 쓰여 있다. 이 그림은 말씀이 육신이 되셨다는 개념을 제대로 담고 있다. 모든 천사는 예수님을 바라보고 있다. 즉 신약의 스물일곱 권 책은 예수님을 가리킨다.

이 구도는 하나님의 의도를 정확히 표현해 준다. 하지만 때로 사람들은 말씀이 겨우 글이 된 것을 보기 위해 성경책을 편다. 그들이 찾는 것은 백지 위에 검은 글씨로 쓰인 가르침이다. 이런 식으로 성경에 접근하면 자신을 뛰어넘을 수 없다. 자신이 이해하는 만큼만 유익을 얻을 수 있기 때문이다. 그렇게 해서는 자신의 계시만 받을 수 있을 뿐이다. 종교는 하늘의 것을 이 땅의 죽은 것으로 바꿔 놓는다. 인간이 영적 세계에 관한 자신의 관념을 우상으로 삼는다면 그것은 죽은 신조에 불과하다. 말씀이 육신이 되신 것은 하늘의 존재가 이 땅으로 내려와 실제로 사셨다는 뜻이다. 성경에서 우리는 살아 계신 분을 만나야 한다.


## 삶이 진리를 증언한다

결혼하지 않은 채 한 남성과 동거하는 그리스도인 여성과 이야기를 나눈 적이 있다. 나는 그녀에게 성경에서 그 행동을 뭐라고 부르겠냐고 물었다. 그녀는 "죄라고 부를 것 같아요"라고 대답했다. 나는 정답이라고 말한 뒤 또 다른 질문을 했다. "자매님의 행동에 관한 성경의 명령을 어떻게 생각하나요?"

그녀의 대답은 오늘날 교회에서 자란 젊은이들에게서 흔히 들을 수 있는 대답이었다. "성경은 과거 세대에나 통했죠. 요즘처럼

하늘의 제자도

이혼율이 치솟는 시대에는 결혼하지 않고 같이 사는 것이 현명해요. 그래서 지금 제 행동이 그렇게 나쁘지는 않다고 생각해요."

그녀의 관념에서 성경의 명령들은 외부에서 강요하는 율법과 같았다. 그래서 부자연스럽고 말이 되지 않는 듯 느껴졌다.

그때 내가 해 준 말에 그녀는 무척 놀라는 표정이었다. 필시 내가 성경 구절들을 언급하며 훈계할 것이라 예상했던 것 같다. 나는 진리가 스스로를 증명하기 위해 성경을 필요로 한다면 그것은 사실상 진리가 아니라고 그녀에게 설명했다. 성경은 절대 진리 곧 예수님을 증언하는 하나의 진리다. 절대 진리는 홀로 빛나며, 인간의 바깥 어딘가를 떠도는 막연한 교리가 아니라 처음부터 인간 존재 자체와 하나로 결합되어 있다. 따라서 진리는 우리의 밖에서 강요된 것이 아니라 우리 안에 쓰여 있다. 피할 수 없는 것이다. 나는 그녀의 삶도 진리를 증언한다고 설명했다. 그러고 나서 그녀의 인생 경험들이 그녀의 행동에 관해 무엇을 가르쳐 주었는지 물었다.

그녀는 여러 남자를 만난 결과가 원치 않는 아이, 성병, 거부, 자기혐오, 평생 외롭게 살지 모른다는 두려움이었다고 고백했다.

"보세요. 자매님의 삶과 성경이 진리를 증명해 주고 있습니다." 내가 그렇게 말하자 그녀는 고개를 끄덕이며 변화되고 싶다고 말했다.

예수님은 진리시며, 삶이 그 진리를 증언해 준다. 삶은 예수님을 지지하는 가장 큰 목소리다.

HEAVENLY

DISCIPLESHIP

09

# 내가 받은
# '하나님 은혜'가

## 본보기다

비신자들은 그리스도인에게 이런 말을 하곤 한다. "너희 그리스도인
들은 어떻게 너희만 천국에 간다고 말하는가? 어찌 너희만 유일한
길을 가졌다고 말하는가? 모든 강이 바다로 흘러드는 것처럼 모든
종교는 신에게 이른다. 그런데 너희만 유일하게 답을 가졌다고?"

첫째, 기독교는 세상이 받아들이기 힘든 한 가지 요소를 내재하
고 있다. 그것은 바로 스스로 절대 진리라고 말하는 그리스도의 주
장이다. 예수님은 자신이 진리 자체라고 주장하셨다. 이 절대성의
주장 때문에 수세기 동안 수많은 순교자가 발생했다. 그럼에도 우

리 신자들은 이 주장을 고수해야 한다. 그리스도의 절대성을 쉬쉬하지 말아야 한다. 오히려 그것을 최대한 이용해야 한다.

나는 비신자와 그리스도의 절대성을 두고 논쟁을 벌일 때마다 진리가 내 편이라고 확신한다. 상대방의 삶이 아무리 완벽해 보여도, 자신의 믿음이 평안과 만족을 준다고 아무리 자신 있게 말해도, 제아무리 설득력 있게 자신의 생활 양식을 옹호해도, 하나님의 절대성이 내 곁에 있다.

무엇이 진리인지 아닌지를 판단할 때 결정적인 두 가지 요소는 바로 결과와 대가다. 간단한 예로 중력의 법칙을 생각해 보자. 이 법칙을 지키면 그에 따른 결과를 거둔다. 반면, 이 법칙을 따르지 않으면 대가를 치른다. 결과와 대가는 둘 다 우리가 통제할 수 없는 영역이다. 함부로 중력의 법칙을 거부하면 큰코다친다. 영적 영역의 절대 진리도 마찬가지다. 인류 역사를 가만히 돌아보면 그리스도의 절대성을 증명해 주는 수만 가지 사례가 있다. 도덕과 사랑에 관한 그리스도의 가르침을 저버린 자들, 생명의 길인 용서를 거부하는 자들, 육신의 소욕을 따르는 자들, 이기적인 욕심에 따라 법을 왜곡시키는 자들은 절대 개선되지 못한다.

다른 진리에 따라 사는 사람들은 어떤 말로 변호해도 온 우주에 반(反)하는 것임을 명심하라. 결과적으로, 그들은 온전하고 풍성하고 만족스럽고 행복한 삶을 누리지 못하고 있다. 여호와의 증인들이 내 사무실 문을 두드리면 나는 으레 이렇게 물었다. "당신 말이 사실이라면 왜 당신은 그토록 불만족스럽게 사나요?" 그들의 반응

하늘의 제자도

을 보면 아주 재미있다. 처음에는 부인하다가 나중에는 자신의 불행을 정당화하려고 한다. 그들이 생각하는 진리와 절대 진리는 차이가 나도 너무 난다.

둘째, 모든 강이 바다로 합류된다는 개념 혹은 모든 바큇살이 같은 중심을 지지한다는 개념은 절대 진리에는 적용되지 않는다. 나는 사람들에게 이런 질문을 자주 던진다. "테러 단체가 한 건물에 백 명을 억류하고 당신이 사랑하는 사람 한 명을 다른 건물에 억류하고서 당신에게 그 백 명과 한 명 중에 어느 쪽을 죽게 놔둘지 선택하라고 한다고 해 봅시다. 다른 선택의 길은 전혀 없습니다. 자, 어떤 선택을 하시겠습니까?"

상대방이 고심 끝에 백 명을 살리려 자신이 사랑하는 한 사람의 죽음을 택했다면 나는 이렇게 설명한다. "자, 당신이 그렇게 사랑하는 한 명을 희생한 뒤에, 당시 상황을 제대로 알지도 못하는 누군가가 당신에게 다가와 당신이 사랑하는 사람이 죽지 않고도 상황을 해결할 방법은 수만 가지라고 말한다면 기분이 어떻겠습니까? 마찬가지로 하나님을 찾을 길이 예수님 말고도 수만 가지라고 말하는 것은, 우리를 살리실 유일한 방법으로 사랑하는 아들을 희생시키신 하나님에 대한 지독한 모욕입니다."

셋째, 재판관이 자식을 살해한 살인자를 향해 "피고를 석방하시오! 다른 대가는 필요하지 않소. 피고는 대체로 좋은 사람이지 않소"라고 말한다면 피해자의 부모는 어떤 심정일까? 이 부모는 정의를 펼치지 않는 재판관을 조금도 존경하지 않을 것이다.

부부 상담을 하다 보면 양 당사자가 모두 자기 행위는 변호하고 상대방의 행위는 비난하곤 한다. 한편 둘 다 정의를 원한다. 물론 하나님은 거룩하고 공의로우시기 때문에 심판을 하셔야 한다. 하지만 동시에 하나님은 사랑이시기도 하다. 이와 관련해서 우리는 또다시 하나님의 천재성을 본다. 하나님은 우리가 그분의 사랑을 받을 수 있도록 우리의 죄를 두고 그분의 아들을 심판하셨다. 하나님은 심판과 사랑, 두 마리 토끼를 다 잡으셨다. 실로 놀랍다! 그다음에 하나님은 그 아들을 그저 믿기만 하면 된다고 말씀하신다. 하지만 이 간단한 요구조차 너무 크게 여기는 사람이 너무도 많다.

넷째, 기독교는 실행 가능하다. 성령이 우리 안에서 역사하시기 때문이다. 포도나무의 생명이 가지로 흘러가듯, 모든 것을 이루셨고 모든 것을 이루실 수 있는 그리스도의 생명이 우리 안에 흐른다. 기독교 외에 그 어떤 종교도 실행 가능하지 않다. 힌두교는 부자들이 가난한 사람들을 억압하기 위해 고안한 종교다. 그런데도 요즘 힌두교의 '지혜'가 뉴 에이지 가르침이라는 형태로 미국에서 유행한다. 그리스도의 생명을 품은 사람이라면 그리스도의 명령을 따르려고 조금만 노력해도 큰 열매를 맺을 것이다. 그리스도의 생명은 절대적이다.


## 받은 은혜대로 사람을 대하라

신자들 중에도 이기주의적이고, 취하려고만 하고, 게으르고, 자

하늘의 제자도

신의 위안만 추구하는 사람이 적지 않다. 그야말로 그리스도의 몸에 누를 끼치는 사람들이다. 하지만 하나님은 이렇게 미성숙한 사람들에게도 직장을 주시고, 월세를 내게 해 주시고, 위기 때마다 도우시고, 수만 가지 복을 내려 주신다. 나는 하나님이 우리가 잘못했을 때도 상관없이 복을 주신 것과 같은 이유라고 생각한다.

우리는 우리를 향한 하나님의 은혜에 감격하며 영광을 돌린다. 요지는, 하나님이 곁길로 빠진 자녀들도 축복하신다면 우리도 똑같이 그리해야 마땅하지 않느냐는 것이다. 우리가 하나님의 은혜를 받지 않았는가! 다른 사람들에게 당한 일로 분노가 일어날 때마다 하늘 아버지께서 당하신 일이 훨씬 더 크며, 그런데도 그분은 상관없이 우리에게 계속해서 복을 주신다는 사실을 기억해야 한다.

하나님의 태양은 선인에게나 악인에게나 똑같이 비친다. 하나님의 은혜는 우리의 본보기다. 아니, 본보기를 넘어 우리의 생명이다. 다른 사람들이 실패의 한복판에서 하나님의 은혜를 경험할 때마다 우리는 오히려 기뻐해야 마땅하다. 그들을 통해 우리가 실패할 때 하나님이 어떻게 반응하실지가 보이기 때문이다. 하나님은 사랑하지 않고는 배길 수가 없는 분이시다!


## 나는 그런 뜻이 아니었는데, 네가 오해한 거야

"회당에 있는 자들이 이것을 듣고 다 크게 화가 나서"(눅 4:28).

예수님은 구약 성경의 사례들을 들며 설교하셨다. 그런데 갑자기 회당 안의 분위기가 살벌해졌다. 이런 경험을 해 본 적이 있는가? 그냥 당신이 겪은 일을 이야기한 것인데, 듣던 사람이 갑자기 분노하며 씩씩거렸던 적이 있는가? 당신은 상대방을 도발할 마음이 눈곱만큼도 없었다. 그런데 어떤 이유에서인지 당신에게는 아무것도 아닌 말을 상대방은 엄청 크게 받아들였다. 왜일까? 사람의 마음은 과거의 사건과 관념, 상처에 연결된 수많은 보이지 않는 실로 연결된 미로에 갇혀 있는 경우가 많기 때문이다. 우리가 무심코 한 말이 우리가 전혀 생각지도 못한 무언가와 연결된 실을 당길 수 있다.

당신이 앉아 있는 탁자 위에 컵이 놓여 있고, 그 컵이 당신만 볼 수 있는 실로 당신의 옷에 연결되어 있다고 상상해 보라. 컵이 움직이면 당신 옷이 홱 벗겨진다. 누군가가 컵 쪽으로 손을 뻗으면 당신은 기겁을 하며 소리를 지를 수밖에 없다. 물론 당신의 과격한 반응에 아무것도 모르는 상대방은 어리둥절할 뿐이다.

마음의 보이지 않는 실을 끌어당길 수 있는 말은 꽤 많다. "유부남(유부녀)", "노처녀(노총각)", "고난", "죽음", "자녀", "물질적인 복", "교리" 같은 단어가 그렇다. 대화 중에 우리가 한 말에 '반응'이 아닌 '반발'이 나타나면 재빨리 그 이유를 파악해야 한다. 배우자와 대화하다 보면 한쪽이 한 말을 전혀 존재하지도 않는 동기와 연결시키는 경우가 더러 있다. 그럴 때 화를 내기 쉽지만 대신 상대방의 반발을 같은 반발로 맞받아치지 않고 그리스도의 사랑으로 반응하면 대개 상대방이 그 말을 왜 그토록 크게 받아들였는지 이유를 알 수

하늘의 제자도

있다. 이런 식으로 하면 웬만한 오해는 다 풀 수 있다.

우리는 이런 말을 자주 한다. "나는 그런 뜻이 아니었는데 네가 오해한 거야." 그렇다면 오해하지 않도록 미리 경고한 다음에 말을 시작하면 어떨까? "혹시 네가 오해할까 봐 미리 말하는데, 너를 비난할 생각은 추호도 없어. 그러니까 부디 오해하지 말고 들어 줘."

아울러 추측해서 말하지 말고 눈앞의 문제만 다루는 것도 중요하다. 그리고 말하기보다 듣기에 집중하면 논쟁이 아닌 대화를 할 수 있다.

## 내가 보살펴야 할 사람

"형제자매 여러분, 우리는 여러분에게 부탁합니다. 여러분 가운데서 수고하며, 주님 안에서 여러분을 지도하며 훈계하는 이들을 알아보십시오"(살전 5:12, 새번역).

우리가 케어해 주어야 할 사람들도 있고, 우리가 함께 사역할 사람들도 있다. 물론 능력에 상관없이 그리스도 안에서의 섬김은 피라미드 형태가 아니라는 점을 늘 기억해야 한다. 가장 많이 알고 말을 가장 잘하는 사람이 꼭대기에 있고 나머지는 꼭대기에 오르기 위해 발버둥치는 구조가 전혀 아니다. 우리가 가진 것을 모든 신자도 이미 가졌다. 이 점을 늘 기억하며 수평적으로 섬겨야 한다. 하지만 이런 수평적인 관계에서도 우리가 보살펴 주어야 할 사람들이 있다. 단, 그들도 언젠가 우리와 함께 다른 사람들을 보살필 수준에 이를 날을 고대하고, 위해서 기도해야 한다.

우리가 보살펴 주어야 할 사람인지 확인하는 기준은 그 사람의 태도다. 비판적이고 말다툼을 좋아하거나 그릇된 행동을 일삼거나 경쟁적으로 다른 사람들 위에 서려고 하거나 노골적으로 혹은 은근히 우리를 비난하는 사람들은 우리가 보살펴야 할 대상이다. 그런 행동을, 그들을 멀리해야 할 이유로 삼아서는 안 된다("너희가 너희를 사랑하는 자를 사랑하면 무슨 상이 있으리요 세리도 이같이 아니하느냐"-마 5:46). 다만 아직 그들과 함께 사역을 할 수는 없다. 하지만 우리 자신도 육적인 모습이 많은 사람이니 다른 사람들의 육적인 모습에 분노하지는 말아야 한다.

내전을 종식시킬 수 있는 유일한 상황은 공동의 적이 나타나는 것이다. 그렇게 되면 원래 으르렁거리던 두 파벌이 힘을 합친다. 육신으로 행하는 자들은 공동의 적을 발견하면 서로 싸우던 것을 중단하는 경우가 많다. 그렇다 보니 누구나 그들의 공동 적으로 찍힐 수 있다. 하지만 우리는 그들조차도 케어해 주어야 할 대상으로 포용할 수 있어야 한다.


## 상처를 받았을 때

할아버지에게서 이웃집 돼지들의 상태를 봐주러 갔던 이야기를 들은 적이 있다. 할아버지가 보니 한 돼지가 뺨에 커다란 종기가 나서 먹이를 먹으려고 할 때마다 고통으로 비명을 질렀다. 할아버지

하늘의 제자도

는 쉴 새 없이 비명을 지르는 돼지를 붙잡아 칼로 종기를 잘라냈다. 그 즉시 돼지는 조용해졌고 귀에 들릴 정도로 크게 한숨을 내쉬었다. 종기를 잘라 내는 고통은 종기가 사라진 뒤의 편안함에 비할 바가 아니었다.

"친구의 아픈 책망은 충직으로 말미암는 것"(잠 27:6). 참된 친구들 그리고 하늘 아버지께서 주시는 상처는 오히려 독을 빼 주고 편안함을 선사한다. 이런 상처는, 고통만 일으키는 거짓 친구들과 원수가 주는 감염성 상처와 다르다. 상처를 받으면 그 상처가 독을 제거하고 위로부터 내려오는 생명을 대신 불어넣는지, 아니면 그저 잘못만 지적해서 죄책감만 심어 주는지를 잘 분간해야 한다.

신자들은 더 잘해야 한다는 말을 너무 자주 듣는다. 하지만 그들이 절망의 벼랑 끝에 아찔하게 매달려 있을 때, 더 잘하라고 말했던 사람들은 대개 그들의 손가락을 밟는 사람들이다.


### 다른 사람에게 비난받을 때

살다 보면 우리를 심하게 깔보는 사람들을 종종 만난다. 그들의 평가가 옳은 경우도 많지만 부당한 경우도 그에 못지않게 많다. 따라서 우리가 완벽하지 않다는 점은 인정하되, 완벽을 향해 성장한다는 점도 늘 기억해야 한다. 다시 말해, 우리 안에 있는 그리스도의 생명이 계속해서 깨어나고 있다.

우리가 듣는 모든 비판이 사실이라고 가정해 보자. 그럴 때 우리의 반응은 어떠해야 할까? 선택 사항은 매우 제한적이다. 가능한 선택지는, 깊은 절망과 그에 따르는 온갖 부정적인 감정에 빠져들든지, 사랑하든지 둘 중 하나다. 그렇다. 우리는 우리의 온갖 흠을 들추어내는 자들도 사랑할 수 있다. 그렇게 우리가 사랑과 배려, 용서, 섬김으로 반응하면 심지어 정당한 이유로 우리를 비판하는 사람들의 마음까지도 녹일 수 있다.

사랑은 우리를 완벽하게 만든다! 사랑은 우리 안에 존재하는 참된 생명을 풀어놓고, 그럴 때 우리는 환희와 자유, 위로를 느낄 수 있다. 우리에게 아직 부족한 것이 많아도 우리 안에 세워진 새 생명과 사랑의 기초가 성숙하고 완벽한 것들을 끌어들여 그 위에 계속해서 쌓여 가게 만든다.

한번은 한 목사가 내 사무실을 찾아와 한 신자에게서 억울한 일을 당했다며 하소연했다. 그러더니 그 신자의 태도를 탓하기 시작했다. 그의 이야기 말미에 나는 간단한 질문 하나를 던졌다. "원수를 향한 그리스도의 올바른 태도가 무엇입니까?"

그는 목사답게 답했다. "사랑과 기도입니다."

"목사님, 그 신자를 사랑하고 그를 위해 기도했습니까?"

그는 주저하지 않고 "아닙니다"라고 대답했다.

나는 기독교의 뿌리인 사랑이 나타나지 않는다면 기독교를 진정으로 받아들인 것이 아니라고 설명했다. 그는 아직 목회를 해서는 안 될 사람이었다. 무슨 말인지 알겠는가? 남의 행동이 문제가 아니다. 중요한 것은 합당하게든 부당하게든 우리를 공격하는 사

하늘의 제자도

람에게 어떻게 반응하는지다. 우리는 남이 어떻게 나오든 상관없이 최선의 말과 행동을 해야 한다. 남이 어떻게 나오든 우리에게는 그저 그리스도만 있으면 된다.

### 혼자가 될 때

때로 홀로 서게 될 때가 있다. 도움이 절실하지만 아무도 도와주러 오지 않는다. 이를테면 일터나 가정, 교회에서 홀로 진리의 편에 설 때처럼 말이다. 믿음을 전한 죄로 거부를 당할 때가 있다. 모함을 당했는데 단 한 명도 우리를 변호해 주지 않을 때가 있다. 그리고 이처럼 홀로 있는 경험은 누구나 겪게 되는 일이다.

혼자가 될 때 우리가 취할 수 있는 몇 가지 접근법이 있다. 첫째, 욥처럼 자신의 비참한 상황을 자신의 운명으로 받아들일 수 있다. "내가 생명을 싫어하고 영원히 살기를 원하지 아니하오니 나를 놓으소서 내 날은 헛것이니이다"(욥 7:16). 기대와 희망을 이어 가려면 노력이 필요하다. 절망스러운 상황을 현실로 받아들이는 것이 현명하다는 비관주의의 목소리가 끊임없이 들려오기 때문이다.

둘째, 바울의 접근법을 취할 수도 있다. "구리 세공업자 알렉산더가 내게 해를 많이 입혔으매 주께서 그 행한 대로 그에게 갚으시리니"(딤후 4:14). 이는 다른 사람들이 우리를 고통스럽게 만들었을 때 그 죄로 그들도 고통받을 것이라고 생각하며 스스로 위로하는 것이다. 나의 고통이 10이라면 다른 사람들의 고통은 100이 될 것이라고 생각하며 미소를 짓는 것이다. 문제는 이 접근법이 나의 고통을 10 수준에 붙잡아 두지 않는다는 것이다. 나의 고통도 계속해서 증가한다.

셋째, 예수님처럼 반응할 수도 있다. "예수께서 큰 소리로 불러 이르시되 아버지 내 영혼을 아버지 손에 부탁하나이다 하고 이 말씀을 하신 후 숨지시니라"(눅 23:46). 혼자가 되면 우리와 하늘 아버지 사이에 아무런 방해물도 없다. 하나님의 음성 외에 그 어떤 목소리도, 의견도 없다. 우리 영혼을 온전히 아버지의 손에 의탁하게 된다. 상상이 가는가? 하나님은 그 손으로 인간을 창조하셨다. 하나님은 그 손으로 기적을 일으키셨다. 하나님은 그 손으로 그분의 백성을 붙드셨다. 하나님은 그 손으로 우리를 악에서 지켜 주신다. 바로 그 손에 우리의 영혼을 의탁한다. 그러면 어떻게 될까? 자기중심적인 자아가 사라진다. 하나님의 손안에서는 자기중심주의가 존재할 수 없기 때문이다.

마지막으로, 지금 홀로 있다고 해서 영원히 혼자인 채로 남는 것은 아니다. 사람들이 떠난다고 원망하거나 절망하지 말라. 사람들이 떠나는 것은 하나님의 임재가 그 자리를 대신 채울 수 있도록 하기 위해서다. 하나님은 결코 우리를 떠나지도 버리지도 않으신다!


## 양심 잃은 세상 한복판에서

인간의 양심은 참으로 놀랍다. 가히 인간 존재에 찍힌 하나님의

하늘의 제자도

지문이라고 할 만하다. 우리는 하나님이 창조하신 존재인 만큼 본능적으로 그분을 알며, 세상에서 매일같이 하나님 존재의 증거를 보며 산다. 로마서 1장 19-20절에 이 양심에 관한 정보가 담겨 있다. "이는 하나님을 알 만한 것이 그들 속에 보임이라 하나님께서 이를 그들에게 보이셨느니라 창세로부터 그의 보이지 아니하는 것들 곧 그의 영원하신 능력과 신성이 그가 만드신 만물에 분명히 보여 알려졌나니 그러므로 그들이 핑계하지 못할지니라."

우리의 존재 전체가 하나님의 존재를 인정한다. 아마존 정글 깊은 곳에 사는 사람이든 현대 문명의 중심지에 살든 모든 인간은 본능적으로 하나님의 존재를 안다. 비신자들이 우리 집회에 처음 오면 하나님이 없다고 단언한다. 그들은 인간이 원숭이에서 진화했고 기독교는 사람들을 정상적인 삶에서 끌어내 이스라엘 종교의 속박 아래에 가두는 낡은 규칙들의 집합일 뿐이라고 주장한다.

하지만 집회가 끝날 무렵에는 많은 비신자가 그리스도로 인해 완전히 깨진다. 개중에는, 하나님의 존재를 항상 알고 있었으며, 만약 그날 답을 찾지 못했다면 집에 돌아가 자살할 생각이었다고 고백하기도 했다. 불과 며칠 전만 해도 하나님은 존재하지도 않고 필요하지도 않다고 주장하던 자들이 그런 고백을 하는 것이다. 예수님은 비신자들에게 "하나님의 나라는 너희 안에 있느니라"라는 흥미로운 말씀을 하셨다. 무슨 뜻일까? 하나님 나라의 법들이 우리 존재 자체에 새겨져 있다는 뜻이다. 우리는 하나님 안에서 창조되었기 때문에 그럴 수밖에 없다.

하나님은 선하시다. 그래서 그분 안에서 창조된 모든 것은 궁극적으로 선하다. 물론 인간은 죄에 빠졌다. 하지만 인간에게 죄는 정상적인 것이 아니다. 죄가 정상적인 것이었다면 그 아래 있는 인간들이 성장하고 개선되었을 것이다. 하지만 현실은 정반대다. 인간은 하나님 나라를 위해 지음을 받았다. 그래서 하나님 나라의 법들이 우리에게 가장 잘 맞고, 우리 모두의 가슴 속에 그 법들을 위한 양심이 있다. 그래서 우리가 늘 하나님께 자석처럼 끌리는 것이다.

내면 깊은 곳에서 우리는 하나님이 필요하며, 죄가 절대 우리에게 어울리지 않음을 알고 있었다. 흉악범이 체포되면 도리어 안도의 한숨을 내쉬는 경우가 많은 것이 바로 이런 이유에서다. 그들은 범죄가 싫었지만 멈출 수 없었다고, 악한 행위에서 해방되어 쉴 날을 기다려 왔다고 말한다. 계속해서 죄를 짓는 것보다 감옥에 갇히는 편이 낫다고 내심 바랐던 것이다.

양심은 우리 인간들이 특별한 명령 없이도 하나님 나라의 법을 어느 정도는 지키게 해 준다. 그냥 놔둬도 인간은 어느 정도 다른 사람들을 선대하고 도우며 연민을 느끼고, 심지어 자연도 보호할 줄 안다. 예수님을 영접하기 전에 나는 낡은 픽업트럭을 수리해서 우리 마을에 잠시 들른 외지인에게 판 적이 있다. 그런데 다음 날 그가 그 차를 몰고 가다가 엔진이 망가졌다. 그의 전화를 받은 나는 내 돈을 들여 다른 엔진을 장착해 주었다. 할아버지께 그 일을 말씀드렸더니 "옳은 일을 했구나"가 전부였다. 나는 그것이 옳은 일이라는 것을 알았고, 옳은 일을 해서 기분이 좋았다.

하늘의 제자도

어느 사회에서나 양심은 값을 매길 수 없을 만큼 귀중하다. 대공황 당시 가난과 실업은 역사상 최고조에 달했지만 범죄는 늘지 않았다. 사회의 집단적 양심이 모두가 고통받고 있다는 사실을 인식하고서 도둑질을 허락하지 않았기 때문이다. 몇 년 전, 예수님이 막달라 마리아와 성적 관계를 맺은 것으로 묘사한 영화가 미국에서 제작되었다. 이는 그리스도를 모독하려는 천인공노할 시도였다. 이 영화는 미국 전역에서 자유롭게 배포되고 상영되었지만 인도에서 이 영화를 상영하려던 자들은 체포되었다. 인도 사람들의 문화적 양심이 누구의 신도 모독하는 것을 허락하지 않았기 때문이다.

율법은 예수 그리스도의 은혜의 복음이 전해지기 전에 인간의 양심이 파괴되지 않고 사회가 자멸하지 않도록 지켜 주기 위해 주어진 것이다. 하지만 육신적인 인간은 아무런 지혜가 없어서 육신의 표현과 만족을 방해하는 모든 법을 파괴하려고 한다. 그렇게 해서 법이 파괴되면 곧바로 양심을 선택적으로 파괴하려는 시도가 이어진다. 하지만 양심을 뷔페 스타일로 파괴할 수는 없다.

양심은 온전히 간직하든지 온전히 파괴하든지 둘 중 하나만 할 수 있다. 양심을 죽여서 묻은 다음에는 법으로 그 공백을 메우려는 모든 시도는 실패로 돌아간다. 인간의 육신을 전혀 제어하지 못하는 온갖 외부적인 법으로 양심을 대체하려면 얼마나 많은 법이 필요할까? 백 가지 법? 천 가지 법? 만 가지 법? 천만 가지 법? 그렇게 법은 계속해서 늘어나고, 그와 함께 범죄 목록도 늘어난다. 그렇게 괴물이 점점 자라 간다.

오늘날 미국에 사는 사람들의 양심을 파괴하려는 공격이 매우 거세다. 처음에는 이 나라를 세운 선조들을 무지하고 어리석은 신자들로 매도하면서 시작되었다. 이제는 가족이 중요하지 않고 자신의 행복만 중요하다는 말이 매일같이 사방에서 들린다. 성적 순결은 구시대의 유물이라고 한다. 자신의 행동에 책임을 지지 않으려 하고 매사에 남을 탓한다. '위의 것을 믿고 생각하고 위의 것에 따라 사는'(골 3:1-2 참조) 데 따르는 수고는 외면당하고, 모두가 육신적인 쾌락을 선사하는 온갖 환각제를 향해 달려간다.

낙태를 하고도 아무런 후회나 죄책감이 없으려면 양심이 죽어야 하는데, 그렇게 되면 우리의 자기 사랑과 타인 사랑, 자연 사랑도 따라 죽는다. 거짓말과 도둑질, 살인을 합리화하려면 양심이 죽어야 하는데, 그렇게 되면 진실의 기쁨, 순수한 노동의 만족감, 생명 존중도 함께 죽어 버린다. 육체의 특정한 욕심을 채우기 위해 양심의 한 부분을 죽이는 사람은 전혀 추구하지 않았던 또 다른 육신의 특성으로 인해 파멸을 맞는다.

육신적 욕구를 만족시켜 주겠노라 약속하는 텔레비전 프로그램과 음악, 섹스, 마약 같은 것으로 인해 젊은이들의 양심이 서서히 질식사하고 있다. 죄의 열매는 녹색이거나 썩었다는 말이 있다. 절대 익지 않는다는 말이다. 육신을 만족시키는 일은 닿을 듯 닿지 않는다. 육신은 "이만하면 됐어!"라고 말할 줄 모르는 불과도 같기 때문이다. 육신은 도무지 만족할 줄 모른다. 세상은 무슨 수를 써서라

하늘의 제자도

도 죄책감을 피하려고 하며, 소위 죄책감의 폐해에 관해서 떠들어 댄다. 하지만 나는 죄책감을 모르는 사람의 손에 넘겨지는 일이 없기를 간절히 원한다. 그 사람은 양심이 없을 것이기 때문이다.

자연은 비어 있는 것을 싫어하기 때문에 양심이 파괴된 뒤에는 분노가 그 공백을 채우기 마련이며, 분노는 육신적인 삶을 추구할 자유와 구실을 제공한다. 그래서 양심이 없는 자들은 매일같이 분노에 사로잡혀 있다. 그런데 이렇게 육신의 만족을 위해 사는 삶을 피상적인 삶이 아닌 오히려 지적인 삶으로 포장하고 미화한다. 양심의 죽음을 권장하는 말을 예의와 지성, 열린 마음, 배려의 말인 양 여긴다. 양심 없는 삶을 가난하고 무지한 대중의 삶보다 더 고차원적인 삶으로 찬양한다. 모두가 육신적으로 살 권리를 빼앗기기 싫어하면서 권리가 그 어느 때보다도 중요해졌다.

농장에 비가 오면 사육장이 진흙탕으로 변한다. 그러면 양들은 빨리 누가 와서 구해 달라며 아우성을 친다. 하지만 돼지들은 진흙탕에서 신이 나서 뒹군다. 양은 양심이 있는 사람과 같고, 돼지는 더러운 것을 사랑하는 본성을 상징한다. 돼지가 자신이 즐기는 것이 다른 동물들이 즐기는 것보다 훨씬 고귀한 것처럼 자신과 다른 사람들을 속이면 얼마나 역겹겠는가.

서구 문화는 '지성인'과 '전문가', '열린 마음의 소유자'라고 불리는 이들의 목소리에 귀를 기울이지만, 정작 현실을 보면 그들의 주장이 전혀 통하지 않을 경우가 많다. 그들의 무지와 어리석음에 영향을 받으면서 우리 사회는 시시각각 죽어 가고 있다.

한번은 쇼핑몰에서 세계 평화를 위한 모금 활동을 벌이는 남자를 만났다. 어떤 식으로 세계 평화를 이룰 것인지 간단한 설명을 부탁했다. 그러자 그는 서로를 받아들이도록 교육하는 것이 중요하다고 대답했다. 이어서 나는 그에게 결혼을 몇 번이나 했는지 물었다. "세 번"이라는 대답이 돌아오기에 이렇게 말해 주었다. "당신이 믿는 것이 가정에서도 통하지 않았는데 어떻게 세상에서 통할까요?" 그러자 그는 아무 말도 없이 가 버렸다.

나는 직장을 잃거나 살 집을 찾아 전전하거나 중병에 걸리거나 부부 갈등으로 스트레스를 받는 사람들을 많이 봤다. 하지만 그 어떤 것도 양심 없는 자녀를 키우는 스트레스에 비할 바가 아니다. 오늘날이 흥미진진한 시대라는 사실을 놓치지 말아야 한다. 로마서 1장(어리석은 진화론과 양심 없는 부패한 삶)과 잠언 1장(지독히 사악한 정신)에서 기록한 묘사가 지금만큼 완벽히 일치하는 시대도 없었다. 지금 우리는 두 가지 상황을 모두 눈앞에서 목격하고 있다. 하지만 나는 낙심하고 절망하기는커녕 오히려 흥분이 된다. 내게는 하나님이 있기 때문이다! 바로 그렇다. 나는 하나님을 가졌다!

하나님이 이 모든 상황을 보지 못하신다고 생각하는가? 전혀 아니다. 오히려 그들을 악한 욕심대로 내버려 두신 분이 바로 하나님이시다(롬 1:24 참조). 하나님은 멍하니 있다가 뒤통수를 맞으신 것이 아니다. 내가 앞서 말한 상황에 처한 신자들의 자녀들을 걱정할까? 전혀 아니다. 우리 하나님은 정원사시다. 부모들은 그들의 마음속에 하나님 나라의 씨앗을 심었고, 그 씨앗은 세상에서 가장 강력한 씨앗이어서 능히 바위도 쪼갤 수 있다. 하나님이 성실하게 물을 주고 키워서 열매를 맺게 하실 것이다.

나는 하나님을 가졌다! 우리가 보호와 음식, 기적, 지혜, 승리가 필요한 상황에 놓이지 않으면 어떻게 살아 계신 우리 하나님이 우리 가족을 보호하고, 위기 속에서 우리 가족을 지켜 주며, 우리 가정 안에서 기적을 행하고, 원수를 쫓아내며, 모든 세상 지혜를 부끄럽게 하실 수 있겠는가.

앞으로 이루어질 성장과 개선을 기대하라! 하나님이 공급해 주시면 우리의 믿음이 성장하고, 믿음이 성장하면 우리 자신도 성장할 것이다. 나는 하나님이 얼마나 크신지 새롭게 경험할 생각에 매일 기대감으로 눈을 뜬다. 양심 없는 세상의 한복판에서도 굳게 서면 우리에게 유일하게 참된 하나님이 있다는 사실을 현실로 경험할 것이다.


### 언어 공격을 받을 때

"그러나 우리의 시민권은 하늘에 있는지라 거기로부터 구원하는 자 곧 주 예수 그리스도를 기다리노니"(빌 3:20).

아마존 지역의 한 작은 식당에서 한 형제와 함께 앉아 캐슈 열매를 먹고 있는데 웬 인디언 할머니가 내게 다가와 자기네 말로 욕을 퍼부었다. 당황한 나는 황급히 고개를 들고 나는 영어밖에 할 줄 모른다고 말했다. 하지만 그렇게 말해도 그 할머니의 욕설은 조금도 잦아들지 않았다.

우리는 최대한 빨리 그 자리를 벗어났다. 나중에 형제는 그 할머니가 내게 몹시 화가 나 있었다고 말했다. 그때 나는 무슨 말인지 알아들 수 없어 미안하지도 기분이 나쁘지도 않았다고 말했다. 아니, 솔직히 크게 신경조차 쓰이지 않았다. 그 할머니의 욕은 내게 아무런 영향도 끼치지 못했다. 그래서 그냥 털어 버리고 오히려 그 할머니를 축복해 줄 수 있었다.

믿는 자로서 우리의 시민권은 하늘에 있다. 우리가 이해하는 언어는 하늘의 언어 곧 사랑의 언어다. 그 외에 다른 모든 언어는 이해하지도 못하고 귀를 기울이거나 대응하지도 않는다. 세상의 언어는 경쟁, 통제, 학대, 비판, 보복, 미움, 분노, 비방으로 가득하다. 이런 언어를 이해하려고 해 봐야 혼란스럽기만 할 뿐이다. 이런 언어는 마치 외계 언어처럼 우리와 전혀 맞지 않는다.

최근에 외계인과 수시로 대화한다고 주장하는 남자를 인터뷰한 적이 있다. 그가 청중 앞에서 해독한 메시지들을 소개하는데 하나같이 미친 소리처럼 들렸다. 신자들에게 육신적인 생각을 품고 사는 배우자나 믿지 않는 사장, 부모, 자녀의 말은 외계 언어처럼 해독이 불가하다. 사실 그들의 말은 해독하려고 애쓸 필요조차 없다. 그들과 대화해 봐야 그들은 자신들이 듣고 싶은 말만 할 뿐 조금도 변하지 않기 때문이다.

우리는 세상의 말이 아닌 세상의 상태에 반응해야 한다. 마찬가지로 우리는 육신적인 신자들의 메시지에 반응하지 말고 오직 그

하늘의 제자도

들의 상태에 반응해야 한다. 사랑은 표면적인 말이 아니라 표면 아래의 마음을 다룬다.

오랫동안 우리 이웃집 마당의 나무가 우리 집 마당에 잔가지들을 떨어뜨렸다. 그래서 여름 내내 잔가지들을 치워도 한 주만 지나면 잔가지가 금세 다시 수북이 쌓였다. 아무리 부지런을 떨어도 소용이 없었다. 우리가 원인이 아닌 결과만 붙잡고 싸웠기 때문이다. 아예 나무를 잘라 버렸으면(몇 번이나 그럴까 고민했다) 골치 아픈 일이 단번에 해결되었을 것이다.

다른 사람들의 말과 행동에 반응하는 것은 문제의 핵심을 다루지 않고 잔가지들만 청소하는 것이다. 뚜렷한 이유 없이 폭발하고 주변 모든 사람을 거부하는 아이는 잔가지들을 떨어뜨리는 것이다. 그의 행동에 반응해 봐야 아이도 부모도 모두 답답해질 뿐이다. 그보다는 원인을 찾는 편이 현명하다. 원인은 사춘기의 반항, 좌절감, 학교에서의 거부, 자기혐오, 영적 문제 등일 수 있다.

다른 사람들이 무슨 말을 하는지와 상관없이 우리의 시민권과 언어는 하늘에서 온다는 사실을 늘 기억해야 한다.


## 내 힘으로 다른 사람을 바꿀 수 없다

오늘날의 대중문화는 인류에게서 개인적인 책임의 짐을 벗겨 주기 위해 무던히 애를 써 왔다. 하지만 우리가 우리의 행동에 책임을 지지 않으면, 다른 누군가에게 책임을 지워야 한다. 반대로 다른

사람들과 제자

347

사람의 행동에 대한 모든 책임을 자기 홀로 대신 지려는 사람들도 있다. 다 큰 자식의 행동을 항상 자신의 탓으로만 돌리는 부모들, 모든 것이 자기 잘못이라며 배우자의 잘못을 매번 뒤치다꺼리하는 남편이나 아내, 이웃 사람의 이혼이나 자살을 자신이 막았어야 했다고 스스로 책망하는 사람들, 적극적으로 나서서 다른 사람의 죄를 막지 못한 자신을 용서하지 못하는 신자들이 있다.

하지만 성경은 이렇게 말한다. "아무에게나 경솔히 안수하지 말고 다른 사람의 죄에 간섭하지 말며 네 자신을 지켜 정결하게 하라"(딤전 5:22). 여기서 바울은 부지불식간에 상대방의 죄에 참여할 수 있기 때문에 섣불리 책임을 지는 것은 실수라고 지적한다. 매번 다른 사람들을 도우려고 달려가는 것은 바람직하지 않다. 사람을 기쁘게 하려는 자들은 매번 다른 사람들을 돕기를 원한다. 하지만 죄를 지은 사람이 당장 나쁜 기분을 떨쳐 내도록 격려하는 것은 하나님이 원하시는 바가 아니다. 그것은 부지불식간에 상대방의 죄에 참여하는 짓이다.

또한 다른 사람들의 모든 행동을 책임지려는 것은 하나님의 능력도 없이 스스로 하나님의 보좌에 앉는 것이다. 그렇게 하나님의 능력 없이 하나님처럼 굴려고 하면 좌절감만 맛볼 뿐이다. 무엇을 해야 할지는 알겠는데 그것을 수행할 능력은 없으니 말이다. 우리가 성령의 역할을 떠맡으려고 해서는 안 된다. 성령의 역할은 죄를 깨우치고 그 죄를 극복할 능력을 주는 것이기 때문이다. 우리가 책임을 지려고 하면 걱정만 늘어날 뿐이다. 유일한 해법은 보좌에서

하늘의 제자도

내려와 그리스도 안에서 쉬는 것이다.

우리는 자신의 머리카락 한 올도 검은색에서 흰색으로 바꿀 수 없으니 기도하는 것 외에 우리의 힘으로 다른 사람들을 바꾸는 것은 더더욱 불가능하다. 이 사실을 기억하며 다른 사람들에 대한 책임을 내려놓아야 한다.

기도하면 마음이 편해진다. 기도는 스스로 책임의 굴레를 벗고 모든 것을 하나님께 맡기는 것이기 때문이다. 기도는 하나님을 파트너나 참여자가 아닌 책임자로 삼고 우리 자신은 참새의 삶으로 돌아가는 것이다. 뭔가를 해야 한다며 자신의 등짐에 계속해서 벽돌을 채워 넣지 말라. 그보다는 그리스도인이 할 수 있는 가장 어려운 일을 하라. 다른 모든 사람의 변화를 하나님께 온전히 맡기라.


## 누군가의 행동이 못마땅할 때

배우자나 친구, 자녀가 눈에 거슬리는 행동을 하면, 우리는 그를 변화시켜야 한다며 은근히 혹은 대놓고 잘못을 지적하곤 한다. 그렇게 해서 변화가 나타나지 않으면 상대방이 우리를 괴롭히려고 일부러 보기 싫은 행동을 계속한다고 생각하여 짜증은 분노로 발전한다.

다른 사람들의 행동을 살필 때 꼭 염두에 두어야 할 점이 두 가지 있다. 첫째, 이해보다는 은사를 염두에 두라. 나는 언제나 하나님이 내게 주시는 대로만 다른 사람들에게 줄 수 있다는 사실을 기억하면서 빈 자루로 모든 제자 훈련 시간을 진행해 왔다. 나는 사람들이 성령으로 충만해지고 예수님과 동행하며 온전히 그분의 임재 가운데 살도록 격려하기 위해 필요한 은사를 간절히 구한다.

특히 내가 늘 간구하는 은사는 분별력이다. 분별력을 받으면 사람들의 가장 깊은 필요를 파악하고 다루는 데 많은 시간을 절약할 수 있다. 내가 이 말을 하는 것은 가끔 하나님이 내게 상대방의 문제점을 밝혀 주시되 그에게 지적하지는 말라고 명령하실 때가 있기 때문이다. 이유가 무엇일까? 내 눈에 보이는 문제점이 하나님의 우선순위 목록에서 아래쪽에 위치하기 때문이 아닐까 싶다. 모든 것이 그렇듯 그 문제점도 때가 되면 하나님이 그 사람을 깨우치시는 동시에 그것을 극복할 힘을 주실 것이다.

그리스도인의 삶은 지루할 틈이 없다! 나는 내 평생 하나님의 역사가 계속되리라 믿는다. 사도 바울은 이렇게 말한다. "내가 이미 얻었다 함도 아니요 온전히 이루었다 함도 아니라 오직 내가 그리스도 예수께 잡힌 바 된 그것을 잡으려고 달려가노라"(빌 3:12). 하나님이 다른 사람의 삶에서 문제점을 밝혀 주시고 치유의 역사를 행하실 때까지 기다릴 수 있겠는가? 여기서 문제점은 노골적인 죄가 아니라, 눈에 거슬리는 행동이나 특성을 말한다. 사람이 사람을 위해 변하는 경우는 좀처럼 없다. 그리스도의 사랑을 바라볼 때 비로소 그분을 붙잡는 데 방해되는 모든 것을 버릴 수 있다.

다른 사람들의 변화를 위해 하나님 안에서 쉬며 기다리지 못하는 것은 우리를 다음과 같은 문제로 이끈다. 우리는 때로 자신의 안

하늘의 제자도

위를 위해 다른 사람이 변화하기를 바랄 때가 많다. 삶이 갈등과 불편에서 벗어나 편해지기를 바라기 때문이다. 우리는 다른 사람들이 우리의 기분 나쁜 말에도 사랑으로 반응해 주고, 우리의 필요를 채워 주며, 우리를 영적으로 보이게 해 주기를 바란다. 이런 경우, 다른 사람들의 문제점은 그들보다는 우리 자신에 관해 더 많은 것을 드러낸다.

우리의 바람을 표출하는 것은 우리가 스스로 보좌에 앉았고, 우리의 행복이 하나님의 역사나 영광보다 더 중요하다는 뜻이다. 하나님은 우리에게 자유를 주기 위해 다른 사람들의 문제점을 드러내시는 법이 절대 없다.

우리가 염두에 두어야 할 요지는, 사람은 지적이 아닌 비교를 통해서 변한다는 것이다. 상대방이 조용히 있지 않고 다른 사람들에게 말할 기회를 주지 않는다고 해도 그 행동을 지적하지 말라. 그냥 조용히 그가 말하게 놔두라. 비교야말로 가장 시끄러운 항의다. 사람마다 민감하게 받아들이는 주제가 있다. 그런 주제를 찾기는 쉽다. 우리가 어떤 주제를 두고 이야기를 시작하자마자 상대방이 반박을 하면 바로 그것이 그런 주제다. 그럴 때 계속해서 논쟁을 벌여야 할까? 나는 그래서는 안 된다고 생각한다. 그냥 다른 주제로 넘어가고서 계속해서 그를 사랑해 주라. 그러면 우리가 발끈하지 않은 것이 그의 행동과 확연히 비교될 것이다.

지난 몇 년간 수많은 시간을 강연하면서 나도 낯이 꽤 두꺼워졌다. 내가 하지도 않은 행동이나 말로 숱하게 비난을 받았지만, 비난하는 사람들에게서 눈을 떼어 아버지께 시선을 고정하며 매 순간 그리스도 안에 거하는 삶을 고수하는 것이 최선책임을 깨달았다. 그리고 내가 실제로 한 행동이나 말 때문에 비난을 받을 때는 하나님이 그 일을 통해 내 문제점을 밝혀 주시고 아울러 거기서 풀려날 힘까지 주신다. 아울러 내가 기쁘시게 해 드리고 싶은 분은 오직 하나님이시기에 나는 사람들의 비난에 연연하지 않는다.

하늘의 제자도

# 10

# 평생,

## 날마다
## 예수님을 더 배워 가라

늘 떠나지만 도착하지는 않고, 늘 배우지만 완벽히 알 수는 없고, 늘 만족하면서도 불만족을 느낀다는 말이 있다. 바울은 예수 그리스도의 복음을 "더 많은" 무언가로 소개한다. 그래서 그리스도인의 삶이 이토록 흥미진진한 것이다. 항상 무언가가 더 있다. 우리가 언젠가 마침내 다다를 위대한 그리스도인의 반열 같은 것은 없다. 우리가 이 땅에서 사는 동안 하나님은 우리를 계속해서 성장시켜 주신다.

　나는 신자들에게 이런 질문을 즐겨 한다. "당신이 타락 전의 아담과 함께 에덴동산에 나란히 서 있다면 당신과 아담의 차이점은 무엇일까요?"

대부분의 신자들은 아담이 하나님과 '완벽한' 교제 가운데 있었기 때문에 유리한 고지를 점하고 있었다고 생각한다. 하지만 사실 그리스도인들은 타락 전의 아담보다 훨씬 더 많은 것을 갖고 있다. 하나님은 아담을 창조하시고 "좋다"라고 말씀하셨지만 우리가 가진 것이 더 좋다(히브리서가 이를 증명한다).

사람이 '타락한 아담의 상태'에서 '그리스도의 내주하심'으로 가기 위해서는 몇 가지가 필요했다. 우리에게 왜 마지못해 악을 허락하셨는지 이것을 통해 이해할 수 있다. 인간은 비교를 통하지 않고서는 배울 수 없다. 다툼을 경험하기 전까지는 평화가 그다지 크게 느껴지지 않는다. 피곤하기 전까지는 좀처럼 쉼을 찾지 않게 된다. 인간은 자신에게 환멸을 느끼기 전까지는 자신보다 더 큰 뭔가를 찾지 않는다.

우리는 약하고 또 죄 때문에 구주를 찾는다. 우리는 본성적으로 육신을 미워하지 않는다. 하지만 우리 양심이 좋다고 말하는 것과 우리 육신의 차이점을 비교해서 하나님에 관한 뭔가를 깨닫는다. 다시 말하지만, 배우기 위해서는 비교가 필요하다. 인간이 하나님에 관해서 배울 수 있는 유일한 길은 비교를 통해서다. 우리가 거듭난 상태로 나아가려면 우리의 현재 모습과 새로운 모습이 어떻게 다른지 비교해 보아야 한다. 우리의 자연적인 모습과 예수님을 나란히 놓고 견주어 보면 이 차이점이 분명히 보인다.

하늘의 제자도

예수님의 임재 안에 있으면 소망, 인정, 사랑, 안정, 의미를 비롯해서 온갖 좋은 것이 느껴진다. 그전까지는 절망과 거부, 미움, 두려움, 무가치함만 느꼈을 뿐이다. 성령 안에서의 삶은 육신 안에서의 삶과 정반대다. 하나님은 세상의 기초가 쌓이기 전에 죽임 당하신 어린양을 계획하셨고, 이후 타락한 인간과 타락한 세상, 타락한 육체, 육신, 사탄, 전쟁, 위기 등을 허용하셨다. 확실한 비교를 통해 인간에게 예수님과 거듭남을 선택할 기회를 주고, 그 선택을 통해 하나님의 영광이 드러나도록 이것들을 허용하셨다.

하나님은 인간에게 자신을 선택하라고 강요해야 할 만큼 매력 없으신 분이 아니다. 하나님은 그분의 가장 매력적인 모습을 볼 수 있는 상황에 우리를 두신다. 예수님은 우리의 선택을 강요하기 위해서가 아니라 우리가 하나님을 더 잘 이해하고 선택하도록 돕기 위해 오셨다. 하나님은 모든 인간이 구원받기를 원하시지만, 그럴 수밖에 없는 세상을 창조하시지는 않았다. 하나님의 뜻은 모든 사람이 각자 의지로 하나님을 선택하는 것이다.

하늘에 계신 우리 아버지는 오기 싫다고 발버둥을 치는 사람을 그리스도의 계시로 끌고 가시지 않는다. 우리 스스로 그 계시로 들어가기로 선택해야 한다. 모두에게 선택권을 주셨다. 그런데 안타깝게도 대부분의 사람은 아래를 선택했다. 그들은 이스라엘 백성처럼 세상적인 것을 원한다. 반면, 세상과 사탄, 육신과 철저히 비교되는 하나님을 보면 지체 않고 위를 선택할 수 있다. 이 비교는 우리를 낙심시키는 것이 아니라 배우게 하는 것이다.

이 땅에서 지내는 우리의 나날에는 목적이 있으며 "너희[우리] 안에 계신 그리스도 …… 곧 영광의 소망"(골 1:27)에 관한 계시를 더 깊이 깨닫는 것이 그 목적 중 하나다. 그런데 풍성한 삶이 하루 중 30분간만 이어지고 나머지 23시간 30분 동안은 그저 존재한다고 생각하는 신자가 너무도 많다. 하지만 마무리를 잘하는 신자들은, 하루의 30분을 기쁨의 시간으로 만들기 위해 하나님이 매일 23시간 30분 동안 놀랍게 역사하신다는 점을 이해한 신자들이다. 소소한 일상에서도 하나님을 볼 줄 아는 사람들은 그런 순간 하나하나를 매우 소중히 여길 줄 안다.

나는 여러 행사에서 메시지를 전하는데, 강연 중에 뭔가를 배우는 경우는 매우 드물다. 내 계시의 시간은 주로 강연 전까지의 23시간 30분에 이루어진다. 사실 나는 목사들 앞에서 메시지를 전할 자격이 없는 사람이다. 그래서 내 사역의 주인공은 내가 아니다. 주인공은 어디까지나 예수님이시다. 내가 사역을 열심히 하는 유일한 이유는 내 사역이 예수님에 관한 계시의 현장이기 때문이다.

사역에 제동이 걸릴 때면 많은 비교가 눈에 들어온다. 얼마 전, 내 육신에 관한 무언가가 드러날 때마다 예수님에 관한 새로운 계시가 찾아온다는 사실을 발견했다. 내 약점을 발견할 때마다 예수님의 능력이 훨씬 더 매력적으로 보인다. 내가 아프면 예수님께 나를 이끌어 달라고 요청한다. 화가 나면 그분께 평안을 구한다. 내 사역은 계시의 현장이다. 당신의 계시의 현장이 어딘지도 정확히 말해 줄 수 있다. 그곳은 바로 지금 당신이 서 있는 곳이다. 더 좋은 곳이 있었다면 하나님이 당신을 그곳으로 이끄셨을 것이다. 지금 당신이 있는 곳이 그리스도에 관한 계시를 얻기에 가장 완벽한 곳이다.

이 세상과 그 안의 장애물들은 우리를 무너뜨리기 위해서가 아니라, 하나님께 가까이 가기를 원하게 만들려고 존재하는 것이다. 이 세상 삶의 끝을 향해 가는 동안, 계속해서 우리는 더 알기 위해 모르는 것을 만나고, 새로운 곳에 도착하기 위해 현재 있는 곳을 떠나고, 더 깊은 만족을 찾기 위해 불만을 느낀다.

사람들은 이 땅에서 옳다고 생각하는 상황을 천국에도 그대로 적용하려는 경향이 있다. 그래서 보상에 관한 왜곡된 관념을 갖고 있는 사람이 많다. 그들은 마치 '거룩한' 사람은 천국에 가서 영원토록 고급 승용차를 몰고 '그리 선하지 않은' 사람은 영원히 자전거나 몰 것처럼 생각한다. 하지만 나는 그런 것을 전혀 믿지 않는다.

내가 아는 사람 중에 오직 하나님만을 바라보며 사는 모습으로 내게 늘 격려와 도전이 되는 어르신이 한 분 있다. 그는 백발이 성성한 나이에도 여전히 예수님에 관한 새로운 것을 발견해서 내게 말해 준다. 그를 볼 때마다 기쁘고 설렌다. 그를 보면 내가 어디까지 성장할 수 있는지 보이기 때문이다. 나는 보석과 왕관을 비롯해서 천국에 있는 모든 것이 예수님에 관한 계시를 담고 있다고 믿는다. 천국에는 나보다 더 깊은 계시를 더 많이 갖고 있는 사람들이 많을 것이다. 하지만 나도 그들의 수준에 이를 수 있다고 믿고, 그래서 흥분이 된다. 백 살 먹은 사람이 930년을 살다가 떠난 아담과 이야기를 나눈다면 아담은 이렇게 말하지 않을까? "오백 살이 되기 전까지는 하나님에 관해 그리 많은 것을 알지 못했네!"

복음을 캐면 캘수록 무언가가 더 나온다. 하늘의 제자들은 문제를 보고 고치기 위해 애를 쓰고 자신이 할 수 없는 것은 하나님께 맡기면서 평생 계속해서 예수님에 관해 배워 간다. 하나님은 목적지에 이를 때까지 우리의 여정에 함께 계시니 여행을 즐기기 바란다.

하늘의 제자도

# 감사의 말

다음 여러 사람들이 돕지 않았다면 이 책은 탄생하지 못했을 것이다. 다음 사람들에게 깊이 감사한다.

풀러 크리에이티브의 표지 디자이너 밥 풀러. 이 메시지를 향한 나의 열정을 작품에 그대로 담아낸 그가 실로 존경스럽다.

돈 폴 디자인의 돈 폴. 그가 세세한 부분까지 신경을 써 준 덕분에 출간 작업을 무사히 마무리했다.

캔자스에 사는 친구 밥 멀린. 그는 이 책의 메시지를 믿어 주고 단순히 글씨만 쓸 줄 아는 사람을 작가로 바꿔 주었다.

지난 20년간 어바이딩 라이프 메시지에서 나와 동역해 준 레이 앤드류스. 그를 만나고서 예수께서 왜 제자들을 둘씩 보내셨는지

명확히 알았다.

베티 웰즈. 그는 오랫동안 우리의 메시지를 순전하게 지켜 준 충성스러운 동역자요 협력자다.

번 웨이머. 그가 어바이딩 라이프 미니스트리 인터내셔널에서 충성스럽게 동역한 덕분에 나는 내 일을 마음껏 할 수 있었다.

작은 진리는 언제나 더 큰 진리에 자리를 내준다는 사실을 증명 해 준 친구들과 지지자들에게 감사한다. 위대한 강사는 없다. 위대 한 청중만 있을 뿐이다.